권별 큐티 「주삶」

• 주야로 묵상하는 삶 •

요한복음 (하)

● 주삶의 정신 1

'주삶'은 에티오피아 내시에게
말씀을 해석해 준 빌립집사의 역할을 하기 원합니다.

말씀을 올바르게 깨닫기 위해서는 빌립과 같은 신령한 조력자가 필요합니다.
이제 주삶은 '객관적이고 정확한 절별 해설'을 통해
그리스도인의 매일 말씀묵상을 돕고자 합니다.

● 주삶의 정신 2

'묵상'은 하루 중 가장 방해받지 않는
귀중한 시간에 하는 것입니다.
그리고 깨달은 말씀을 종일 생각하는 것입니다.

진정한 그리스도인이 되기 위해서는 묵상한 말씀을 늘 되새겨야 합니다.
그것이 주야로 묵상하는 삶이며, '주삶'의 정신입니다.

● 주삶의 정신 3

'오늘 말씀묵상(큐티)을 하지 않으면 밥을 먹지 않겠다.'
참된 성도는 굳은 결심의 소유자여야 합니다.

매일 말씀묵상을 하지 않으면 영혼이 병들고 성장하지 않기 때문입니다.
일주일에 한두 끼만 먹는 사람이
건강한 삶을 살 수 없는 것과 마찬가지 이치입니다.

Contents

● 해설 집필자 소개

오대환 목사_ 요한복음
_ GBS 및 해설서

· 합동신학대학원 졸업 (목회학 M.Div.)
· 영국 Trinity College 졸업 (실천신학 M.A.)
· 미국 San Francisco Theological Seminary
(실천신학 D.Min. 과정 이수)
· 온마음교회 담임목사

권별주삶

아가페

주삶

• 주야로 묵상하는 삶 •

요한복음 하

AGAPE
[주]아가페출판사

「주삶」 단체 활용법

「권별주삶」의 특징

- **「권별주삶」**은 가족, 교회 소그룹, 직장 신우회 등 각종 성경공부 모임에 활용하면 좋습니다.
- **「권별주삶」**은 날짜에 구애받지 않는 5일 동안의 개인 묵상과 1일의 주간성경공부(GBS)로 구성되어 있습니다.

「권별주삶」의 단체 활용법

➤ 주중 5일을 개인적으로 묵상하고, 1주일에 1회씩 모여서 GBS 모임을 가지면 좋습니다.

- 주중 1일째부터 5일째까지, 개인 묵상 시간을 통해 말씀을 묵상하고, 6일째는 지난 5일간 주신 메시지를 거듭 기억하고 복습하는 시간을 가집니다.
- 7일째, 주간성경공부 모임에서 한 주 동안 말씀을 삶에 적용하고 변화한 경험과 깨달음을 서로 공유합니다.

➤ 단체 성경공부 모임의 큐티를 하면서 아래의 구체적인 활용팁을 따라하세요.

예) 토요일이나 일요일에 GBS 모임을 가지는 경우

1주차	GBS	2주차	GBS	3주차	GBS	…	6주차	GBS
월,화,수,목,금	1	월,화,수,목,금	2	월,화,수,목,금	3		월,화,수,목,금	6
01~05회		06~10회		11~15회			26~30회	

예) 금요일에 GBS 모임을 가지는 경우

1주차	GBS	2주차	GBS	3주차	GBS	…	6주차	GBS
토,월,화,수,목	1	토,월,화,수,목	2	토,월,화,수,목	3		토,월,화,수,목	6
01~05회		06~10회		11~15회			26~30회	

「권별주삶」은 이처럼 각종 성경공부 모임의 계획에 맞춰 차별화된 스케줄 구성을 가능하게 합니다.

「주삶」 개인 활용법

「권별주삶」의 특징

- 「권별주삶」은 날짜가 특정되지 않아 순차적으로 깊이 있는 말씀 묵상이 가능합니다.
- 「권별주삶」은 개인별 맞춤 스케줄에 따른 시간을 활용함으로써 하나님의 말씀을 거듭 상고하고 깊이 체험할 수 있게 도와줍니다.

「권별주삶」의 개인 활용법

➤ 아래 「권별주삶」의 개인 활용팁을 따라 꾸준히 묵상하면서 하나님과 동행하세요.

- 먼저 묵상을 시작하는 날짜를 기록합니다.
  개인 스케줄에 맞춰 날짜와 관계없이 성경을 이어서 빠짐없이 묵상할 수 있습니다.

- 주중 1일째부터 5일째까지, 개인 묵상시간을 통해 말씀을 묵상하고,
  6일째는 지난 5일간 주신 메시지를 거듭 기억하고 복습하는 시간을 가집니다.

- 7일째, 주간성경공부 모임에서 한 주 동안 말씀을 삶에 적용하고 변화한 경험과 깨달음을 서로 공유합니다.

- 교훈과 묵상한 것을 메모합니다. 묵상과 적용이 「권별주삶」의 깊이 있는 해설과 곁들여져 말씀을 더욱 쉽게 이해하는 나만의 묵상 노트가 됩니다.

- 「권별주삶」을 권별로 모아두세요. 성경의 문맥을 살려 그 자체로 말씀을 쉽게 이해하게 해주는 훌륭한 성경 해설서로 활용할 수 있습니다.

*** 「권별주삶」을**

나만의 묵상 노트이자 성경 해설서로 만든다는 목표를 가지고 꾸준히 하면,

하나님과의 친밀한 교제 안에서 변화된 자신을 체험할 수 있습니다.

「주삶」 활용법

1 날짜 기록

묵상한 날짜를 기록합니다.

2 찬양과 기도

먼저 찬양한 후, 성령님의 도우심을 구하는 기도를 드립니다.

3 본문요약

'본문요약'을 읽고 흐름을 파악합니다.

4 개역개정성경 읽기

성경 본문을 정독합니다.

01
월 일

말씀이신 그리스도

요한복음 1:1-8 새찬송 95장 | 통일 82장

• 먼저 묵상을 위한 기도를 드린 후, 성경 본문을 2번 이상 읽고 묵상하십시오.

본문요약 | 요한은 태초부터 계셨던 말씀이신 그리스도에 관하여 설명한다. 그분은 처음부터 하나님과 함께 계시며 세상을 창조하신 하나님이시다. 그분 안에 있는 생명이 빛으로 나타나 어두운 세상을 비추었지만 세상은 깨닫지 못한다. 예수님은 하나님이시며, 세상을 창조하셨듯이 죄악 된 세상을 재창조하시기 위해서 오신 분이다.

개역개정

1 태초에 [1]말씀이 계시니라 이 [1]말씀이 하나님과 함께 계셨으니 이 말씀은 곧 하나님이시니라
2 그가 태초에 하나님과 함께 계셨고
3 만물이 그로 말미암아 지은 바 되었으니 지은 것이 하나도 그가 없이는 된 것이 없느니라
4 그 안에 생명이 있었으니 이 생명은 사람들의 빛이라
5 빛이 어둠에 비치되 어둠이 [2]깨닫지 못하더라
6 하나님께로부터 보내심을 받은 사람이 있으니 그의 이름은 요한이라
7 그가 증언하러 왔으니 곧 빛에 대하여 증언하고 모든 사람이 자기로 말미암아 믿게 하려 함이라
8 그는 이 빛이 아니요 이 빛에 대하여 증언하러 온 자라

1) 헬, 로고스 2) 또는 이기지 못하더라

1. 본문에 나타난 예수님은 어떤 분이십니까?

2. 오늘 하나님께서 나에게 주신 깨달음은 무엇입니까?

3. 말씀을 어떻게 내 삶에 구체적으로 적용해야 합니까?

10

---

7 묵상과 적용

'묵상과 적용' 질문을 통해 깨달은 말씀과 적용한 내용을 적습니다.

'말씀묵상'은

말씀과 기도를 통해 날마다 하나님의 음성에 귀 기울이고 그 음성을 따라 살아가고자 하는 그리스도인을 위한 경건의 시간입니다. '말씀묵상'은 하루 중 가장 귀중한 시간에 아무도 방해하지 않는 곳에서 해야 합니다. 그리고 깨달은 말씀을 주야로 묵상하는 것입니다.

절별 해설

1-3 태초에 말씀이 계시니라 본 절은 창세기 1장 1절 말씀을 의식한 표현이다. 즉 하나님이 천지를 창조하실 때부터 예수 그리스도가 계셨음을 말하는 것이다. 예수 그리스도는 단순한 성인이나 도덕선생이 아니다. 그분은 처음부터 계셨던 하나님이시다. 예수 그리스도를 특별히 '말씀'이라고 표현한 이유는 천지창조의 모든 배경에 그리스도가 관여하셨음을 강조하기 위해서다. 이 부분에 대해 창세기는 '하나님이 말씀으로 천지를 창조하셨다'고 기록한다(1:3,6,9). 그리고 예수 그리스도는 하나님과 함께하시며 세상에 존재하는 모든 일에 말씀으로 관여하셨다. 여기 기록된 '말씀'(*헬라어*, 로고스)은 당시 그리스 철학에서 '우주가 존재하는 근본원리' 혹은 '이성'을 의미했는데, 요한은 이 단어를 그리스도에게 적용해 그리스도가 '우주생성의 근본원리'이심을 가르친다. 예수님은 하나님이시며 세상이 존재하는 근본원리이시다. 그런데 오늘날 많은 사람들이 예수 그리스도의 신성을 믿지 않고, 그분을 격하시키려 한다. 요한이 요한복음을 기록할 때에도 그런 시도들은 있었다. 그래서 요한은 이에 맞서 예수 그리스도를 말씀으로 설명하는 것이다. 예수님의 신성을 부인하려는 자들은 늘 여기저기에 있어왔으며, 이는 오늘날도 예외는 아니다. 그러기에 이를 이상히 여길 필요가 없다.

4 이 생명은 사람들의 빛이라 그리스도 안에 있는 생명이 빛

쉬운성경

1 태초에 말씀이 계셨습니다. 그 말씀은 하나님과 함께 계셨는데, 그 말씀은 곧 하나님이셨습니다.

2 그분은 세상이 창조되기도 전에 하나님과 함께 계셨습니다.

3 모든 것이 그분을 통하여 지음을 받았습니다. 지음을 받은 것 중에서 어느 것 하나도 그분 없이 지어진 것이 없습니다.

4 그분 안에는 생명이 있습니다. 그 생명은 세상 사람들을 비추는 빛이었습니다.

5 그 빛이 어둠 속에서 빛을 발했지만, 어두움은 그 빛을 깨닫지 못했습니다.

6 하나님께로부터 보냄을 받은 요한이라는 사람이 있었습니다.

5 쉬운성경 읽기

쉬운성경을 정독하며 본문을 대조합니다

6 절별 해설

'절별 해설'을 참고하며 읽습니다.

저자의 메시지

예수 그리스도는 이 세상을 구원할 유일한 희망이시다. 죄로 물든 어두운 세상을 밝은 빛으로 비추어 변화시킬 수 있는 유일한 대안이시다. 왜냐하면 세상에 존재하는 모든 만물이 그분을 통하여 지음 받았기 때문이다. 그분은 말씀(로고스)이시며 우주가 존재하는 모든 근본원리이시다. 그 때문에 지으신 분 외에는 완전하게 회복케 하실 분이 없다. 어떤 물건도 만든 사람이 그것에 대해 제일 잘 알고, 고장 났을 때 제일 잘 고칠 수 있다. 한낱 물건도 그럴진데, 물건을 고치는 것과는 비교할 수도 없는, 죄로 오염되고 비뚤어진 이 세상의 모든 조직과 원리와 인간성을 고치고 회복하는 이 일을 행하실 수 있는 분은 오직 주님뿐이시다. 그리고 이것이 사도요한의 기록의도이다. 오늘 당신의 삶에서 고쳐져야 할 영역은 무엇인가? 당신이 몸 담고 있는 조직이나 단체에서 해결해야 할 문제는 무엇인가? 당신은 그 모든 일의 회복조차도 주님 안에서만 가능하다고 진정 믿는가?

역사적으로 예수 그리스도의 신성을 의심하는 주장들은 끊임없이 제기되어 왔다. 얼마 전에도 《다빈치 코드》라는 책이 사람들에게 회자되기도 했다. 그러나 그리스도인들은 그러한 현상을 보며 놀랄 필요가 없다. 이런 일들은 역사 속에서 늘 있어온 일들이기 때문이다. 주님을 한 인간으로 격하시키려는 의도는 주님을 흠집 내서 믿지 못하게 하려는 사탄의 해묵은 음모에 불과하다.

무릎 기도 주님, 어두운 이 세상에 빛으로 오셔서 감사드립니다. 당신을 저의 삶의 전 영역에 유일한 희망으로 받아들입니다. 저의 죄 된 본성과 삶을 회복시켜 주소서.

8 저자의 메시지

절별 해설 집필자가 묵상 후 전하는 메시지입니다.

9 무릎 기도

'무릎 기도'로 기도합니다.

NLT

1 In the beginning the Word already existed. The Word was with God, and the Word was God.
2 He existed in the beginning with God.
3 God created everything through him, and nothing was created except through him.
4 The Word gave life to everything that was created, *and his life brought light to everyone.
5 The light shines in the darkness, and the darkness can never extinguish it*
6 God sent a man, John the Baptist,*
7 to tell about the light so that everyone might believe because of his testimony.
8 John himself was not the light; he was simply a witness to tell about the light.

* 1:3-4 *Or and nothing that was created was created except through him. The Word gave life to everything.*
* 1:5 *Or and the darkness has not understood it.*
* 1:6 Greek *a man named John.*

1 in the beginning : 태초에 4 give life to ~ : ~에 생기를 주다 5 extinguish 끄다, 없애다 7 testimony 증언 8 witness 증인

12

한글과 영어 본문(NLT) 대조를 통해 본문의 바른 뜻을 파악할 수 있습니다.

"복 있는 사람은 악인들의 꾀를 따르지 아니하며
죄인들의 길에 서지 아니하며
오만한 자들의 자리에 앉지 아니하고
오직 여호와의 율법을 즐거워하여
그의 율법을 주야로 묵상하는도다"

- 시편 1:1-2 -

46~90 days

요한복음을 묵상하기 전에

저자 및 기록 시기

요한복음의 저자는 사도 요한으로 본서(21:23-24)와 초대교회의 모든 자료들이 그것을 입증해 주고 있다. 본서에서 사도 요한은 자신의 이름을 직접 드러내지 않고 단지 예수님이 사랑하시는 제자라고만 언급한다(13:23;19:26;20:2;21:7,20). 그러나 문맥상 주님이 사랑하셨던 제자가 사도 요한인 것은 의심의 여지가 없다. 요한은 자신의 형제인 사도 야고보와 함께 비교적 유복한 집안 출신의 제자였다(막 1:19-20). 그는 초대교회가 형성될 때에도 베드로와 함께 중추적인 역할을 감당했으며, 바울에 의해 교회의 기둥 같은 인물로 묘사되기도 하였다(갈 2:9).

한편, 본서의 기록시기는 마태·마가·누가복음이 다 기록된 후인 AD 70년 이후로 추정된다. 대략 AD 80-90년 사이에 사도 요한이 말년을 보냈던 에베소에서 작성한 것으로 여겨진다.

기록 목적과 역사적 배경

요한복음의 기록 목적은 본서 자체에 두 가지로 기록되어 있다(20:30-31). 첫째, 예수 그리스도가 하나님의 아들 그리스도이심을 믿게 하려는 의도에서 쓰였다. 구약성경에 오랫동안 예언되어 온 메시아가 바로 예수 그리스도시라는 사실을 말하고 있다. 이는 다분히 당시의 유대인들을 의식한 표현으로, 유대인들이 배척한 예수님이 바로 그들이 기다리던 메시아라는 사실을 강조하기 위해 쓰였다. 둘째, 그 예수님을 믿음으로써 생명을 얻는다는 사실을 강조하기 위해서다. 하나님의 자녀가 되는 자격은 결코 인간적인 조건에 의해 이루어지지 않는다(1:13). 유대인이든 이방인이든 누구든지 예수 그리스도를 믿음으로 생명을 얻는다. 유대인들은 자신들이 아브라함의 자손이므로 무조건 구원을 얻는다고 생각했으나, 요한은 예수 그리스도를 영접함으로 구원 얻음을 역설하고 있다.

주요 내용

요한은 예수 그리스도가 하나님의 아들이심을 드러내기 위한 목적으로 이 서신을 기록했다. 그 때문에 본서는 예수님이 누구이신가를 드러내는 사건과 말씀 중심으로 기록되어 있다. 특히 '세상 죄를 지고 가는 하나님의 어린양'(1:29)이라는 세례 요한의 증언으로부터 시작하여, 요한복음에는 예수님이 직접 자신에 대해 설명하는 '나는 -이다'라는 표현이 일곱 번 등장하며(6:35;8:12;10:7,11;11:25;14:6;15:1), 이를 통해 예수님이 직접 밝히시는 자기 정체성을 소개하고 있다. 또한 표적을 소개함에 있어서도 예수님이 행하신 모든 표적을 나열하기보다는 그분이 하나님의 아들 되시는 결정적 증거가 되는 표적들을 일곱 가지만 선별하여 기록하고 있다(2:1-11;4:46-54;5:1-9;6:1-13,16-21;9:1-41;11:1-44).

태초부터 말씀으로 계셨던 예수님은 이 땅에 육신을 입고 '세상 죄를 지고 가는 어린양'의 모습으로 오셨다. 그러나 그런 하나님의 아들을 유대인들은 거절하였고, 그럼에도 예수님은 그들에게 계속해서 자신이 하나님의 아들이심을 사건과 말씀으로 가르치셨다. 또한 결국 유대인들에게 죽임을 당하시나, 다시 부활하셔서 제자들의 믿음을 굳게 하시고 그들에게 사명을 주셨다. 예수 그리스도가 하나님의 아들 되신 증거는 충분하다. 그러나 사람들은 여전히 오늘날도 주님을 받아들이려 하지 않는다. 이것이 오늘도 요한복음이 계속해서 전해져야 하는 이유이다.

단락 구분

1. 그리스도의 성육신(1:1-18)
2. 예수님이 하나님의 아들 되신 증거와 유대인의 불신(1:19-12:50)
   - 세례 요한의 증언과 첫 제자들(1:19-51)
   - 가나 혼례 잔치의 표적(2:1-12)
   - 첫 유대 사역(2:13-3:36)
   - 사마리아 전도(4:1-42)
   - 왕의 신하의 아들을 고치신 두 번째 표적(4:43-54)
   - 38년 된 병자를 고치신 표적과 유대인의 배척(5:1-47)
   - 갈릴리에서 행하신 기적과 그 의미(6:1-71)
   - 예루살렘에서의 사역과 유대인의 배척(7:1-10:42)
   - 나사로를 살리심과 예수님을 죽일 음모(11:1-12:50)
3. 예수님의 가르침과 기도(13:1-17:26)
   - 제자들을 가르치심(13:1-16:33)
   - 예수님의 기도(17:1-26)
4. 예수님의 고난과 죽으심 그리고 부활(18:1-21:25)
   - 잡히심과 고난(18:1-19:27)
   - 죽으심과 장례(19:28-42)
   - 부활 후 제자들에게 나타나심(20:1-21:25)

46

월 일

예수님이 지체하신 이유

요한복음 11:1-6

새찬송 425장 | 통일 217장

• 먼저 묵상을 위한 기도를 드린 후, 성경 본문을 2번 이상 읽고 묵상하십시오.

본문요약 | 예수님이 평소에 사랑하시던 베다니에 사는 나사로가 병이 든다. 나사로의 여동생 마리아와 마르다는 예수님께 사람을 보내어 이 사실을 알린다. 그러나 예수님은 나사로의 병은 죽을 병이 아니라고 하시며 계신 곳에서 이틀을 더 유하신다. 주님의 지체하심은 의도적인 것이었고, 이를 통해 하나님의 크신 영광이 드러났다.

개역개정

1 어떤 병자가 있으니 이는 마리아와 그 자매 마르다의 마을 베다니에 사는 나사로라
2 이 마리아는 향유를 주께 붓고 머리털로 주의 발을 닦던 자요 병든 나사로는 그의 오라버니더라
3 이에 그 누이들이 예수께 사람을 보내어 이르되 주여 보시옵소서 사랑하시는 자가 병들었나이다 하니
4 예수께서 들으시고 이르시되 이 병은 죽을 병이 아니라 하나님의 영광을 위함이요 하나님의 아들이 이로 말미암아 영광을 받게 하려 함이라 하시더라
5 예수께서 본래 마르다와 그 [1]동생과 나사로를 사랑하시더니
6 나사로가 병들었다 함을 들으시고 그 계시던 곳에 이틀을 더 유하시고

1) 형제

1. 본문에 나타난 예수님은 어떤 분이십니까?

2. 오늘 하나님께서 나에게 주신 깨달음은 무엇입니까?

3. 말씀을 어떻게 내 삶에 구체적으로 적용해야 합니까?

절별 해설

1 베다니에 사는 나사로라 예수님이 나사로가 병들었다는 소식을 들으신 장소는 요단 강 동편에 있는 베다니로, 본 절의 베다니와 이름은 같지만 다른 장소이다(참고. 10:40-42 절별 해설). 본 절의 베다니는 예루살렘에서 5리(약 3km)밖에 떨어지지 않은 장소였고(18절), 예수님이 계신 요단 강 동편 베다니와는 28km 정도 떨어진 거리로 거의 하룻길이었다. 한편 나사로의 가족은 예수님과 제자들을 자주 섬기며 그들과 특별한 사랑을 나누었다(12:1-3;눅 10:38-42). 성경은 유대인들처럼 예수님을 반대하는 사람들도 언급하지만, 주님의 사역에 매우 협조적이며 헌신적이었던 사람들도 기록하고 있다. 그들이 주님을 섬겼듯이 우리도 주의 일을 그렇게 섬겨야 한다.

2-3 마르다가 마리아의 언니였지만 여기에서 마리아가 주도적으로 기록된 것으로 보아 마리아가 더 예수님께 헌신적이었던 것 같다. 마리아는 예수님의 발에 향유를 붓고 머리털로 닦아 그분의 장례를 준비했던 인물이다(12:3,7). 그런데 그들이 하룻길이나 떨어져 계신 예수님께 오라버니의 병든 소식을 알렸다는 것은 그만큼 나사로의 병이 위중했다는 의미이다. 나사로처럼 주님이 사랑하시는 사람도 얼마든지 위급한 일에 처할 수 있다. 그러므로 고난과 불행 가운데 있다고 해도 주님이 우리를 미워하신다고 생각하면 안 된다.

4-5 이 병은 죽을 병이 아니라 하나님의 영광을 위함이요 예수님의 말씀을 통해 나사로의 병은 우연한 사건이 아니라, 무언가 하나님의 크신 계획 가운데 이루어지는 일임을 알 수 있다. 5절이 강조하는 것처럼 그들은 주님의 사랑을 받았지만 뜻하지 않은 어려움에 처했다. 그러므로 하나님이 사랑하시는 성도들에게 어떤 어려움이 생길 때 이는 하나님의 영광을 위한 것임을 기억할 필요가 있다.

6 나사로가 병들었다 함을 들으시고 그 계시던 곳에 이틀을 더 유하시고 예수님은 나사로가 위중한 것을 아시면서도 의도적으로 지체하셨다. 그 이유는 주님이 누구이신지 더욱 분명하게 증명하시고자 함이었다(15절). 시간계산을 해보면 두 베다니 사이는 꼬박 하룻길로(28km), 전령이 나사로의 사정을 예수님께 전하는 데 하루가 걸렸고, 예수님이 이틀을 거기서 더 유하셨다. 또한 예수님이 나사로에게 가시는 데 또 하루가 걸리므로 총 4일이 소요된다. 그런데 예수님이 나사로에게 가셨을 때는 이미 나사로가 죽은 지 4일이 지난 후였다(17절). 그러므로 전령이 예수님께 도착했을 때 나사로는 이미 죽었다는 결론이 나온다. 아마도 나사로는 전령이 출발한 후에 곧 죽었을 것이다. 그러나 주님은 죽은 지 4일이나 지난 사람을 살리심으로써 자신이 생명의 주인 되심에 대한 더욱 확실한 믿음을 주셨고, 그것을 위해 지체하셨다.

쉬운성경

1 나사로라고 하는 사람이 병이 들었습니다. 나사로는 마리아와 마리아의 언니 마르다와 함께 베다니라는 마을 사람이었습니다.

2 마리아는 주님께 향유를 붓고 자기의 머리카락으로 주님의 발을 씻어 주었던 바로 그 여인입니다. 마리아의 오빠 나사로가 병이 든 것입니다.

3 나사로의 여동생 마리아와 마르다는 예수님께 사람을 보내 "주님, 주님께서 사랑하시는 이가 병이 들었습니다"라고 전했습니다.

4 예수님께서 이 말을 듣고 말씀하셨습니다. "이 병은 죽게 될 병이 아니라 하나님의 영광을 위한 것이다. 이 병으로 말미암아 하나님의 아들이 영광을 얻을 것이다."

5 예수님께서는 마르다와 마리아, 그리고 오빠 나사로를 사랑하셨습니다.

6 하지만 예수님께서는 나사로가 병들었다는 말을 듣고도, 지금 계신 곳에서 이틀을 더 지내셨습니다.

저자의 메시지

예수님은 사람들에게 예수님에 대한 더 확실한 믿음을 주시기 위해 나사로가 죽어 무덤에 있는 데도 4일을 지체하셨다. 예수님은 나사로 외에도 나인 성 과부의 아들과 야이로의 딸을 살리셨다(눅 7:11-17;8:40-56). 그러나 본 사건과는 차이가 있다. 언급한 두 사건은 죽은 지 얼마 되지 않은 사람을 살리신 것이지만, 나사로의 경우는 죽은 지 4일이나 지나 냄새가 심하게 나는 송장을 살리신 것이다(39절). 그리고 예수님의 지체 의도도 나사로가 죽어 부패하기를 기다리시는 것이었다. 상황은 더 안 좋아 보인다고 해도 그들과 우리에게는 더 확실한 믿음을 주실 수 있다. 그래서 예수님은 하나님의 큰 영광을 위해 의도적으로 지체하신 것이다. 인간의 때와 주님의 때는 다르다. 우리가 "주님 왜 지금 도와주지 않으십니까? 저희가 죽게 되었습니다"라고 말할 때에도 때로 주님은 응답을 미루신다. 상황을 모르셔서가 아니다. 의도적인 것이다. 그러한 지체를 통해 우리의 믿음을 더욱 확실하게 하시기 위함이다. 인간의 힘으로 어찌할 수 없는 상황에 개입하심으로 주님이 누구이신지를 가르치시기 위함이다. 아브라함은 하나님께 자녀의 약속을 받은 지 25년 만에 이삭을 낳았다. 왜 금방 주지 않으셨을까? 그것은 '나의 힘으로 하는 것이 아니다'를 가르치시기 위함이었다. 주님의 지체하심에는 이유가 있다. 우리의 믿음을 더 굳세게 하시려는 것이다. 우리가 조급해하면 하나님은 더 지체하실지도 모른다. 나의 조급함이 아니라 하나님의 행하심이 모든 일을 이루는 것임을 보이시기 위해서일 것이다. 상황이 좋지 않을수록 더 크고 선명하게 하나님을 확인할 수 있다. 이것이 하나님이 지체하시는 이유이다.

무릎 기도 주님, 당신의 섭리를 기다리는 법을 배우게 하소서. 모든 일을 저의 때와 방법이 아닌 주님의 때와 방법으로 아름답게 이루시며, 그로 말미암아 주님의 영광만 드러나게 하소서.

NLT

1 A man named Lazarus was sick. He lived in Bethany with his sisters, Mary and Martha.

2 This is the Mary who later poured the expensive perfume on the Lord's feet and wiped them with her hair.* Her brother, Lazarus, was sick.

3 So the two sisters sent a message to Jesus telling him, "Lord, your dear friend is very sick."

4 But when Jesus heard about it he said, "Lazarus's sickness will not end in death. No, it happened for the glory of God so that the Son of God will receive glory from this."

5 So although Jesus loved Martha, Mary, and Lazarus,

6 he stayed where he was for the next two days.

* 11:2 This incident is recorded in chapter 12.

1 sick 병든 live in ~: ~에 살다 2 perfume 향유, 향수 wipe … with ~: ~로 …를 씻기다 3 send a message: 전령을 보내다 dear: 친애하는 4 sickness 병 end in ~: 결국 ~이 되다, ~으로 끝나다 6 stay 머무르다

47

월 일

다시 유대로 가시는 예수님

요한복음 11:7-16

새찬송 358장 | 통일 400장

• 먼저 묵상을 위한 기도를 드린 후, 성경 본문을 2번 이상 읽고 묵상하십시오.

본문요약 | 예수님이 제자들에게 다시 유대로 가자고 말씀하신다. 제자들은 그곳에서 유대인들이 예수님을 돌로 치려 했던 사건을 기억하고 주님을 만류한다. 그러나 예수님은 나사로를 살리시기 위해 유대로 향하자고 하신다. 예수님의 사역은 위험이 계속 따랐지만, 주님은 하나님의 뜻을 이루시기 위해 이를 개의치 않으셨다.

개역개정

7 그 후에 제자들에게 이르시되 유대로 다시 가자 하시니
8 제자들이 말하되 랍비여 방금도 유대인들이 돌로 치려 하였는데 또 그리로 가시려 하나이까
9 예수께서 대답하시되 낮이 열두 시간이 아니냐 사람이 낮에 다니면 이 세상의 빛을 보므로 실족하지 아니하고
10 밤에 다니면 빛이 그 사람 안에 없는 고로 실족하느니라
11 이 말씀을 하신 후에 또 이르시되 우리 친구 나사로가 잠들었도다 그러나 내가 깨우러 가노라
12 제자들이 이르되 주여 잠들었으면 낫겠나이다 하더라
13 예수는 그의 죽음을 가리켜 말씀하신 것이나 그들은 잠들어 쉬는 것을 가리켜 말씀하심인 줄 생각하는지라
14 이에 예수께서 밝히 이르시되 나사로가 죽었느니라
15 내가 거기 있지 아니한 것을 너희를 위하여 기뻐하노니 이는 너희로 믿게 하려 함이라 그러나 그에게로 가자 하시니
16 디두모라고도 하는 도마가 다른 제자들에게 말하되 우리도 주와 함께 죽으러 가자 하니라

1. 본문에 나타난 예수님은 어떤 분이십니까?

2. 오늘 하나님께서 나에게 주신 깨달음은 무엇입니까?

3. 말씀을 어떻게 내 삶에 구체적으로 적용해야 합니까?

절별 해설

7–8 유대로 다시 가자 유대인들이 예수님을 돌로 치려했기 때문에 예수님은 잠시 유대 땅을 벗어나 요단 강 동쪽에 위치한 베다니에 머물고 계셨다(10:40). 그런데 예수님이 나사로를 살리시기 위해서 '다시 유대로 가자'고 하시자 얼마 전에 유대인들의 살기등등한 태도를 경험한 제자들은 예수님을 만류했다. 물론 스승을 걱정하는 제자들의 태도는 있을 수 있는 일이다. 그러나 예수님은 하나님의 뜻을 이루셔야 하는 목표가 있으셨기에 위험에도 불구하고 다시 유대로 가시려 한 것이다. 주님은 일신의 안위보다 하나님의 뜻을 더 중요하게 여기셨다(4:34). 바울은 자신에게 큰 어려움이 닥칠 것을 알면서도 주변 지인들의 인간적인 권면도 뒤로한 채 예루살렘 행을 감행했었다(행 21:4–15). 성도에게 중요한 것은 하나님의 뜻을 이루는 것이다. 우리 주님은 친히 본을 보여주셨다. 어떤 어려움이 있더라도 하나님의 뜻을 이루는 삶을 사는 사람이 진정한 성도이다.

9–10 사람이 낮에 다니면 이 세상의 빛을 보므로 실족하지 아니하고 이 말씀은 표면적으로 보면 '낮에 다니는 사람은 밤에 다니는 사람보다 위험하지 않다'는 의미로 이해할 수 있다. 그러나 진정한 의미는 '빛이신 예수님과 동행하는 사람은 실족하지 않는다'는 말씀이다(참고. 8:12;9:4–5). 인생의 진정한 위험은 환경적인 어려움이 아니다. 예수 그리스도와 동행하지 않는 것이다. 아무리 좋은 환경 가운데 있는 사람도 예수 그리스도를 모르면 그는 이미 넘어지고 실족한 사람이다. 그러나 사망의 음침한 골짜기를 걸어가도 주님과 동행하는 사람은 결코 실족하지 않는다(시 23:4).

11–16 잠 성경은 보통 죽음을 '잠자는 것'으로 표현한다(단 12:2; 눅 8:52;고전 15:51). 이는 육신의 죽음이 존재의 마지막이 아니며, 잠에서 깨어나면 새로운 세상이 하나님 안에서 시작된다는 것을 매우 적절하게 암시하는 표현이다. 제자들은 이런 예수님의 비유적 설명을 이해하지 못하고, 나사로가 병들어서 잠자고 있다면 나을 것이라고만 생각했다. 우리도 당시 제자들처럼 주님의 말씀을 제대로 이해하지 못할 수 있다. 성경에 관한 전체적인 안목이 없으면 일부 말씀을 잘못 해석할 위험은 항상 존재한다. 그러므로 성경을 먼저 전체적인 안목에서 큰 그림으로 이해한 다음에 각 구절들에 대한 이해를 시도해야 한다. 한편 도마는 기꺼이 예수님과 동행하자는 의견을 제시한다. 도마는 의심이 많았지만 충성심도 강한 제자였다. 의심도 충성심 안에서 해야 한다. 그것은 신앙의 진보를 위한 건설적인 의심이어야 하며, 의심의 순간에도 주님을 향한 충성은 계속되어야 한다.

쉬운성경

7 이틀 후 예수님께서는 제자들에게 "다시 유대 땅으로 가자"고 말씀하셨습니다.

8 제자들이 예수님께 말했습니다. "하지만 선생님, 방금 전에 유대인들이 주님을 돌로 쳐죽이려고 하였는데, 다시 그곳으로 가려고 하십니까?"

9 예수님께서 대답하셨습니다. "하루 중 낮이 열두 시간이나 되지 않느냐? 사람이 낮에 걸어다니면, 그는 이 세상의 빛을 보기 때문에 넘어지지 않는다.

10 그러나 밤에 걸어다니면 그 사람 속에 빛이 없으므로 넘어진다."

11 예수님께서 이 말씀을 하신 후에 이렇게 덧붙이셨습니다. "우리 친구 나사로가 깊이 잠들었으니, 그를 깨우러 가야겠다."

12 그러자 제자들이 말했습니다. "주님, 나사로가 잠들었다면 낫게 될 것입니다."

13 예수님께서는 나사로가 죽은 것에 대해 말씀하셨지만, 예수님의 제자들은 나사로가 정말로 잠을 자고 있는 것으로 생각했습니다.

14 그때, 예수님께서 분명히 말씀하셨습니다. "나사로가 죽었다.

15 하지만 너희를 위해서는 내가 거기에 있지 않았던 것이 기쁘다. 이것은 너희들이 믿을 수 있도록 하기 위함이다. 그러나 이제 나사로에게 가자."

16 그때, 디두모라는 별명을 가진 도마가 다른 제자들에게 "우리도 주님과 함께 죽으러 가자"고 말했습니다.

저자의 메시지

오늘 본문에서 예수님은 다시 유대로 발걸음을 옮기셨다. 그곳은 얼마 전에 예수님에게 돌을 던지려 했던 살기등등한 유대인들이 있는 곳이었다. 그러나 예수님은 제자들의 만류에도 그 길을 가셨다. 위험보다 더 중요한 하나님의 뜻을 이루시기 위한 걸음이셨다. 이 같은 주님의 모습은 우리의 모습이기도 해야 한다. 성도의 삶의 목표는 자신의 안위가 아닌 하나님의 뜻을 이루는 것이어야 한다. 분명한 것은 하나님의 뜻을 이루며 사는 삶이 자신을 위해서도 가장 최선의 삶이라는 것이다. 다니엘과 세 친구는 이방 나라의 포로 신세였음에도 위험을 무릅쓰고 하나님 백성으로 거룩하게 사는 삶을 선택했다(단 1:3-16;3:6-23). 그 결과 그들은 포로로 잡혀 온 나라에서도 성공적인 삶을 살았다(단 1:17-21;3:24-30). 우리가 하나님을 위할 때 하나님은 우리를 위하신다. 피조물로서 창조주의 영광을 위해 살 때 피조물이 가진 최대한의 가치가 발현된다는 사실을 경험해보지 않겠는가?

예수님은 세상의 빛이신 자신과 동행하는 사람은 결코 넘어지지 않는다고 말씀하셨다. 인간의 진정한 성공과 실패는 부나 명예에 관한 것이 아니라 예수님과 동행하는가에 달려 있다는 말씀이다. 주님과 동행하는 자는 어떤 상황에서도 실족하지 않는다. 반면에 그렇지 않는 자는 어떤 세상의 성공을 거둘지라도 그는 결국 실족하게 될 것이다. 지금 당신은 인생의 진정한 성공이 주님과 동행하는 것이라고 생각하는가?

무릎기도 주님, 당신의 뜻을 이루며 당신의 영광이 제 생애의 목적이 되도록 도와주소서. 어떤 어려움이 있더라도 주님과 동행하는 삶을 선택하도록 인도해주소서.

NLT

7 Finally, he said to his disciples, "Let's go back to Judea."

8 But his disciples objected. "Rabbi," they said, "only a few days ago the people* in Judea were trying to stone you. Are you going there again?"

9 Jesus replied, "There are twelve hours of daylight every day. During the day people can walk safely. They can see because they have the light of this world.

10 But at night there is danger of stumbling because they have no light."

11 Then he said, "Our friend Lazarus has fallen asleep, but now I will go and wake him up."

12 The disciples said, "Lord, if he is sleeping, he will soon get better!"

13 They thought Jesus meant Lazarus was simply sleeping, but Jesus meant Lazarus had died.

14 So he told them plainly, "Lazarus is dead.

15 And for your sakes, I'm glad I wasn't there, for now you will really believe. Come, let's go see him."

16 Thomas, nicknamed the Twin,* said to his fellow disciples, "Let's go, too—and die with Jesus."

* 11:8 Greek *Jewish people*; also in 11:19, 31, 33, 36, 45, 54.
* 11:16 Greek *Thomas, who was called Didymus.*

7 disciple 제자 8 object 반대하다 9 safely 안전하게, 무사히 10 stumble 발부리가 걸리다 11 fall asleep : 잠들다 wake ~ up : ~를 깨우다 12 get better : (병이나 상황 등이) 좋아지다, 나아지다 14 plainly 명백히, 분명히 15 for one's sake : ~를 위하여

48

월 일

부활과 생명의 주

요한복음 11:17-27

새찬송 165장 | 통일 155장

• 먼저 묵상을 위한 기도를 드린 후, 성경 본문을 2번 이상 읽고 묵상하십시오.

본문요약 | 예수님이 나사로가 있는 곳에 도착하셨을 때는 이미 그가 죽은 지 4일이 지난 뒤였다. 많은 사람들이 마르다와 마리아를 위로하고 있는 가운데 마르다는 예수님을 맞이한다. 마르다는 부활이요 생명이신 주님을 믿느냐는 질문에 그렇다고 답했지만, 자기 오라비가 죽은 지 4일 만에 다시 살아날 것이라고는 믿지 않았다.

개역개정

17 예수께서 와서 보시니 나사로가 무덤에 있은 지 이미 나흘이라
18 베다니는 예루살렘에서 가깝기가 한 오 리쯤 되매
19 많은 유대인이 마르다와 마리아에게 그 오라비의 일로 위문하러 왔더니
20 마르다는 예수께서 오신다는 말을 듣고 곧 나가 맞이하되 마리아는 집에 앉았더라
21 마르다가 예수께 여짜오되 주께서 여기 계셨더라면 내 오라버니가 죽지 아니하였겠나이다
22 그러나 나는 이제라도 주께서 무엇이든지 하나님께 구하시는 것을 하나님이 주실 줄을 아나이다
23 예수께서 이르시되 네 오라비가 다시 살아나리라
24 마르다가 이르되 마지막 날 부활 때에는 다시 살아날 줄을 내가 아나이다
25 예수께서 이르시되 나는 부활이요 생명이니 나를 믿는 자는 죽어도 살겠고
26 무릇 살아서 나를 믿는 자는 영원히 죽지 아니하리니 이것을 네가 믿느냐
27 이르되 주여 그러하외다 주는 그리스도시요 세상에 오시는 하나님의 아들이신 줄 내가 믿나이다

1. 본문에 나타난 예수님은 어떤 분이십니까?

2. 오늘 하나님께서 나에게 주신 깨달음은 무엇입니까?

3. 말씀을 어떻게 내 삶에 구체적으로 적용해야 합니까?

절별 해설

17 무덤에 있은 지 이미 나흘 죽은 지 4일이 지났다는 것은 인간적으로는 다시 살아날 어떤 가능성도 없다는 의미이다. 특히 팔레스타인 지역의 높은 기온 탓에 시체는 이미 부패하기 시작한 상태였다(39절). 예수님은 이런 상태의 나사로를 살리셨다. 그리고 이 기적이 갖는 의미는 예수님의 부활을 준비하는 데에 있다. 즉, 나사로가 4일 만에도 살아났다면, 그런 나사로를 살리신 예수님이 3일 만에 부활하시는 것은 이성적으로도 아무 문제가 되지 않음을 드러내신 것이다. 나사로가 살아난 것처럼 주님의 부활도 명백한 사실이다.

18-19 본절에서 요한이 베다니가 예루살렘으로부터 5리(약 3km) 밖에 떨어지지 않았고, 많은 유대인이 문상 온 것을 자세히 기록한 이유는 이 사건이 예루살렘 유대인들에게 빠르게 퍼질 수 있는 조건을 갖췄음을 말한 것이다(참고. 46절). 모든 일들은 예루살렘 근처에서 일어났고 그래서 유대인들도 나사로가 다시 살아난 것을 부인할 수 없었다.

21-22 주께서 여기 계셨더라면 내 오라버니가 죽지 아니하였겠나이다 마르다는 나사로가 죽을 때 예수님이 자신들과 함께 계시지 않았던 것을 못내 아쉬워했다. 그것은 예수님이 계셨다면 분명 나사로를 고쳐주셨을 것이기 때문이다. 그럼에도 예수님에 대한 마르다의 확신은 변함없어 보인다. 그러나 본문에 '이제라도 주께서 무엇이든지 하나님께 구하시는 것을 하나님이 주실 줄을 안다'라는 그녀의 말은 '지금이라도 자신의 오라비를 살리실 수 있다'는 믿음의 표현이 아니다. 하나님은 '여전히 지금도 주님의 말씀에 응답하신다'는 일반적 수준의 고백이다. 마르다는 나사로가 '지금' 살아날 것을 믿지 않았다(24절). 그러므로 마르다의 '무엇이든지'라는 말에는 나사로가 '지금' 살아나는 것은 빠져 있다. 즉, 주님에 대한 완전한 믿음이 아닌 제한적 믿음이다. 우리도 주님을 일반적 수준으로 믿을 위험성이 있다. 주님은 모든 것을 다 하실 수 있다고 말하지만, 정작 구체적인 삶의 문제에는 그렇게 생각하지 않는 것이다. 당신은 진정 모든 문제에서 주님을 제한하지 않고 신뢰하는가?

25-27 이것을 네가 믿느냐 마르다의 제한적 고백(24절)을 들으신 예수님은 부활과 생명의 주인으로서 자신을 믿는 자는 죽어도 살겠고, 또 영원히 죽지 않을 것이라고 강조하신다. 또한 마르다에게 이것을 믿느냐고 재차 물으신다. 이에 마르다는 다시 한 번 주님을 향해 믿음의 고백을 드린다. 그러나 이 역시 여전히 불완전한 고백이었다(참고. 39절). 한편 이 고백은 베드로가 했던 것과 그 내용이 매우 유사하다(마 16:16). 내용뿐만이 아니라 그들의 불완전한 믿음까지도 비슷하다(마 16:13-23). 고백의 내용이 곧 나의 믿음은 아니다. 착각하지 말아야 한다. 말로 고백했다고 그 믿음이 완전한 것은 아니다. 마르다처럼 주님이 재차 물어보셔도 그 진정한 의미를 모르는 존재가 인간이다. 그러므로 우리는 자신과 타인에 대해 늘 긍휼과 겸손의 마음을 가져야 한다.

쉬운성경

17 예수님께서 나사로가 있는 곳에 도착했습니다. 그때 나사로는 이미 죽어 무덤 속에 있은 지 사 일이나 되었습니다.

18 베다니는 예루살렘에서 약 3킬로미터 조금 못 되는 곳에 있었습니다.

19 많은 유대인이 오빠를 잃은 마르다와 마리아를 위로하러 두 자매에게 왔습니다.

20 마르다는 예수님께서 오신다는 소식을 듣고 예수님을 마중 나갔고, 마리아는 집에 남아 있었습니다.

21 마르다가 예수님께 말했습니다. "주님, 주님께서 여기 계셨더라면 제 오빠가 죽지 않았을 것입니다.

22 그러나 지금이라도 주님께서 하나님께 구하시는 것은 무엇이든지 하나님께서 주시리라는 것을 알고 있습니다."

23 예수님께서 말씀하셨습니다. "네 오빠가 다시 살아날 것이다."

24 마르다가 대답했습니다. "마지막 날에 있을 부활 때, 제 오빠가 다시 살아난다는 것을 제가 압니다."

25 예수님께서 마르다에게 말씀하셨습니다. "나는 부활이요 생명이다. 나를 믿는 사람은 설령 죽는다 해도 살 것이며,

26 살아서 나를 믿는 사람은 그 누가 되었든지 결코 죽지 않을 것이다. 네가 이것을 믿느냐?"

27 마르다가 대답했습니다. "네, 주님. 저는 주님께서 그리스도이시며, 세상에 오시기로 한 하나님의 아들이심을 믿습니다."

저자의 메시지

예수님을 만난 마르다는 나사로가 아플 때 주님이 계셨더라면 그가 죽지 않았을 것이라는 아쉬움을 표현했다. 그렇지만 여전히 하나님은 주님의 모든 요청을 들어주신다는 고백도 드린다. 그러나 마르다의 말은 예수님을 향한 인사 수준의 말일 뿐, 나사로가 지금이라도 살아날 것이라는 믿음의 고백은 아니었다. 우리도 말로는 '주님은 모든 것의 주인이시다'라고 잘 외친다. 그러나 정작 삶의 구체적인 상황 속에서는 주님을 제대로 대접하지 않는다. 어려움 속에서는 믿음이 없는 사람처럼 행동한다. 당신의 믿음이 추상적이고 관념적인 것이 되지 않도록 하라. 주님을 '오늘, 지금, 여기에서' 당신의 모든 문제를 붙들고 계시는 유일하신 분으로 대접해야 한다.

한편, 예수님은 자신이 '부활과 생명의 주인'이심을 강조하시면서, 다시 한 번 마르다에게 믿음을 요구하신다. 그러나 마르다는 여전히 같은 수준의 대답만을 되풀이했다. 그녀의 고백은 그럴듯했으나 여전히 불완전한 믿음이었다. 나의 고백이 곧 나의 믿음이 아님을 잊지 말자. 사람들 중에는 삶 속에서 자신의 믿음 없음을 확인하게 되면 자신의 믿음이 이 정도 밖에 안 되느냐며 자박(自縛)하는 사람들이 있다. 자신의 과거에 했던 고백과 믿음은 이런 것이 아니었다며 낙심한다. 그러나 그것은 착각이다. 우리는 마르다나 베드로보다 낫지 않다. 그들은 예수님을 직접 보면서도 불완전한 믿음을 보였다. 이것이 인간의 수준이다. 그러므로 나와 남에 대해 늘 긍휼과 관대함과 겸손을 잊지 말아야 한다. 인간의 현실을 제대로 알고 낙심하지 않아야 주님이 주시는 새로운 소망이 보이기 때문이다.

무릎 기도 주님, 저는 결코 마르다보다 낫지 않습니다. 제 자신의 제한적인 신앙을 넘어설 수 있도록 도와주소서. 그리하여 주님이 주시는 새로운 소망을 볼 수 있기 원합니다.

NLT

17 When Jesus arrived at Bethany, he was told that Lazarus had already been in his grave for four days.
18 Bethany was only a few miles* down the road from Jerusalem,
19 and many of the people had come to console Martha and Mary in their loss.
20 When Martha got word that Jesus was coming, she went to meet him. But Mary stayed in the house.
21 Martha said to Jesus, "Lord, if only you had been here, my brother would not have died.
22 But even now I know that God will give you whatever you ask."
23 Jesus told her, "Your brother will rise again."
24 "Yes," Martha said, "he will rise when everyone else rises, at the last day."
25 Jesus told her, "I am the resurrection and the life.* Anyone who believes in me will live, even after dying.
26 Everyone who lives in me and believes in me will never ever die. Do you believe this, Martha?"
27 "Yes, Lord," she told him. "I have always believed you are the Messiah, the Son of God, the one who has come into the world from God."

* 11:18 Greek *was about 15 stadia* [about 2.8 kilometers].
* 11:25 Some manuscripts do not include *and the life.*

17 have(had) been … for ~ : …한지 ~이 되다(지나다) grave 무덤 18 a few : 어느 정도, 조금 19 console 위로하다 loss 사망, 죽음 20 get word that ~ : ~라는 말을 듣다 23 rise 일어나다, 살아나다 25 resurrection 부활

49

월 일

예수님의 눈물

요한복음 11:28-37

새찬송 300장 | 통일 406장

• 먼저 묵상을 위한 기도를 드린 후, 성경 본문을 2번 이상 읽고 묵상하십시오.

본문요약 | 마르다가 돌아간 후, 예수님은 같은 장소에서 마리아를 만나신다. 마리아는 마르다와는 달리 슬픔을 눈물로 나타낸다. 그리고 예수님도 나사로의 무덤 앞에서 눈물을 흘리신다. 한편, 예수님의 눈물에 사람들의 반응은 제각각이었는데, 예수님은 죽음에 괴로워하는 인생들의 비참한 현실을 보시면서 그들과 함께 눈물을 흘리신 것이다.

개역개정

28 이 말을 하고 돌아가서 가만히 그 자매 마리아를 불러 말하되 선생님이 오셔서 너를 부르신다 하니
29 마리아가 이 말을 듣고 급히 일어나 예수께 나아가매
30 예수는 아직 마을로 들어오지 아니하시고 마르다가 맞이했던 곳에 그대로 계시더라
31 마리아와 함께 집에 있어 위로하던 유대인들은 그가 급히 일어나 나가는 것을 보고 곡하러 무덤에 가는 줄로 생각하고 따라가더니
32 마리아가 예수 계신 곳에 가서 뵈옵고 그 발 앞에 엎드리어 이르되 주께서 여기 계셨더라면 내 오라버니가 죽지 아니하였겠나이다 하더라
33 예수께서 그가 우는 것과 또 함께 온 유대인들이 우는 것을 보시고 심령에 비통히 여기시고 불쌍히 여기사
34 이르시되 그를 어디 두었느냐 이르되 주여 와서 보옵소서 하니
35 예수께서 눈물을 흘리시더라
36 이에 유대인들이 말하되 보라 그를 얼마나 사랑하셨는가 하며
37 그중 어떤 이는 말하되 맹인의 눈을 뜨게 한 이 사람이 그 사람은 죽지 않게 할 수 없었더냐 하더라

1. 본문에 나타난 예수님은 어떤 분이십니까?

2. 오늘 하나님께서 나에게 주신 깨달음은 무엇입니까?

3. 말씀을 어떻게 내 삶에 구체적으로 적용해야 합니까?

절별 해설

28-30 마르다가 맞이했던 곳에 그대로 계시더라 마르다와의 만남을 마치신 예수님은 나사로를 살리시기 위해 바로 마을로 향하지 않으시고, 먼저 마르다의 동생 마리아를 같은 장소로 부르셨다. 그리고 마르다가 마리아를 가만히 불러낸 것으로 볼 때, 예수님의 당부가 있었던 것 같다. 즉, 소란스럽게 알리지 않고 조용히 마리아와 만나길 원하셨다. 왜 그러셨을까? 예수님은 마리아에게도 마르다와 나누었던 부활과 생명의 진리를 가르치시고 믿음을 주기 원하셨던 것이다. 주님은 늘 일이 아닌 사람을 중요하게 생각하셨다. 그 때문에 어떤 일을 하시기 전에 그들에게 먼저 믿음을 가르치기 원하셨다. 이것은 오병이어의 기적을 일으키시기 전에 빌립을 시험하신 이유이기도 하다(6:1-10). 우리가 어떤 사건을 보며 믿음의 반응을 하는 것은 사실 주님이 그렇게 준비시켜 주시기 때문이다.

32-33 심령에 비통히 여기시고 불쌍히 여기사 예수님을 만난 마리아는 마르다가 했던 말과 비슷한 말을 한다(21, 32절). 다만 차이가 있다면 마리아는 자신의 슬픔을 눈물로 표현했다는 것이다. 예수님은 마리아와 유대인들이 우는 것을 보시면서 마음속에 '비통함'과 '불쌍함'을 동시에 가지셨다. 즉, 주님은 죄 때문에 원래의 자리를 벗어난 인간들이 죽음 때문에 괴로워하는 비참한 현실을 보시면서 원통함과 긍휼의 마음을 가지신 것이다. 주님은 그들이 주님을 제대로 알아보지 못하는 것에 화내지 않으셨다. 인간들의 처지를 생각하며 함께 가슴 아파하셨다. 슬픔과 어려움을 당한 사람을 가르치려 해서는 안 된다. 먼저 그들과 함께 공감하는 것이 가장 중요한 태도이다(롬 12:15-16).

34-35 예수께서 눈물을 흘리시더라 예수님이 그들의 문제를 해결하려 하시면서 눈물을 흘리셨다. 이는 성경이 유일하게 기록하고 있는 예수님이 눈물을 흘리신 장면이다. 즉, 주님의 인간적인 면모를 기록한 것이다. 진정한 경건은 초인간적인 모습이 아니라 지극히 인간적인 면모를 보인다. 바늘로 찔러도 피 한 방울 안 나올 것 같아 보이는 냉정함이 아니라 지극히 평범하고 다정한 모습이다. 주님을 위해 죽을 각오가 되어 있는 투사와 같은 모습만이 경건은 아니다. 모든 인간적인 감정을 사치한 것으로 생각하는 것도 경건은 아니다. 그러므로 당신이 가진 인간적인 모습을 감추고 없애는 것이 경건한 모습이라고 생각하지 마라. 주님이 보여주신 것처럼 경건과 인간적인 다정함은 원래 하나이다.

쉬운성경

28 마르다는 이 말을 하고는 집으로 돌아갔습니다. 마르다가 마리아를 따로 불러내 말했습니다. "선생님이 여기 오셔서 너를 찾으셔."

29 마리아는 이 말을 듣자마자 바로 일어나 예수님께로 갔습니다.

30 예수님께서는 마을로 들어오지 않으시고, 그때까지 줄곧 마르다를 만났던 곳에 계셨습니다.

31 마리아와 함께 집에 있으면서 마리아를 위로하던 유대인들은 마리아가 일어나 황급히 나가는 것을 보았습니다. 그들은 마리아의 뒤를 따라 나오면서, 마리아가 통곡하러 무덤에 가는 것이라고 생각했습니다.

32 마리아는 예수님께서 계신 곳으로 갔습니다. 마리아는 예수님을 보자, 그의 발아래 엎드려 이렇게 말했습니다. "주님, 주님께서 여기 계셨더라면, 저의 오빠가 죽지 않았을 것입니다."

33 예수님께서 마리아와 마리아의 뒤를 따라온 유대인들이 우는 것을 보셨습니다. 예수님의 마음은 격한 감정이 들면서 몹시 아프셨습니다.

34 예수님께서 말씀하셨습니다. "나사로를 어디에 두었느냐?" 그들이 대답했습니다. "와서 보십시오, 주님."

35 그러자 예수님께서 눈물을 흘리셨습니다.

36 그것을 보고 유대인들이 말했습니다. "예수님께서 나사로를 얼마나 사랑하였는가 보아라."

37 그러나 그들 중에는 "앞 못 보는 사람의 눈도 뜨게 한 사람이, 나사로가 죽지 않게 할 수는 없었나?"라고 말하는 사람도 있었습니다.

저자의 메시지

예수님은 마리아와 사람들이 슬퍼하는 모습을 보시면서 비통한 마음과 불쌍한 마음을 동시에 가지셨다. 죄로 인해 죽을 수밖에 없는 인생들의 비참한 모습을 보시며 함께 공감하셨다. 그들을 향하여 '왜 나를 믿지 못하고 내 앞에서 인간적인 슬픔을 보이느냐'고 야단하지 않으셨다. 그들과 같은 마음이 되셔서 함께 눈물을 흘리셨다. 우리는 여기에서 두 가지를 기억해야 한다. 첫째, 우리도 주님처럼 인생의 희로애락을 겪는 사람들과 함께 공감할 줄 알아야 한다. 때로 그들의 믿음이 부족하여 인간적인 모습을 보일 수 있다. 그러나 그렇다고 해서 그 사람들을 가르치려 해서는 안 된다. 해답을 주려고 노력하지 말아야 한다. 그저 그들과 공감하면 된다. 이것이 성경의 가르침이다(롬 12:15-16). 공감은 가르침보다 훨씬 더 능력 있는 위로가 된다. 말없이 함께 있어주고 공감해주는 것만으로 그 사람의 문제해결을 도울 수 있다. 둘째, 진정한 경건은 인간적인 다정다감함을 공유한다는 것을 기억하자. 본서에서 사도 요한은 예수님의 인간적인 모습을 있는 그대로 표현했다. 눈물을 흘리시는 장면도 그대로 묘사했다. 혹시 '아니 주님과 같은 하나님의 아들이 눈물을 보이시다니!' 하고 생각할 사람도 있을 것이다. 그러나 진정으로 위대한 사람은 눈물이 있는 사람이다. 개인적이고 감정적인 인간의 모습이 사라지는 것이 경건은 아니다. 진짜 믿음 있는 사람은 투사와 같이 냉정한 것이 아니라 따뜻하고 다정한 사람이다. 당신도 그런 사람인가?

무릎기도 주님, 다른 사람들의 슬픔과 연약함을 보면서 함께 아파하고 공감할 수 있는 마음을 주소서. 주님이 본을 보여주신 것처럼 인간적인 다정함이 배어나오는 경건을 연습하게 하소서.

NLT

28 Then she returned to Mary. She called Mary aside from the mourners and told her, "The Teacher is here and wants to see you."

29 So Mary immediately went to him.

30 Jesus had stayed outside the village, at the place where Martha met him.

31 When the people who were at the house consoling Mary saw her leave so hastily, they assumed she was going to Lazarus's grave to weep. So they followed her there.

32 When Mary arrived and saw Jesus, she fell at his feet and said, "Lord, if only you had been here, my brother would not have died."

33 When Jesus saw her weeping and saw the other people wailing with her, a deep anger welled up within him,* and he was deeply troubled.

34 "Where have you put him?" he asked them. They told him, "Lord, come and see."

35 Then Jesus wept.

36 The people who were standing nearby said, "See how much he loved him!"

37 But some said, "This man healed a blind man. Couldn't he have kept Lazarus from dying?"

* 11:33 Or *he was angry in his spirit.*

28 call ~ aside from … : … 중에서 ~를 따로 불러내다 mourner 애도자, 조객 29 immediately 즉시로
31 console 위로하다 hastily 급히, 서둘러서 assume 생각하다 32 fall at one's feet : ~의 발치에 엎드리다
33 wail 통곡하다 well up : 치밀어 오르다

50

월 일

다시 살아난 나사로

요한복음 11:38-46

새찬송 305장 | 통일 405장

• 먼저 묵상을 위한 기도를 드린 후, 성경 본문을 2번 이상 읽고 묵상하십시오.

본문요약 | 예수님이 죽은 지 4일이나 지난 나사로를 살리신다. 예수님은 막아 놓은 무덤의 돌을 옮겨 놓으라고 말씀하신 후, 하늘을 향하여 기도하시고 나사로를 무덤에서 불러내셨다. 부활과 생명의 주인이신 주님만이 죽은 자를 무덤에서 살리실 수 있다. 마찬가지로 죄로 죽었던 우리를 영원한 형벌로부터 구원하실 분도 오직 주님뿐이시다.

개역개정

38 이에 예수께서 다시 속으로 비통히 여기시며 무덤에 가시니 무덤이 굴이라 돌로 막았거늘

39 예수께서 이르시되 돌을 옮겨 놓으라 하시니 그 죽은 자의 누이 마르다가 이르되 주여 죽은 지가 나흘이 되었으매 벌써 냄새가 나나이다

40 예수께서 이르시되 내 말이 네가 믿으면 하나님의 영광을 보리라 하지 아니하였느냐 하시니

41 돌을 옮겨 놓으니 예수께서 눈을 들어 우러러보시고 이르시되 아버지여 내 말을 들으신 것을 감사하나이다

42 항상 내 말을 들으시는 줄을 내가 알았나이다 그러나 이 말씀 하옵는 것은 둘러선 무리를 위함이니 곧 아버지께서 나를 보내신 것을 그들로 믿게 하려 함이니이다

43 이 말씀을 하시고 큰 소리로 나사로야 나오라 부르시니

44 죽은 자가 수족을 베로 동인 채로 나오는데 그 얼굴은 수건에 싸였더라 예수께서 이르시되 풀어 놓아 다니게 하라 하시니라

45 마리아에게 와서 예수께서 하신 일을 본 많은 유대인이 그를 믿었으나

46 그중에 어떤 자는 바리새인들에게 가서 예수께서 하신 일을 알리니라

1. 본문에 나타난 예수님은 어떤 분이십니까?

2. 오늘 하나님께서 나에게 주신 깨달음은 무엇입니까?

3. 말씀을 어떻게 내 삶에 구체적으로 적용해야 합니까?

절별 해설

39-40 주여 죽은 지가 나흘이 되었으매 벌써 냄새가 나나이다 막아 놓은 무덤의 돌을 옮겨 놓으라는 예수님의 말씀에 마르다는 나사로가 죽은 지 4일이나 지나서 벌써 냄새가 난다고 대답했다. 마르다는 예수님이 자신의 오라비를 살려주실 수 있다고는 전혀 생각하지 않았던 것이다. 믿음이 없는 인간은 모든 것에 지극히 상식적으로 반응한다. 그러나 예수님은 마르다에게 '네가 믿으면 하나님의 영광을 보리라'고 말씀하셨다. 믿어야 하나님의 영광을 볼 수 있다. 여기서의 믿음은 자신의 상식을 초월하는 믿음이다. 즉, 죽은 지 4일이나 지났지만 예수님의 말씀을 믿고 돌을 옮겨 놓는 것을 말한다. 시몬 베드로는 밤새 아무것도 잡지 못했지만, 깊은 데로 가서 그물을 내려 고기를 잡으라는 예수님의 말씀을 믿고 행하여 많은 고기를 잡았다(눅 5:4-6). 믿음은 상식을 포함하지만 종종 그것을 초월한다. 그러므로 자신의 상식과 경험을 의지하는 한, 하나님의 영광을 체험하기 어렵다. 우리의 상식과 지식은 완전한 것이 아니기 때문이다.

41-42 예수께서 눈을 들어 우러러보시고 이르시되 사람들이 돌을 옮겨 놓자 예수님은 눈을 들어 하늘을 우러러 보시며 하나님께 기도하셨다. 하나님의 아들이신 예수님도 모든 것을 하나님께 의존하셨다. 그런데 여기서 말하는 '의존'은 예수님이 뭔가 부족하시다는 뜻이 아니다. 그만큼 아버지와 밀접한 관계라는 뜻이다(참고. 5:19-21,30;10:30). 아버지와 하나이신 예수님은 하나님께 기도하심으로써 나사로를 살리셨다. 응답받는 기도는 관계에서 출발한다(15:7). 주님이 하나님과 하나이셨듯이 당신이 하나님과 친밀하다면 주님이 약속하신 기도의 응답은 이루어질 것이다. 한편, 주님의 기도는 요란하지 않았다. 진정한 기도는 소란스러울 필요가 없다. 하나님과의 진실한 대화이기 때문이다. 엘리야도 바알의 예언자들과 갈멜산에서 대결할 때 소란하고 요란스런 그들의 기도와는 대조적인 조용한 모습을 보였다(비교. 왕상 18:25-29절과 30-40절). 살아계신 하나님께 간구할 때 큰 소리와 형식은 문제되지 않는다. 마음에서 우러나오는 진정한 기도가 되어야 한다.

43 큰 소리로 나사로야 나오라 부르시니 예수님이 큰 소리로 나사로를 부르셨다. 그런데 사실 이것은 나사로와 주변 사람 모두를 향한 외침이셨다. 예수님이 무덤 앞에 오셨을 때 어떤 사람들은 예수님을 비난했고(37절), 누구도 예수님의 이적을 믿지 않는 분위기였다(39절). 그 때문에 예수님은 나사로뿐만 아니라 그런 그들을 향해서도 자신이 부활과 생명의 하나님이신 것을 큰 소리로 외치신 것이다. 부활과 생명이신 주님만이 죽은 자를 살려 무덤에서 나오게 하실 수 있듯이 죄로 죽었던 우리를 영원한 형벌에서 구원하실 수 있다(엡 2:1-5;골 2:13).

쉬운성경

38 예수님께서는 몹시 아픈 마음으로 무덤에 가셨습니다. 그 무덤은 입구를 커다란 돌로 막은 굴이었습니다.

39 예수님께서 "돌을 옮겨 놓으라"고 말씀하셨습니다. 죽은 나사로의 여동생 마르다가 예수님께 말씀드렸습니다. "주님, 오빠가 죽어 무덤에 있은 지, 이미 사 일이나 되어 냄새가 심하게 납니다."

40 예수님께서 마르다에게 말씀하셨습니다. "네가 믿으면 하나님의 영광을 볼 것이라고 내가 너에게 말하지 않았느냐?"

41 그래서 사람들이 입구에서 돌을 옮겨 놓았습니다. 그때, 예수님께서는 고개를 들어 하늘을 보시며 말씀하셨습니다. "아버지, 지금까지 제 말을 들어 주셔서 감사합니다.

42 아버지께서는 언제나 제 말을 들으시는 줄을 제가 압니다. 그러나 저는 주위에 있는 이 사람들을 위하여, 그들이 아버지께서 저를 보내셨음을 믿게 하기 위하여 이 말을 한 것입니다."

43 예수님께서는 이 말씀을 하신 후, 큰 소리로 말씀하셨습니다. "나사로야, 나오너라!"

44 죽은 사람이 밖으로 나왔습니다. 그의 손과 발은 천으로 감겨져 있었으며, 얼굴도 천으로 둘러싸여 있었습니다. 예수님께서는 사람들에게 "천을 풀어 주어 다니게 하여라" 하고 말씀하셨습니다.

45 마리아에게 조문하러 왔던 유대인들은 예수님께서 하신 일을 보고는 그분을 믿었습니다.

46 그러나 그들 중 어떤 유대인들은 바리새인들에게 가서 예수님께서 하신 일을 일러바쳤습니다.

저자의 메시지

예수님은 죽은 지 4일이나 지나 부패하여 냄새나는 나사로를 살리셨다. 부활과 생명이신 주님만이 하실 수 있는 일이다. 그리고 이 일을 통하여 예수님은 자신이 부활과 생명의 주님이신 것을 가장 확실하게 증명하신 것이다. 그러므로 이 사건은 주님만이 부활이요 생명이시라는 의의를 갖는다. 죽은 나사로를 살릴 수 있는 유일하신 분이 주님이듯이, 죄와 사망에서 죽었던 우리를 살리실 분도 주님이시다. 성경은 우리가 죄로 인하여 죽었던 사람들이라고 표현한다(엡 2:1). 그런 우리를 살리신 분이 주님이시다. 주님은 오늘도 큰 소리로 사망에 속한 죄인들을 불러내셔서 생명을 주고 계신다. 당신이 이미 그분의 음성을 듣고 생명을 얻었다면 그렇지 못한 사람들에게도 주님의 음성이 들려지도록 전도자의 삶을 살아야 한다.

예수님은 돌을 옮겨 놓고 하늘을 향하여 기도하셨다. 하나님의 아들이신 주님은 독자적으로 모든 일을 하실 수 있으셨지만, 이 땅에 계시는 동안에 자신과 아버지 하나님과의 친밀함을 늘 보이셨다. 이것은 우리를 향한 메시지이기도 하다. 기도와 간구를 드리기 이전에 하나님과의 친밀함이 전제되어야 한다. 응답받는 기도는 관계가 선행되는 기도이다(15:7). 당신이 진정으로 하나님 아버지와 부모와 자녀의 관계에 있다면, 당신의 기도는 어떤 식으로든 반드시 응답될 것이다. 물론 내가 원하는 답은 아닐 수도 있지만, 그 기도가 응답되지 않는 경우는 없을 것이다. 당신의 신앙생활은 하나님을 아버지라 자신 있게 부를 수 있을 정도로 친밀한가?

무릎 기도 주님, 죄로 죽었던 저를 살려주신 주님께 영광과 찬송을 돌립니다. 이제 주님이 주신 생명을 다른 사람들에게 알리는 전도자의 삶을 살 수 있도록 힘을 주소서.

NLT

38 Jesus was still angry as he arrived at the tomb, a cave with a stone rolled across its entrance.
39 "Roll the stone aside," Jesus told them. But Martha, the dead man's sister, protested, "Lord, he has been dead for four days. The smell will be terrible."
40 Jesus responded, "Didn't I tell you that you would see God's glory if you believe?"
41 So they rolled the stone aside. Then Jesus looked up to heaven and said, "Father, thank you for hearing me.
42 You always hear me, but I said it out loud for the sake of all these people standing here, so that they will believe you sent me."
43 Then Jesus shouted, "Lazarus, come out!"
44 And the dead man came out, his hands and feet bound in graveclothes, his face wrapped in a headcloth. Jesus told them, "Unwrap him and let him go!"
45 Many of the people who were with Mary believed in Jesus when they saw this happen.
46 But some went to the Pharisees and told them what Jesus had done.

39 protest 이의를 제기하다 terrible 지독한 40 glory 영광 41 look up to ~ : ~을 쳐다 보다 42 for the sake of ~ : ~를 위하여 43 come out : 나오다 44 graveclothes 수의 wrap 감싸다, 두르다 headcloth 두건

51 예수님을 죽이기로 모의함

월 일

요한복음 11:47-57

새찬송 357장 | 통일 397장

• 먼저 묵상을 위한 기도를 드린 후, 성경 본문을 2번 이상 읽고 묵상하십시오.

본문요약 | 예수님이 나사로를 살리신 일이 유대인들에 의해 바리새인들에게 알려지자, 대제사장들과 바리새인들은 산헤드린 공회를 열어 이 문제를 의논한다. 결국 그들은 가야바의 말을 따라 예수님을 잡아 죽이려고 공적으로 모의한다. 예수님이 메시아가 되시는 가장 결정적인 증거에 세상이 보인 반응은 오히려 그분을 죽이려는 것이었다.

개역개정

47 이에 대제사장들과 바리새인들이 공회를 모으고 이르되 이 사람이 많은 [1]표적을 행하니 우리가 어떻게 하겠느냐

48 만일 그를 이대로 두면 모든 사람이 그를 믿을 것이요 그리고 로마인들이 와서 우리 땅과 민족을 빼앗아 가리라 하니

49 그중의 한 사람 그 해의 대제사장인 가야바가 그들에게 말하되 너희가 아무것도 알지 못하는도다

50 한 사람이 백성을 위하여 죽어서 온 민족이 망하지 않게 되는 것이 너희에게 유익한 줄을 생각하지 아니하는도다 하였으니

51 이 말은 스스로 함이 아니요 그 해의 대제사장이므로 예수께서 그 민족을 위하시고

52 또 그 민족만 위할 뿐 아니라 흩어진 하나님의 자녀를 모아 하나가 되게 하기 위하여 죽으실 것을 미리 말함이러라

53 이날부터는 그들이 예수를 죽이려고 모의하니라

54 그러므로 예수께서 다시 유대인 가운데 드러나게 다니지 아니하시고 거기를 떠나 빈 들 가까운 곳인 에브라임이라는 동네에 가서 제자들과 함께 거기 머무르시니라

55 유대인의 유월절이 가까우매 많은 사람이 자기를 성결하게 하기 위하여 유월절 전에 시골에서 예루살렘으로 올라갔더니

56 그들이 예수를 찾으며 성전에 서서 서로 말하되 너희 생각에는 어떠하냐 그가 명절에 오지 아니하겠느냐 하니

1) 또는 이적

57 이는 대제사장들과 바리새인들이 누구든지 예수 있는 곳을 알거든 신고하여 잡게 하라 명령하였음이러라

1. 오늘 하나님께서 나에게 주신 깨달음은 무엇입니까?

2. 말씀을 어떻게 내 삶에 구체적으로 적용해야 합니까?

절별 해설

47-48 대제사장들과 바리새인들이 공회를 모으고 이르되 예수님이 죽은 나사로를 살리신 전대미문의 사건을 접한 유대지도자들은 이 문제를 의논하기 위해 당시 자신들의 최고 종교회의 기관인 산헤드린 공회를 소집했다. 이 사건의 충격을 가히 짐작할 만하다. 그런데 그들이 걱정하는 것은 진실이 아니었다. 그것은 계속해서 표적을 행하시는 예수님을 많은 사람들이 따르다 혹시 로마에 대한 폭동으로 번져 로마가 개입할 경우였다. 그래서 자신들이 그 모든 책임을 지게 되어 현재 누리고 있는 모든 기득권을 빼앗길까 봐 염려했던 것이다. 그러나 예수님은 전혀 그런 태도를 보이신 적이 없었다(참고. 6:15). 이들의 계산은 철저히 이기적이고 정치적이었다. 인간의 실상을 보여주는 대목이다. 인간은 진실이 무엇인가보다는 자신에게 이익이 되느냐를 계산하는 존재이다. 자신에게 해가 되더라도 진실을 추구하려는 의사가 없다. 죄에 물든 우리의 슬픈 자화상이다.

49-52 가야바 당시 대제사장이었던 인물이다. 그는 예수님 한 사람이 죽어서 모든 사람들이 편해질 수 있다면 그것이 가장 좋은 해답이라는 논리를 펼쳤다. 요한은 가야바의 말에 대해 그가 말한 것 이상의 뜻을 포함하고 있는 일종의 예언이라고 해석했다. 가야바는 전혀 그런 의도 없이 단지 자신의 이익을 위해 정치적 발언을 했지만, 그 발언 자체는 실제로 흩어진 하나님의 자녀를 모아 하나가 되게 하시려고 죽으신 예수님의 메시아 사역을 표현했다는 것이다. 그의 악하고 잘못된 의도조차도 실제로는 하나님의 일을 이루는 데 사용되고 있었다. 하나님은 악을 선으로 바꾸시는 분이다(창 50:20). 이 세상의 그 무엇도 하나님의 뜻을 거스르거나 막을 수 없다. 그러므로 그분 앞에서 쓸데없는 술수와 거짓과 악을 멈추어야 한다. 아무 소용이 없기 때문이다.

53 그들이 예수를 죽이려고 모의하니라 산헤드린 공회가 열린 이후 유대지도자들은 본격적으로 예수님을 죽일 모의를 했다. 사실 그 이전에도 예수님을 죽이려는 계획들은 있었으나(7:25;8:40), 이처럼 공적 회의를 거쳐 진행된 것은 아니었다. 그러나 예수님이 나사로를 살리신 사건 이후로는 그들의 계획이 더욱 본격화되고 공식화되기 시작했다. 예수님의 표적이 강하게 나타날수록 예수님을 죽이려는 강도도 더욱 세지는 것을 볼 수 있다. 그들은 주님이 메시아 되신 결정적인 증거를 보고 오히려 더 예수님을 죽이기로 결정한다. 자신들의 지위 유지에 해가 될 것이라는 위기감을 느끼고, 이대로 놔두면 안 되겠다고 생각했기 때문이다. 그러므로 주님의 주님 되심이 분명해질수록 세상의 핍박도 분명해졌던 것을 기억하자. 우리가 더욱 분명한 신자가 될수록 사탄의 공격도 더욱 본격화될 것이다. 사탄이 자기 일에 위기감을 느끼기 때문이다.

쉬운성경

47 그러자 대제사장들과 바리새인들은 산헤드린을 열어 의견을 물었습니다. "어떻게 하면 좋겠습니까? 이 사람은 많은 표적을 행하고 있습니다.

48 만일 우리가 이 사람이 하는 대로 계속 내버려둔다면, 모든 사람이 그를 믿을 것입니다. 그러면 로마 사람들이 와서 우리 땅과 민족을 모두 빼앗아 버릴 것입니다."

49 그들 중에 가야바라는 한 사람이 있었습니다. 가야바는 그 해의 대제사장이었습니다. 가야바가 이렇게 말했습니다. "여러분들은 아무것도 모르시는군요.

50 민족 전체가 멸망당하는 것보다는 한 사람이 백성을 위하여 죽는 것이 더 낫다는 사실을 깨닫지 못하십니까?"

51 이 말은 가야바가 스스로 한 말이 아니었습니다. 그는 그 해의 대제사장이었으므로, 예수님께서 유대 민족을 위해 죽게 될 것을 예언한 것이었습니다.

52 가야바는 예수님께서 유대 민족만이 아니라 사방에 흩어져 있는 하나님의 자녀들을 하나로 만들기 위해 죽으실 것을 예언한 것입니다.

53 그 날 이후, 유대의 지도자들은 예수님을 죽일 계획을 세우기 시작했습니다.

54 예수님께서는 더 이상 유대인들이 있는 곳에 공공연히 다니지 않으셨습니다. 예수님께서는 그곳을 떠나 광야 근처에 있는 에브라임이라는 마을로 가서 제자들과 함께 거기서 지내셨습니다.

55 유대인의 명절인 유월절이 가까이 다가왔습니다. 유월절이 되기도 전에 많은 사람들이 자신을 깨끗하게 하기 위해 시골에서 예루살렘으로 올라왔습니다.

56 사람들은 부지런히 예수님을 찾았습니다. 그들은 성전 뜰에 서서 서로 물었습니다. "당신들 생각은 어떻소? 그분이 명절에 안 오시지는 않겠지요?"

57 그러나 대제사장들과 바리새인들은 누구든지 예수님께서 계신 곳을 알기만 하면 반드시 자기들에게 알려야 한다고 명령을 내렸습니다. 그것은 예수님을 체포하기 위해서였습니다.

저자의 메시지

병자를 고치시고 맹인의 눈을 뜨게 하시는 등, 예수님의 표적이 반복되고 더 크게 나타날수록 유대인들은 더욱 예수님을 배척했다. 그분을 잡으려 하고 돌로 치려 하는 등, 핍박과 저항의 강도가 강해졌다고 요한복음은 기록한다. 예수님이 죽은 지 4일이나 지난 나사로를 살리신 사건을 접한 유대지도자들은 공식적으로 주님을 죽일 모의를 한다. 그분의 메시아 되심이 더욱 분명해질수록 그들의 계획도 더 노골화되고 있었다. 이는 표면적으로는 그들의 지위가 위협을 받는 것 때문이었지만, 사실은 그들의 배후에 마귀가 있었기 때문이다(8:44). 우리도 가장 큰 영광이 드러날 때 시험도 가장 크다는 것을 명심해야 한다. 은혜가 충만할수록 모든 일들이 내 뜻대로 될 것이라고 생각하면 오산이다. 그럴수록 오히려 세상의 저항과 반대가 강해진다. 그것은 주님을 믿지 않는 세상의 배후에 마귀가 있고, 자신의 일에 위기감을 느낀 마귀가 그 세상을 조종하기 때문이다. 그러므로 주님이 그러셨듯이 우리의 신자 됨이 분명해질수록 어려움도 이전보다 커질 수 있음을 기억하고, 낙심하는 일이 없어야 한다.

당시 대제사장이었던 가야바는 예수님을 희생시켜 모든 사람이 편해지자고 제안했다. 그러나 그 제안은 그의 의도와는 다르게 실제로 주님이 행하실 구속사역을 말하는 것이었다. 악한 의도조차도 하나님의 뜻을 거스를 수 없다. 하나님은 악도 선으로 바꾸시는 분이다. 그러므로 죄와 악과 불필요한 술수를 멈추어야 한다. 그것이 무의미하기 때문이다. 그 무엇도 선을 향하신 하나님의 크신 의지를 막을 수 없다.

무릎 기도 | 주님, 매일의 삶에서 당신의 길을 따르게 하소서. 믿음으로 살아가는 것에 대해 세상이 방해하는 것을 이상히 여기지 않으며, 세상에 물들지 않는 믿음을 소유하게 하소서.

NLT

47 Then the leading priests and Pharisees called the high council* together. "What are we going to do?" they asked each other. "This man certainly performs many miraculous signs.

48 If we allow him to go on like this, soon everyone will believe in him. Then the Roman army will come and destroy both our Temple* and our nation."

49 Caiaphas, who was high priest at that time,* said, "You don't know what you're talking about!

50 You don't realize that it's better for you that one man should die for the people than for the whole nation to be destroyed."

51 He did not say this on his own; as high priest at that time he was led to prophesy that Jesus would die for the entire nation.

52 And not only for that nation, but to bring together and unite all the children of God scattered around the world.

53 So from that time on, the Jewish leaders began to plot Jesus' death.

54 As a result, Jesus stopped his public ministry among the people and left Jerusalem. He went to a place near the wilderness, to the village of Ephraim, and stayed there with his disciples.

55 It was now almost time for the Jewish Passover celebration, and many people from all over the country arrived in Jerusalem several days early so they could go through the purification ceremony before Passover began.

56 They kept looking for Jesus, but as they stood around in the Temple, they said to each other, "What do you think? He won't come for Passover, will he?"

57 Meanwhile, the leading priests and Pharisees had publicly ordered that anyone seeing Jesus must report it immediately so they could arrest him.

* 11:47 Greek *the sanhedrin*
* 11:48 Or *our position*; Greek reads *our place*.
* 11:49 Greek *that year*; also in 11:51.

47 priest 제사장 council 회의 miraculous 기적적인 51 prophesy 예언하다 52 scattered 산재해 있는
54 ministry 목회, 사역 wilderness 광야, 황무지 55 go through: (의식 등을) 행하다 purification 정화

52

월 일

마리아의 헌신

요한복음 12:1-8

새찬송 211장 | 통일 346장

• 먼저 묵상을 위한 기도를 드린 후, 성경 본문을 2번 이상 읽고 묵상하십시오.

본문요약 | 예수님이 나사로의 집에서 잔치하실 때 마리아가 귀한 향유를 가져다가 예수님의 발에 붓고 자기 머리털로 그분의 발을 닦아 드린다. 가룟 유다는 이를 보고 낭비라고 말하나, 예수님은 마리아의 행동이 자신의 장례를 위한 것이라고 평가하신다. 아무도 몰라주었지만 마리아의 헌신은 오직 주님만이 알아주신 헌신이었다.

개역개정

1 유월절 엿새 전에 예수께서 베다니에 이
르시니 이곳은 예수께서 죽은 자 가운데
서 살리신 나사로가 있는 곳이라
2 거기서 예수를 위하여 잔치할새 마르다는
일을 하고 나사로는 예수와 함께 [1]앉은 자
중에 있더라
3 마리아는 지극히 비싼 향유 곧 순전한 나
드 한 근을 가져다가 예수의 발에 붓고 자
기 머리털로 그의 발을 닦으니 향유 냄새
가 집에 가득하더라
4 제자 중 하나로서 예수를 잡아 줄 가룟 유
다가 말하되
5 이 향유를 어찌하여 삼백 [2]데나리온에 팔
아 가난한 자들에게 주지 아니하였느냐 하
니
6 이렇게 말함은 가난한 자들을 생각함이 아
니요 그는 도둑이라 돈궤를 맡고 거기 넣
는 것을 훔쳐 감이러라
7 예수께서 이르시되 그를 가만두어 나의 장
례할 날을 위하여 그것을 간직하게 하라
8 가난한 자들은 항상 너희와 함께 있거니
와 나는 항상 있지 아니하리라 하시니라

1) 6:10 난하주를 보라 2) 은전의 명칭

1. 본문에 나타난 예수님은 어떤 분이십니까?

2. 오늘 하나님께서 나에게 주신 깨달음은 무엇입니까?

3. 말씀을 어떻게 내 삶에 구체적으로 적용해야 합니까?

절별 해설

1 유월절 요한복음에 나타나는 세 번째 유월절로(2:13;6:4), 예수님이 죽으시는 바로 그 유월절을 말한다. 예수님의 공생애 기간이 3년이었음을 알게 해주는 기록들이다.

3 지극히 비싼 향유 곧 순전한 나드 한 근을 가져다가 예수의 발에 붓고 자기 머리털로 그의 발을 닦으니 나드 향유 한 근(약 300그램)은 약 12온스에 해당하는 분량으로, 당시 보통 향유 한 병에 1온스 이하로 담겼던 점을 고려하면 대단히 많은 양이다. 금액으로도 300데나리온은 휴일을 제외한 노동자의 1년치 임금에 해당한다(1데나리온=하루 임금). 이런 귀한 향유를 발에 붓는 것은 매우 이례적인데(보통은 머리에 붓는다), 자기 머리털로 발을 닦아준 것은 더 이례적이다. 즉, 여인의 고결함을 상징하는 머리털로 예수님의 발을 닦음으로써 마리아는 자신이 할 수 있는 최선과 겸손으로 주님을 섬긴 것이다. 헌신은 아낌없이 나를 드리는 것이다. 나를 온전히 드리지 않고 세상과 주님을 겸하여 섬기는 것은 헌신자의 태도가 아니다.

4-5 이 향유를 어찌하여 삼백 데나리온에 팔아 가난한 자들에게 주지 아니하였느냐 가룟 유다는 마리아의 행동을 낭비로 보았다. 다른 복음서를 종합하면 몇몇 제자들도 함께 가세해서 화를 내고 여인을 나무라며 괴롭게 했다고 되어 있다(마 26:8-10;막 14:4-6). 마리아의 헌신은 예수님의 가까운 제자들에 의해서까지 오해를 받았던 헌신이었다. 한나도 하나님께 진정을 토로하는 기도를 드렸으나, 영적으로 어두워진 엘리에 의해 술 취한 여인으로 오해를 받았다(삼상 1:10-16). 이처럼 헌신은 종종 사람들에 의해서 오해를 받기도 한다. 주님께 헌신하다 보면 괜한 소리도 듣고 괴로움을 당할 수도 있다. 그러나 성도는 사람들의 평가에 흔들리지 말아야 한다.

7 나의 장례할 날을 위하여 그것을 간직하게 하라 아무도 마리아의 헌신을 이해하지 못했지만, 예수님은 마리아의 진심을 아셨다. 마리아는 주님의 장례를 의식하며 이 일을 행하고 있었던 것이다. 평소 예수님의 말씀에 세밀히 귀 기울였던 마리아는 주님이 죽으실 것을 이미 알고 있었다. 요한복음에는 특별히 발에 향유를 부은 것으로 기록됐지만, 마태복음과 마가복음은 머리와 몸에 부었다고 기록한다(마 26:7,12;막 14:3,8). 즉, 향유의 양이 많았던 것을 고려할 때 머리부터 시작해서 몸과 발까지 부은 것으로, 복음서 저자들은 관점에 따라 이를 기록한 것이다. 그리고 보통 유대인의 장례법은 시체의 부패와 냄새를 없애기 위해 시신에 향유를 발랐다(19:39;눅 23:56). 그러므로 마리아가 온몸에 향유를 부은 것은 주님의 장례를 준비한 것이었다. 주님은 이를 아셨다. 헌신은 주님과 나만이 아는 것이다.

쉬운성경

1 유월절 육 일 전에 예수님께서는 나사로가 살고 있는 베다니로 가셨습니다. 나사로는 예수님께서 죽은 자 가운데서 살리셨던 그 사람입니다.

2 그 집 사람들은 예수님께 저녁 식사를 대접하였습니다. 마르다는 음식을 접대하는 일을 맡았고, 나사로는 예수님과 함께 식사하는 사람들 속에 있었습니다.

3 마리아가 매우 비싼 나드 향유 약 300그램을 가져와서 예수님의 발에 붓고, 자기의 머리카락으로 그 발을 닦았습니다. 그러자 그 향기가 온 집 안에 가득하였습니다.

4 예수님의 제자 중 한 사람인 가룟 사람 유다가 그곳에 있었습니다. 그는 나중에 예수님을 배반할 사람이었습니다. 유다가 말했습니다.

5 "이 향유를 팔아 그 돈을 가난한 사람들에게 나누어 주는 것이 좋지 않은가? 이것은 삼백 데나리온에 해당하는 값비싼 것인데 말이야."

6 그러나 유다가 정말로 가난한 사람들을 생각해서 이 말을 한 것은 아니었습니다. 그는 도둑이었기 때문에 이런 말을 한 것입니다. 그는 돈주머니를 관리하는 사람이었는데, 종종 돈주머니에서 돈을 제 마음대로 꺼내 쓰곤 하였습니다.

7 예수님께서 말씀하셨습니다. "이 여자가 하는 대로 내버려 두어라. 마리아는 내 장례를 치를 날을 위해 이 향유를 준비해 둔 것이다.

8 가난한 사람들은 너희와 항상 함께 있겠지만, 나는 너희와 항상 함께 있지는 않을 것이다."

저자의 메시지

마리아는 예수님의 장례를 준비하며 값비싼 향유를 주님께 붓고 여인의 고결함의 상징인 머리털로 주님의 발을 닦았다. 물론 당시 천한 종이 손님의 발을 물로 닦기는 했었다. 그러나 가장 고결한 머리털로 향유를 사용해 발을 닦았다는 것은 주님에 대한 지극하고 겸손한 헌신의 표현이라 할 수 있다. 그런데 여기서 중요한 것은, 마리아가 최선을 다해 자신의 신앙을 표현하고 주님의 장례를 미리 준비했지만, 그 진심을 알아주신 분은 오직 주님뿐이었다는 사실이다. 예수님의 제자들조차도 이를 이해하지 못했고, 가룟 유다는 낭비라고 생각했다. 헌신은 그런 것이다. 아무도 모르더라도, 오직 주님과 자신만 아는 것이 진정한 헌신이다. 큰 희생을 하는데도 정작 그 진의는 주님과 마리아 외엔 아무도 몰랐다. 귀하고 가치 있는 헌신을 해도 사람들이 몰라주는 경우가 많다. 그렇다고 섭섭해하지 마라. 사람은 알아도 그만이고 모를수록 좋다. 주님은 '사람에게 보이려고 의를 행하지 않도록 주의하라'고 하셨고, '오른손이 한 일을 왼손이 모르게 하라'고까지 말씀하셨다(마 6:1,3). 사람에게 인정받는 헌신은 쉽다. 그러나 진정한 헌신은 주님만이 알아주시기에 고독할 수 있다. 우리가 주님의 일을 할 때, 내 진심이 모든 사람에게 받아들여질 것이라고 생각하지 말자. 누구나 나를 지지하는 것은 아니다. 심지어 오해까지 받을 때도 있다. 그러나 주님이 알아주시면 된 것이다. 헌신에 대한 반대급부가 돌아오지 않을 때에 실망하거나 낙심하는 것은 그 헌신이 사람을 향한 것임을 드러내는 것이다.

무릎기도 | 주님, 마리아의 헌신이 저의 헌신이 되길 원합니다. 사람을 의식하며 하는 헌신이 아니라 주님과 저만이 알며, 주님을 기쁘시게 하는 헌신을 드리게 하소서.

NLT

1 Six days before the Passover celebration began, Jesus arrived in Bethany, the home of Lazarus—the man he had raised from the dead.
2 A dinner was prepared in Jesus' honor. Martha served, and Lazarus was among those who ate* with him.
3 Then Mary took a twelve-ounce jar* of expensive perfume made from essence of nard, and she anointed Jesus' feet with it, wiping his feet with her hair. The house was filled with the fragrance.
4 But Judas Iscariot, the disciple who would soon betray him, said,
5 "That perfume was worth a year's wages.* It should have been sold and the money given to the poor."
6 Not that he cared for the poor—he was a thief, and since he was in charge of the disciples' money, he often stole some for himself.
7 Jesus replied, "Leave her alone. She did this in preparation for my burial.
8 You will always have the poor among you, but you will not always have me."

* 12:2 Or *who reclined.*
* 12:3 Greek *took 1 litra* [327 grams].
* 12:5 Greek *worth 300 denarii.* A denarius was equivalent to a laborer's full day's wage.

1 raise from the dead : 소생시키다 2 in one's honor : ~를 위하여 3 essence 본질, 진수, 요소 anoint 기름을 붓다 be filled with ~ : ~로 가득 차있다 fragrance 향기 6 be in charge of ~ : ~을 책임지다 7 in preparation for ~ : ~에 대비하여 burial 매장(장례)

53

월 일

예수님의 예루살렘 입성

요한복음 12:9-16

새찬송 141장 | 통일 132장

• 먼저 묵상을 위한 기도를 드린 후, 성경 본문을 2번 이상 읽고 묵상하십시오.

본문요약 | 유대인들이 나사로까지 죽이려고 하는 가운데 예수님이 예루살렘으로 들어가신다. 사람들은 종려나무 가지를 흔들며 열광적으로 예수님을 맞았지만, 예수님은 어린 나귀를 타신 겸손한 모습이셨다. 십자가를 지시기 위해서 마지막 길을 가시는 주님은 세상적인 영광을 취하는 모습이 아니셨다.

개역개정

9 유대인의 큰 무리가 예수께서 여기 계신
줄을 알고 오니 이는 예수만 보기 위함이
아니요 죽은 자 가운데서 살리신 나사로도
보려 함이러라
10 대제사장들이 나사로까지 죽이려고 모의
하니
11 나사로 때문에 많은 유대인이 가서 예수
를 믿음이러라
12 그 이튿날에는 명절에 온 큰 무리가 예수
께서 예루살렘으로 오신다는 것을 듣고
13 종려나무 가지를 가지고 맞으러 나가 외치
되 호산나 찬송하리로다 주의 이름으로 오
시는 이 곧 이스라엘의 왕이시여 하더라
14 예수는 한 어린 나귀를 보고 타시니
15 이는 기록된 바 ㄱ시온 딸아 두려워하지 말
라 보라 너의 왕이 나귀 새끼를 타고 오신
다 함과 같더라
16 제자들은 처음에 이 일을 깨닫지 못하였다
가 예수께서 영광을 얻으신 후에야 이것이
예수께 대하여 기록된 것임과 사람들이 예
수께 이같이 한 것임이 생각났더라

ㄱ. 슥 9:9

1. 본문에 나타난 예수님은 어떤 분이십니까?

2. 오늘 하나님께서 나에게 주신 깨달음은 무엇입니까?

3. 말씀을 어떻게 내 삶에 구체적으로 적용해야 합니까?

절별 해설

10-11 나사로까지 죽이려고 모의하니 나사로를 죽이려 한 대제사장들은 사두개파 사람들이었다. 그들은 부활이 없다고 주장했기 때문에(행 23:8), 나사로의 부활은 그들의 존재기반을 흔드는 일과도 같았다. 그래서 나사로까지 죽이려 했던 것이다. 자신의 신념을 지키기 위해 엄연한 사실까지도 감추려 하는 것이 어리석은 인간이다. 신념도 잘못됐음이 확인되면 고치는 것이 마땅하다. 그러나 그들은 영향력이 예수님께 옮겨졌음에도 진실을 감추려 한 것이다. 자신의 이익이 아니라 진리를 따라야 한다.

12-13 종려나무 가지를 가지고 맞으러 나가 외치되 예수님이 예루살렘에 들어가신 날은 일요일이었고, 오늘날 우리가 종려주일(Palm Sunday)로 지키는 날이다. 사람들은 열광적으로 주님을 맞았다(참고. 마 21:10). 승리를 상징하는 종려나무 가지를 흔들며 예수님을 이스라엘의 메시아요, 왕으로 맞이했다. 그러나 백성들의 기대는 정치적이었다(참고. 6:14-15). 자신들을 로마의 압제에서 해방시키고 번영을 가져다줄 사람으로 예수님을 맞이한 것이다. 하지만 주님이 주실 것은 육신의 번영이 아니라 영생을 주는 양식이다(6:27). 신앙은 주님을 향한 나의 기대가 아니다. 그것은 주님의 뜻에 나의 뜻을 맞추는 것이다.

14-15 너의 왕이 나귀 새끼를 타고 오신다 예수님은 어린 나귀를 타시고 예루살렘에 입성하셨다. 겸손한 모습의 입성이셨다(참고. 슥 9:9). 전혀 정치적이거나 위협적이지 않았다. 당시 나귀는 군사적 행보용이 아니라 민간인 수송용으로 쓰였다. 그러므로 예수님은 세상 군왕의 개선과는 전혀 다른 모습이셨다. 나귀 새끼를 타고 갈릴리 출신 제자들의 호위를 받으면서 들어오셨다. 흥분하는 군중과는 달리 예수님은 이렇게 초라한 모습이셨다. 이것이 구원자의 모습이셨다. 인류의 구원자로서 다른 오해가 될 만한 모양은 전혀 취하지 않으셨다. 군중의 기대와 요구에는 전혀 부응하지 않으셨다. 주님은 자신이 가시는 길의 본질을 드러내시기 위해 이런 모습을 취하셨던 것이다. 그리고 이것은 오늘날 주님을 따르는 교회에도 시사하는 바가 크다. 교회는 본질적으로 세상의 화려함이나 성공을 추구하는 단체가 아니다. 영원함과 진리를 추구하는 곳이다. 그러므로 사람들이 오해할 만한 모습은 버려야 한다. 본질을 드러내는 데 방해가 된다면 신앙이라는 이름으로 추구하는 성공이나 화려함도 기꺼이 내려놓아야 한다. 이것이 어린 나귀를 타신 주님을 따르는 자의 신앙이다.

쉬운성경

9 유대인들이 예수님께서 베다니에 계시다는 소식을 들었습니다. 그래서 그들은 예수님만이 아니라 예수님께서 죽은 자 가운데서 살리신 나사로도 보려고, 크게 무리를 지어 그곳으로 왔습니다.

10 그러자 대제사장들은 나사로까지 죽이려고 모의하였습니다.

11 이렇게 그들이 나사로를 죽이려고 하는 것은, 나사로 때문에 많은 유대인이 예수님께 가서 그분을 믿었기 때문입니다.

12 다음 날, 유월절을 지키러 온 많은 무리들은 예수님께서 예루살렘으로 오신다는 소식을 들었습니다.

13 그들은 손에 종려나무 가지를 들고 예수님을 맞으러 나갔습니다. 그리고 외쳤습니다. "호산나!* 주님의 이름으로 오시는 자에게 복이 있을 것이다. 이스라엘의 왕에게 복이 있을 것이다."

14 예수님께서는 어린 나귀를 발견하시고는, 성경에 기록된 대로 그 위에 타셨습니다.

15 "시온의 딸아, 두려워하지 마라! 보아라, 너의 왕이 오신다. 그분은 어린 나귀를 타셨다."*

16 예수님의 제자들은 처음에 이 말씀을 깨닫지 못했습니다. 그러나 예수님께서 영광을 받으신 뒤에야 비로소 이 말씀이 예수님에 관해 기록된 것이라는 사실과 사람들이 예수님께 이렇게 하였다는 것을 알게 되었습니다.

* 12:13 '호산나'는 찬양할 때 '구원하소서'라는 의미로 외치는 말이다.
* 12:15 슥 9:9에 기록되어 있다.

저자의 메시지

예수님이 십자가를 지시기 위해 예루살렘으로 입성하셨다. 사람들은 큰 기대와 요구를 가지고 예수님을 맞았지만, 주님은 그것과는 사뭇 다른 모습으로 입성하셨다. 어린 나귀를 타시고, 미천한 제자들과 함께하셨다. 왜 이런 모습을 취하셨을까? 그것은 주님이 죄인들을 구하려 세상에 오신 영적인 왕이지, 그들의 육적 필요를 채우기 위한 왕이 아님을 보이신 것이다. 물론 주님은 그들의 물질적 필요도 채우셨다. 그러나 그것이 주님이 가시는 길의 본질은 아니었다. 그래서 본질이 오해되지 않도록 겸손한 형식으로 예루살렘에 들어가신 것이다. 이러한 주님의 모습은 주님을 따르는 교회에도 중요한 메시지를 준다. 오늘날 신앙이라는 이름으로 성공을 추구하고 외적 부요함을 추구하는 노력들이 교회 안에도 있다. 신앙은 반드시 이 땅에서의 물질적인 성공으로 이어진다는 확신을 가르친다. 대형교회를 이루면 성공이라고 생각한다. 물론 다 잘못된 것은 아니다. 그러나 교회의 본질이 과연 그러한가? 교회는 성도들의 성공보다 거룩을 추구하고 가르치는 곳이 되어야 한다. 육의 양식보다는 영의 양식을 위하여 존재하는 곳이 되어야 한다(6:27). 교회가 양적 성장을 추구하며 화려한 건물과 많은 부동산을 소유하는 모습으로 세상에 비춰져서는 안 된다. 주님은 세상이 주님을 보며 그들의 욕심을 이루려 할까 봐 겸손하고 초라한 모습으로 어린 나귀를 타셨다. 우리도 그래야 한다. 본질이 오해된다면 기꺼이 세상적인 추구를 멈추고 초라해져야 한다. 그리고 거룩을 추구하는 영적인 일에 더욱 열심을 내야 한다.

무릎 기도 주님, 당신이 가신 길을 다시금 묵상합니다. 신앙의 추구는 본질적으로 세상의 추구와 달라야 함을 깨닫습니다. 성공과 행복보다는 거룩과 진리를 먼저 추구하게 하소서.

NLT

9 When all the people* heard of Jesus' arrival, they flocked to see him and also to see Lazarus, the man Jesus had raised from the dead.
10 Then the leading priests decided to kill Lazarus, too,
11 for it was because of him that many of the people had deserted them* and believed in Jesus.
12 The next day, the news that Jesus was on the way to Jerusalem swept through the city. A large crowd of Passover visitors
13 took palm branches and went down the road to meet him. They shouted, "Praise God!* Blessings on the one who comes in the name of the LORD! Hail to the King of Israel!"*
14 Jesus found a young donkey and rode on it, fulfilling the prophecy that said:
15 "Don't be afraid, people of Jerusalem.* Look, your King is coming, riding on a donkey's colt."*
16 His disciples didn't understand at the time that this was a fulfillment of prophecy. But after Jesus entered into his glory, they remembered what had happened and realized that these things had been written about him.

* 12:9 Greek *Jewish people*; also in 12:11.
* 12:11 Or *had deserted their traditions*; Greek reads *had deserted*.
* 12:13a Greek *Hosanna*, an exclamation of praise adapted from a Hebrew expression that means "save now."
* 12:13b Ps 118:25–26; Zeph 3:15.
* 12:15a Greek *daughter of Zion*.
* 12:15b Zech 9:9.

9 flock 모이다 12 sweep through : (군중·바람·유행 따위가) 휩쓸고 지나가다 13 palm 종려나무 blessing 은혜, 축복 in the name of ~ : ~의 이름으로 14 fulfill 이행하다, 성취시키다 prophecy 예언 15 colt 망아지 16 fulfillment 성취

54

월 일

예수님의 영광이 드러날 때

요한복음 12:17-26

새찬송 325장 | 통일 359장

• 먼저 묵상을 위한 기도를 드린 후, 성경 본문을 2번 이상 읽고 묵상하십시오.

본문요약 | 예수님이 예루살렘에 이르셨을 때, 나사로를 살린 일 때문에 많은 사람들이 그분을 따랐다. 그중에는 명절에 예배하러 올라온 헬라인들도 포함되어 있었다. 그들이 예수님을 뵙고자 청했을 때 예수님은 이제 인자가 모든 사람을 위해 죽을 영광의 때가 왔다고 말씀하시며, 십자가 죽음을 제자들에게 예고하신다.

개역개정

17 나사로를 무덤에서 불러내어 죽은 자 가운데서 살리실 때에 함께 있던 무리가 증언한지라

18 이에 무리가 예수를 맞음은 이 [1]표적 행하심을 들었음이러라

19 바리새인들이 서로 말하되 볼지어다 너희 하는 일이 쓸데없다 보라 온 세상이 그를 따르는도다 하니라

20 명절에 예배하러 올라온 사람 중에 헬라인 몇이 있는데

21 그들이 갈릴리 벳새다 사람 빌립에게 가서 청하여 이르되 선생이여 우리가 예수를 뵈옵고자 하나이다 하니

22 빌립이 안드레에게 가서 말하고 안드레와 빌립이 예수께 가서 여쭈니

23 예수께서 대답하여 이르시되 인자가 영광을 얻을 때가 왔도다

24 내가 진실로 진실로 너희에게 이르노니 한 알의 밀이 땅에 떨어져 죽지 아니하면 한 알 그대로 있고 죽으면 많은 열매를 맺느니라

25 자기의 [2]생명을 사랑하는 자는 잃어버릴 것이요 이 세상에서 자기의 [2]생명을 미워하는 자는 영생하도록 보전하리라

26 사람이 나를 섬기려면 나를 따르라 나 있는 곳에 나를 섬기는 자도 거기 있으리니 사람이 나를 섬기면 내 아버지께서 그를 귀히 여기시리라

1) 또는 이적 2) 또는 영혼

1. 본문에 나타난 예수님은 어떤 분이십니까?

2. 오늘 하나님께서 나에게 주신 깨달음은 무엇입니까?

3. 말씀을 어떻게 내 삶에 구체적으로 적용해야 합니까?

절별 해설

17-18 무리가 예수를 맞음은 이 표적 행하심을 들었음이러라 나사로가 살아날 때 함께 있었던 군중들은 계속해서 예수님이 행하신 일을 증언했다. 그 결과 많은 사람들이 예수님을 믿게 되었다(11,19절). 이처럼 예수님이 십자가를 지시기 위해서 예루살렘에 입성하셨을 때는 반대자들의 핍박도 최고조에 달했지만, 당시 주님을 믿는 사람의 수도 가장 많았다. 그러므로 항상 어렵고 힘든 부분만 확대해서 볼 필요는 없다. 주님의 생애를 통해서 확인할 수 있는 것은 핍박이 심해질수록 하나님의 복음도 더욱 확장된다는 사실이다(참고. 행 4:1-4). 오늘 주님을 위한 어려움을 당하고 있다면 다른 곳에서는 또 다른 하나님의 긍정적인 일이 꽃피우고 있을 것이다.

20-22 헬라인 이들은 할례를 받고 유대교로 개종한 사람들이거나, 할례는 받지 않았지만 유대교적 신앙생활을 따르는 '하나님을 경외하는 자들'이었을 것이다. 즉, 고넬료나 이디오피아의 내시처럼 유대적 신앙생활을 따르는 사람들이었다. 그들이 왜 예수님을 만나려 했는지는 알 수 없으나, 요한이 이 사실을 여기에 기록한 이유는 예수님의 죽으심이 유대인만이 아니라, 온 인류를 위한 것임을 드러내기 위함이다(23절). 십자가 안에서는 유대인과 이방인의 구별이 없다(갈 3:28). 그 어떤 차별도 없다. 오직 그분을 진실로 믿는 믿음으로 구원을 얻는다.

23-26 인자가 영광을 얻을 때가 왔도다 본문에서 예수님이 말씀하신 '인자가 영광을 얻을 때'는 십자가를 지시는 때를 의미한다. 예수님은 자신이 얻을 영광이 십자가의 죽음을 통해 많은 열매로 나타날 것이라고 하셨다. 그리고 이 사실을 예수님 자신을 따르는 모든 사람들에게까지 적용하셨다. 주님이 지신 십자가의 길과 우리가 걸어가는 길은 질은 다르지만 원리는 같다. 즉, 주님을 섬기고자 하는 사람은 누구든지 주님처럼 살아야 한다. 진정한 영광은 자기 자신이 죽을 때 온다. 그래야 그리스도께서 사신다(갈 2:19-20). 죄와 욕심에 대해 죽을 때, 그것이 진정한 하나님의 영광을 이루는 길이다. 한편, 예수님은 자신의 죽음을 제자들에게 예고하셨다. 그리고 그때는 예수님의 생애 그 어느 때보다 더 그분을 따르는 사람들이 많았다. 유대인과 이방인을 막론하고 예수님에 대한 광범위한 지지가 있었다. 그러나 주님은 자신의 길과 본분을 잊지 않으셨다. 물론 주님이셨으니까 가능했지만, 여기에는 우리를 향한 교훈이 있다. 성공과 인정 앞에서 사람들은 종종 성도로서의 본분을 잊고 주님도 잊는다. 그러나 세상적인 성공에 도취되어 성도로서의 본분을 잊지 않아야 한다.

쉬운성경

17 예수님께서 나사로를 무덤 밖으로 불러내시고 그를 죽은 자 가운데서 다시 살리실 때, 예수님과 함께 있던 많은 군중들은 계속해서 예수님께서 행하신 일을 증언하였습니다.

18 이처럼 많은 사람이 예수님께서 행하신 이 표적에 대한 소문을 들었기 때문에 예수님을 맞으러 나왔던 것입니다.

19 그래서 바리새인들은 자기들끼리 이렇게 말했습니다. "보시다시피 우리 계획은 하나도 성공을 거두지 못했습니다. 온 세상이 저 사람을 따르고 있지 않습니까!"

20 유월절에 예배드리기 위해 예루살렘에 온 사람들 중에 그리스 사람들이 더러 있었습니다.

21 이 사람들이 갈릴리 벳새다 출신인 빌립에게 와서 요청했습니다. "선생님, 우리가 예수님을 뵙고 싶습니다."

22 빌립이 안드레에게 가서 말하였고, 안드레와 빌립은 다시 예수님께 그 말을 전했습니다.

23 예수님께서 그들에게 대답하셨습니다. "인자가 영광을 받을 때가 왔다.

24 내가 너희에게 진리를 말한다. 밀알이 땅에 떨어져 죽지 않으면 한 알 그대로 있지만, 죽으면 많은 열매를 맺는 법이다.

25 자기 목숨을 사랑하는 사람은 목숨을 잃을 것이지만 이 세상에서 자기 목숨을 미워하는 사람은 영원히 목숨을 보존할 것이다.

26 누구든지 나를 섬기려면 나를 따르라. 내가 있는 곳에 나를 섬기는 사람도 있을 것이다. 나를 섬기는 사람은 내 아버지께서 높이실 것이다."

저자의 메시지

예수님은 이방인들이 만나기를 청하자 제자들에게 이제 영광을 얻을 때가 왔다고 말씀하셨다. 그러나 정작 영광을 얻으시는 방법은 십자가의 죽으심을 통해서라고 강조하셨다. 더 나아가 예수님은 이러한 주님의 삶이 모든 믿는 자들의 삶이 되어야 할 것도 가르치셨다(26절). '죽어야 사는 것'은 기독교의 역설(paradox)이다. 내가 죽을 때 그리스도께서 사신다. 죄에 대하여, 욕심에 대하여 죽을 때 그것이 영광이 되는 삶으로 이어진다. 교회에서도 내 자아가 죽을 때 그것이 하나님께 영광이 된다. 사람들이 나를 알아주지 않는다고 섭섭해하고, 내 존재가치가 드러나지 않는다고 원망하면 진정한 하나님의 영광을 이룰 수 없다. 주님을 따르는 제자들은 그런 삶을 살아서는 안 된다. 주 안에서 오히려 내 존재가 감추어지고 오직 주님만 드러나실 때, 그것이 주님과 당신을 위한 가장 큰 영광을 이루는 길임을 기억하자.

한편, 주님은 세상의 환호에도 자신의 길과 본분을 지키셨다. 이런 이야기가 있다. 네덜란드 사람인 코리 텐 붐 여사는 나치 치하에서의 신앙과 삶을 담은 그녀의 유명한 책『피난처』가 영화화 됐을 때, 주변 사람에게 이런 질문을 받았다. "코리 아주머니, 아주머니의 영화와 책을 통해서 하나님은 굉장한 일을 하고 계시네요." 이에 대해 그녀는 이렇게 답했다고 한다. "맞아요. 그렇지만 날마다 나는 오로지 죄수번호 66730의 죄수일 뿐임을 상기합니다." 성공 앞에서도 자신이 누구인지를 잊지 않으려는 그리스도인의 모습이다. 성공에 도취되면 성공을 주신 분을 잊어버릴 위험이 있다.

무릎 기도 | 주님, 십자가의 죽으심을 통해 진정한 영광을 성취하신 주님을 찬양합니다. 저도 주님을 따라 세상과 죄에 대해 죽게 하셔서 영광스런 삶을 살아가게 하소서.

NLT

17 Many in the crowd had seen Jesus call Lazarus from the tomb, raising him from the dead, and they were telling others* about it.
18 That was the reason so many went out to meet him—because they had heard about this miraculous sign.
19 Then the Pharisees said to each other, "There's nothing we can do. Look, everyone* has gone after him!"
20 Some Greeks who had come to Jerusalem for the Passover celebration
21 paid a visit to Philip, who was from Bethsaida in Galilee. They said, "Sir, we want to meet Jesus."
22 Philip told Andrew about it, and they went together to ask Jesus.
23 Jesus replied, "Now the time has come for the Son of Man* to enter into his glory.
24 I tell you the truth, unless a kernel of wheat is planted in the soil and dies, it remains alone. But its death will produce many new kernels—a plentiful harvest of new lives.
25 Those who love their life in this world will lose it. Those who care nothing for their life in this world will keep it for eternity.
26 Anyone who wants to be my disciple must follow me, because my servants must be where I am. And the Father will honor anyone who serves me.

* 12:17 Greek *were testifying.*
* 12:19 Greek *the world.*
* 12:23 "Son of Man" is a title Jesus used for himself.

17 tomb 무덤, 죽음　19 go after ~ : ~를 따르다　20 celebration 의식, 축전　24 kernel 낟알　wheat 밀
soil 흙, 땅　plentiful 풍부한, 많은　harvest 수확, 추수　25 eternity 오랜 시간, 영원

55

월 일

십자가를 지실 예수님

요한복음 12:27-36

새찬송 144장 | 통일 144장

• 먼저 묵상을 위한 기도를 드린 후, 성경 본문을 2번 이상 읽고 묵상하십시오.

본문요약 | 십자가의 때를 맞이하시는 예수님은 인간적 괴로움도 표현하시나, 이내 그 길을 통해서 하나님을 영광스럽게 하시길 원하신다. 하늘도 이에 응답하시자, 예수님은 다시 자신의 죽음을 통해 마귀가 쫓겨나고 모든 사람들이 주님께 돌아올 것도 말씀하신다. 하나님의 아들이시지만 동시에 인간이신 주님은 우리가 느끼는 모든 고통을 느끼셨다.

개역개정

27 지금 내 [1]마음이 괴로우니 무슨 말을 하리요 아버지여 나를 구원하여 이때를 면하게 하여 주옵소서 그러나 내가 이를 위하여 이때에 왔나이다

28 아버지여, 아버지의 이름을 영광스럽게 하옵소서 하시니 이에 하늘에서 소리가 나서 이르되 내가 이미 영광스럽게 하였고 또다시 영광스럽게 하리라 하시니

29 곁에 서서 들은 무리는 천둥이 울었다고도 하며 또 어떤 이들은 천사가 그에게 말하였다고도 하니

30 예수께서 대답하여 이르시되 이 소리가 난 것은 나를 위한 것이 아니요 너희를 위한 것이니라

31 이제 이 세상에 대한 심판이 이르렀으니 이 세상의 임금이 쫓겨나리라

32 내가 땅에서 들리면 모든 사람을 내게로 이끌겠노라 하시니

33 이렇게 말씀하심은 자기가 어떠한 죽음으로 죽을 것을 보이심이러라

34 이에 무리가 대답하되 우리는 율법에서 그리스도가 영원히 계신다 함을 들었거늘 너는 어찌하여 인자가 들려야 하리라 하느냐 이 인자는 누구냐

35 예수께서 이르시되 아직 잠시 동안 빛이 너희 중에 있으니 빛이 있을 동안에 다녀 어둠에 붙잡히지 않게 하라 어둠에 다니는 자는 그 가는 곳을 알지 못하느니라

36 너희에게 아직 빛이 있을 동안에 빛을 믿으라 그리하면 빛의 아들이 되리라

1) 또는 영혼

1. 본문에 나타난 예수님은 어떤 분이십니까?

2. 오늘 하나님께서 나에게 주신 깨달음은 무엇입니까?

3. 말씀을 어떻게 내 삶에 구체적으로 적용해야 합니까?

절별 해설

27 내 마음이 괴로우니 십자가의 길을 며칠 앞두시고 예수님은 인간적인 고뇌를 표현하셨다. 하나님의 아들이셨지만 인성을 가지신 예수님은 십자가의 길 앞에서 당연히 괴로움을 느끼셨던 것이다. 피할 수만 있다면 피하고자 하셨음에도 주님은 하나님께 받은 사명에 순종하길 원하셨다. 겟세마네 동산에서 기도하실 때에도 아버지의 뜻이 이루어지기를 최종적으로 기도하셨다(눅 22:42). 예수님은 하나님의 아들이셨지만 그렇다고 고난의 정도가 감해진 것은 아니었다. 주님의 순종이 더욱 숭고하게 느껴지는 것은 그분이 우리가 느끼는 모든 고통과 감정을 그대로 느끼시면서 그 길을 가셨다는 것이다(히 4:15). 주님은 우리의 고통과 감정을 이해하지 못하시는 분이 아님을 기억하라.

28 아버지의 이름을 영광스럽게 하옵소서 주님의 최우선적 관심이 무엇인지를 잘 보여주는 말씀이다(참고. 4:34;8:50;9:4). 인간적인 고뇌를 느끼셨음에도 결국은 하나님의 이름이 영광스럽게 되기를 원하셨다. 비록 성도로서 고통과 어려움 가운데 이 세상을 살아간다 할지라도 최우선적 관심이 항상 무엇이어야 하는지를 가르쳐주시는 주님의 모범이시다.

29-30 이 소리가 난 것은 나를 위한 것이 아니요 너희를 위한 것이니라 예수님의 말씀에 대해 하늘로부터 하나님의 음성이 있었다. 예수님은 이 소리가 주님 자신이 아니라 주변 사람들의 믿음을 위해서 들려주신 것이라고 해석하셨다. 다른 복음서에도 예수님의 생애 가운데 중요한 순간에 하늘로부터 음성이 있었다는 기록이 나타난다(막 1:11;9:7). 모든 것이 인간의 믿음을 위해서 하나님이 행하신 것이었다. 인간을 잘 아시는 하나님은 필요한 때에 믿음의 증거들을 주셔서 우리의 믿음을 확고히 해주신다. 그리고 인간의 눈높이에 맞추시어 당신의 일을 행하신다. 그 하나님은 오늘도 우리가 각자 처한 형편에 따라 역사해주신다.

31 이 세상에 대한 심판이 이르렀으니 이 세상의 임금이 쫓겨나리라 '이 세상에 대한 심판이 이르렀다'는 말씀은 세상을 주관하는 통치자, 즉, 마귀를 심판하신다는 의미이다. 마귀는 인간의 배후에서 모든 악한 일을 행하도록 시키는 존재이다(8:44). 예수님은 이제 그 마귀가 주님의 십자가의 사역을 통해 쫓겨날 것이라고 하셨다. 여기서 '쫓겨나다'라는 말은 마귀의 세력이 현저하게 약화되는 것을 의미한다(참고. 히 2:14-'멸하시다'는 그 세력을 현저히 제한시키신다는 뜻이다). 물론 마귀의 완전한 멸망은 마지막 심판 때에 있을 것이지만(계 20:1-10), 주님의 십자가를 통해 마귀는 이미 그 힘을 잃었다. 그 결과, 이제 우리는 주님의 이름으로 마귀를 대적하고 이길 수 있으며(약 4:7), 죄의 사슬에서 풀려 자유를 얻었다(32절;히 2:15).

쉬운성경

27 "지금 내 마음이 무척 괴로우니 무슨 말을 하겠습니까? 아버지, 이때를 벗어나게 해 주십시오. 아닙니다. 나는 이 일 때문에 이때에 온 것입니다.

28 아버지, 아버지의 이름을 영화롭게 하소서!" 그때, 하늘로부터, "내가 이미 영화롭게 하였고, 또다시 영화롭게 할 것이다"라는 소리가 들렸습니다.

29 곁에 서서 이 소리를 들은 많은 사람이 천둥 소리가 들렸다고 말했습니다. 그러나 그 사람들 중에는 "천사가 그에게 말하였다"라고 하는 사람들도 있었습니다.

30 예수님께서는 이렇게 대답하셨습니다. "이 소리는 나를 위해서가 아니라, 너희를 위해서 들린 것이다.

31 이제 이 세상을 심판할 때가 되었다. 이제 이 세상의 통치자가 쫓겨날 것이다.

32 내가 땅에서 들려 올라가게 되면, 나는 모든 사람을 내게로 이끌 것이다."

33 예수님께서 이런 말씀을 하신 것은 자신이 어떤 식으로 죽을 것인가를 보이려는 것이었습니다.

34 군중은 이 말을 듣자, 이렇게 말했습니다. "우리는 율법에서 그리스도가 영원히 계실 것이라고 들었습니다. 그런데 당신은 어떻게 해서 '인자가 들려야 한다'고 말씀하십니까? 당신이 말씀하시는 '인자'란 도대체 누구입니까?"

35 그러자 예수님께서 대답하셨습니다. "빛이 잠시만 더 너희와 함께 있을 것이다. 빛이 있을 때에 다니면 너희는 어둠에 사로잡히지 않을 것이다. 어둠 속에서 다니는 사람은 자기가 어디로 가는지 모른다.

36 빛이 너희에게 있을 동안 빛을 믿어라. 그러면 너희는 빛의 아들이 될 것이다." 예수님께서는 이 말씀을 하시고 그들을 떠나 숨으셨습니다.

저자의 메시지

하나님의 아들이신 주님은 육신을 입으시고 우리와 똑같이 인간의 모든 희로애락을 체험하셨던 분이다(히 2:14;4:15). 그 때문에 십자가의 험한 길을 앞에 두시고 인간적인 고통을 느끼셨다. 예수님이 우리의 죄를 위해 걸어가신 십자가의 길이 더욱 숭고하게 느껴지는 이유는 그분이 하나님의 아들이심에도 전혀 고통이 감해지지 않은 가운데 그 길을 가셨다는 것이다. 주님은 인간이 느끼는 모든 것을 다 아신다. 우리가 어떤 감정을 느끼며 무엇을 어려워하는지 누구보다도 잘 아시는 분이다. 친히 몸으로 체험하셨기 때문이다. 오늘 우리의 모든 문제를 그분께 가지고 나아가야 하는 이유가 바로 여기에 있다. 가까운 사람이라도 경험이 없으면 내 감정이나 형편을 잘 이해하지 못한다. 그러나 주님은 다르다. 하나님이시기에 이미 모든 것을 아심에도 친히 몸소 경험까지 하셨다. 이 세상에서 진정으로 우리의 고통과 한숨을 이해하시는 분은 주님뿐이다. 그런 그분께 당신은 늘 모든 문제를 가지고 나아가고 있는가?

주님의 십자가를 통하여 마귀는 결정적인 타격을 입었다. 마귀의 권세는 주님의 십자가 사건 이후로 현저하게 약화되었고, 마지막 날에 완전히 소멸된다는 것이 성경의 가르침이다. 우리는 이미 죄로부터 자유할 수 있는 힘을 부여받았다. 당신은 아직도 안간힘을 다해 유혹하는 마귀의 속삭임에 무너지고 있지는 않은가? 주님의 십자가를 붙들고 마귀를 대적하면 승리할 것이라는 성경의 약속을 신뢰하라.

무릎 기도 | 주님, 저의 모든 연약함을 이미 아시며 도우시는 주님께 오늘도 모든 것을 아뢰기 원합니다. 주의 십자가를 붙들며 죄의 유혹을 이기는 하루가 되게 하소서.

NLT

27 "Now my soul is deeply troubled. Should I pray, 'Father, save me from this hour'? But this is the very reason I came!
28 Father, bring glory to your name." Then a voice spoke from heaven, saying, "I have already brought glory to my name, and I will do so again."
29 When the crowd heard the voice, some thought it was thunder, while others declared an angel had spoken to him.
30 Then Jesus told them, "The voice was for your benefit, not mine.
31 The time for judging this world has come, when Satan, the ruler of this world, will be cast out.
32 And when I am lifted up from the earth, I will draw everyone to myself."
33 He said this to indicate how he was going to die.
34 The crowd responded, "We understood from Scripture* that the Messiah would live forever. How can you say the Son of Man will die? Just who is this Son of Man, anyway?"
35 Jesus replied, "My light will shine for you just a little longer. Walk in the light while you can, so the darkness will not overtake you. Those who walk in the darkness cannot see where they are going.
36 Put your trust in the light while there is still time; then you will become children of the light." After saying these things, Jesus went away and was hidden from them.

* 12:34 Greek *from the law.*

28 glory 영광 29 declare 단언하다 30 benefit 유익, 이익 31 judge 심판하다 cast out : 쫓아내다, 추방하다
33 indicate 보이다, 나타내다 34 Scripture 성경 35 overtake 덮치다 36 put trust in ~ : ~을 믿다, 신뢰하다

56

월 일

여전한 유대인들의 불신앙

요한복음 12:37-43

새찬송 290장 | 통일 412장

• 먼저 묵상을 위한 기도를 드린 후, 성경 본문을 2번 이상 읽고 묵상하십시오.

본문요약 | 예수님이 수많은 표적들을 사람들 앞에서 행하셨음에도 유대인들은 여전히 예수님을 믿지 않는다. 이것은 이사야 선지자의 예언에도 기록된 내용으로, 그들의 불신앙은 완고한 마음에서 비롯된 것임을 말하고 있다. 인간의 부패는 생각보다 심각하다. 보면서도 믿지 않는 것이 인간의 죄성이다.

개역개정

37 이렇게 많은 [1]표적을 그들 앞에서 행하셨으나 그를 믿지 아니하니

38 이는 선지자 이사야의 말씀을 이루려 하심이라 이르되 ㄱ주여 우리에게서 들은 바를 누가 믿었으며 주의 팔이 누구에게 나타났나이까 하였더라

39 그들이 능히 믿지 못한 것은 이 때문이니 곧 이사야가 다시 일렀으되

40 ㄴ그들의 눈을 멀게 하시고 그들의 마음을 완고하게 하셨으니 이는 그들로 하여금 눈으로 보고 마음으로 깨닫고 돌이켜 내게 고침을 받지 못하게 하려 함이라 하였음이더라

41 이사야가 이렇게 말한 것은 주의 영광을 보고 주를 가리켜 말한 것이라

42 그러나 관리 중에도 그를 믿는 자가 많되 바리새인들 때문에 드러나게 말하지 못하니 이는 출교를 당할까 두려워함이라

43 그들은 사람의 영광을 하나님의 영광보다 더 사랑하였더라

1) 또는 이적 ㄱ. 사 53:1 ㄴ. 사 6:10

1. 오늘 하나님께서 나에게 주신 깨달음은 무엇입니까?

2. 말씀을 어떻게 내 삶에 구체적으로 적용해야 합니까?

절별 해설

37 그를 믿지 아니하니 앞에 36절 말씀은 대중 앞에서의 예수님의 사역이 마감됨을 보여준다. 그리고 13-17장은 예수님이 제자들과 나누시는 말씀들이다. 따라서 본 절은 사람들 앞에서 행하신 예수님의 공생애에 대한 종합적인 평가를 기록하고 있는 셈이다. 한 마디로 '유대인들은 예수님을 여전히 믿지 않았다'고 기록한다. 예수님은 자신을 믿게 할 수많은 표적을 그들 앞에서 행하셨고 또한 그들은 보았음에도 예수님을 믿지 않았다. 요한은 이를 통해 인간의 완고함과 죄성이 얼마나 심각한가를 보여주고 있다. 우리의 생각보다 훨씬 더 부패한 것이 인간의 본성이다. 눈앞에서 입증된 사실도 받아들이지 않고 각종 핑계를 대려는 존재가 인간이다. 이것은 주님이 십자가를 지셔야 하는 더 확실한 명분을 제시해준다. 인간은 자신을 구원할 수 없으며, 십자가만이 인간을 구원할 수 있음을 다시 한 번 강조하는 것이다. 한편, 본 절이 말하는 또 한 가지는 인간의 계속되는 불신앙만큼이나 주님의 표적도 계속되었다는 것이다. 주님은 그들이 믿지 않는다고 해서 표적 보이시는 것을 멈추지 않으셨다. 마찬가지로 오늘날도 하나님의 긍휼은 인간의 불신에도 계속되고 있다. 이것이 우리가 세상을 향해 포기하지 않고 계속 복음을 증거해야 하는 이유이기도 하다. 주님이 모범을 보여주셨기에 우리도 반대하는 세상을 향하여 두려워하지 말고 계속 하나님의 자비를 전해야 한다.

38-39 그들이 능히 믿지 못한 것은 이 때문이니 어떤 이유 때문에 사람들이 믿을 수 없었는가? 사람들이 믿음을 갖지 못한 이유는 바로 자신들의 거절 때문이었다. 다시 말해서 인간 스스로 믿지 못한 것이 그들의 불신앙의 원인이다.

40 본 절은 종종 오해되는 말씀 중의 하나이다. 말씀을 표면적으로 보면 유대인들이 믿지 못한 이유는 하나님이 그들을 믿지 못하게 만드셨기 때문인 것처럼 생각할 수 있다. 그러나 우리가 아는 것처럼 선하시고 인간을 구원하기 원하시는 하나님이 인간을 그렇게 만드셨겠는가? 이것은 성경 전체의 가르침과 맞지 않다. 그러므로 본 절의 진정한 의미는 끝까지 믿지 않는 그들의 완고함과 불신앙을 경고하신 말씀이다(참고. 사 6:9-10). 하나님은 실제적으로 인간이 돌아와 고침 받기 원하시나 인간이 끝까지 거절한다는 말씀이다. 그러므로 회개하지 않는 책임은 인간에게 있는 것이다. 그러면 결국 고침을 받지 못하고 심판에 이를 수밖에 없다.

42-43 바리새인들 때문에 드러나게 말하지 못하니 관리들(지도자들) 중에서 예수님을 믿게 되었으나 떳떳하게 공개하지 못한 사람들이 많았다. 하나님보다 사람들, 특히 바리새인을 더 두려워했기 때문이었다. 그러나 신자는 사람들 앞에서 믿음을 시인할 수 있어야 한다(마 10:32-33).

쉬운성경

37 예수님께서 이 모든 표적을 사람들 앞에서 행하셨지만, 그들은 여전히 예수님을 믿으려 하지 않았습니다.

38 이것은 이사야 예언자의 말씀이 이루어진 것입니다. "주님이시여, 우리가 전한 것을 누가 믿었습니까? 주님의 능력이 누구에게 나타났습니까?"*

39 이런 이유 때문에, 사람들은 믿을 수가 없었습니다. 다시 이사야 예언자는 말하였습니다.

40 "주님께서 그들의 눈을 멀게 하시고 그들의 마음을 완고하게 하셨으니 그들이 눈으로 보고 마음으로 깨닫고 돌아와 고침을 받지 못하게 하려는 것이다."*

41 이사야가 이런 말을 한 것은 그가 예수님의 영광을 보고, 예수님에 관하여 말했기 때문입니다.

42 그러나 동시에 지도자들 중에서도 예수님을 믿는 사람이 많이 생겼습니다. 하지만 그들은 바리새인들 때문에 예수님을 믿는다고 고백하지는 못했습니다. 그들은 회당에서 쫓겨날까 두려워했습니다.

43 그들은 사람에게 칭찬받는 것을 하나님께 칭찬받는 것보다 더 좋아했습니다.

* 12:38 사53:1에 기록되어 있다.
* 12:40 사6:10에 기록되어 있다.

저자의 메시지

요한은 12장 마지막 부분(37절)에서 예수님의 공생애 사역을 종합적으로 평가하며 기록한다. 예수님은 유대인들 앞에서 한두 번도 아니고 수많은 표적들을 나타내시어 자신이 구약에 예언된 메시아이심을 증거하셨다. 그럼에도 유대인들은 예수님을 믿지 않았다. 그러나 요한에게는 이것이 놀라운 일이 아니었다. 그에게는 이사야 선지자의 예언 성취로 분명하게 인식되었기 때문이다. 하나님은 하나님의 크신 능력 앞에서도 사람들이 여전히 자신의 생각을 고집하며 예수 그리스도를 인정하지 않을 것을 이미 오래전에 예언으로 말씀하셨다. 이것은 오늘을 사는 우리에게도 역시 놀라운 일이 아니다. 오늘날도 여전히 예수님의 구주되심을 믿지 않는 사람들이 많다. 그분이 하나님 되시는 수많은 증거들이 여전히 교회를 통하여 나타나고 있지만 사람들은 믿음을 거부한다. 인간의 죄성은 이토록 무서운 것이다. 보고 체험한 것도 믿지 않으려는 존재가 인간이다. 가까운 사람이 기도를 통해 놀라운 하나님의 인도와 치유를 경험하는 것을 보면서도 단순한 자연현상으로 여기려 든다. 자신이 체험한 것도 시간이 지나면 또 부인하려 든다. 이런 일들은 우리 주변에서 흔히 있는 일이다. 물론 끝까지 믿지 않는 자들은 자신의 죄 때문에 멸망당할 것이다. 그러나 하나님은 여전히 그들을 찾고 계신다. 아무리 세상이 완악하게 나올지라도 우리가 복음을 증거하는 일을 포기할 수 없는 이유가 바로 여기에 있다. 완악한 영혼이라고 해도 포기하지 말아야 한다.

무릎 기도 주님, 인간이 가진 죄의 깊이를 깨닫게 하소서. 주님처럼 주변의 완악한 사람을 포기하지 않고 하나님의 사랑으로 계속 찾아가게 하소서. 그들에게 믿음을 주소서.

NLT

37 But despite all the miraculous signs Jesus had done, most of the people still did not believe in him.

38 This is exactly what Isaiah the prophet had predicted: "LORD, who has believed our message? To whom has the LORD revealed his powerful arm?"*

39 But the people couldn't believe, for as Isaiah also said,

40 "The Lord has blinded their eyes and hardened their hearts—so that their eyes cannot see, and their hearts cannot understand, and they cannot turn to me and have me heal them."*

41 Isaiah was referring to Jesus when he said this, because he saw the future and spoke of the Messiah's glory.

42 Many people did believe in him, however, including some of the Jewish leaders. But they wouldn't admit it for fear that the Pharisees would expel them from the synagogue.

43 For they loved human praise more than the praise of God.

* 12:38 Isa 53:1.
* 12:40 Isa 6:10.

38 prophet 선지자, 예언자 predict 예언하다 reveal 나타내다, 드러내다 40 blind 눈멀게 하다, 덮어 가리우다 harden one's heart(s) : 마음을 완고히 하다 41 refer to ~ : ~을 언급하다 42 expel 내쫓다 synagogue 회당

57

월 일

구원과 심판

요한복음 12:44-50

새찬송 523장 | 통일 262장

• 먼저 묵상을 위한 기도를 드린 후, 성경 본문을 2번 이상 읽고 묵상하십시오.

본문요약 | 예수님은 다시 한 번 사람들을 향하여 하나님이 보내신 자신을 믿으라고 외치신다. 또한 자신은 세상의 심판이 아니라 구원을 위해서 왔기에 누구든지 아직 기회가 있다고 말씀하신다. 그러나 그럼에도 예수님을 저버리는 사람은 예수님의 초청 자체가 심판의 근거가 됨을 말씀하신다.

개역개정

44 예수께서 외쳐 이르시되 나를 믿는 자는 나를 믿는 것이 아니요 나를 보내신 이를 믿는 것이며
45 나를 보는 자는 나를 보내신 이를 보는 것이니라
46 나는 빛으로 세상에 왔나니 무릇 나를 믿는 자로 어둠에 거하지 않게 하려 함이로라
47 사람이 내 말을 듣고 지키지 아니할지라도 내가 그를 심판하지 아니하노라 내가 온 것은 세상을 심판하려 함이 아니요 세상을 구원하려 함이로라
48 나를 저버리고 내 말을 받지 아니하는 자를 심판할 이가 있으니 곧 내가 한 그 말이 마지막 날에 그를 심판하리라
49 내가 내 자의로 말한 것이 아니요 나를 보내신 아버지께서 내가 말할 것과 이를 것을 친히 명령하여 주셨으니
50 나는 그의 명령이 영생인 줄 아노라 그러므로 내가 이르는 것은 내 아버지께서 내게 말씀하신 그대로니라 하시니라

1. 본문에 나타난 예수님은 어떤 분이십니까?

2. 오늘 하나님께서 나에게 주신 깨달음은 무엇입니까?

3. 말씀을 어떻게 내 삶에 구체적으로 적용해야 합니까?

절별 해설

44 예수께서 외쳐 이르시되 본문은 요한복음에 기록된 대중을 향한 예수님의 마지막 설교이다. 십자가의 죽음을 앞두신 예수님은 사람들을 향하여 안타까운 마음으로 목소리를 높여 그들의 믿음을 촉구하셨다. 예수님은 단순히 한두 번의 표적을 행하시고 그것을 믿을 사람은 믿고, 믿지 않을 사람은 그만두라는 식으로 하지 않으셨다. 안타까운 마음으로, 자신을 믿는 것이 하나님을 믿는 것임을 사람들에게 역설하셨다. 끝까지 유대인들을 설득하셨다. 복음을 전하는 자에게는 주님과 같은 안타까운 마음이 있어야 한다. 복음 증거는 내용과 함께 간절한 마음이 있어야 한다(참고. 살전 2:8). 주님도 바울도 그런 삶을 사셨다.

47 내가 온 것은 세상을 심판하려 함이 아니요 세상을 구원하려 함이로라 본서 3장 17절 말씀에 이어 예수님은 자신이 세상을 구원하시기 위한 메시아이심을 말씀하신다. 구약에는 메시아가 구원과 심판 모두 행하시는 분으로 묘사되어 있다. 그러나 구원과 심판은 동시에 이루어지는 것이 아니다. 초림 예수님은 그의 생명을 십자가에 희생하셔서 세상을 구원하시는 일을 하시며, 세상 마지막 날에 재림주로 오실 예수님은 세상을 심판하신다. 본 절에서 주님은 심지어 자신의 말을 듣고 지키지 않는 사람일지라도 심판하지 않겠다고 하셨다. 그러므로 마지막 심판 때까지 모든 사람에게 주님의 은혜가 열려 있는 셈이다. 주님이 우리를 구원하시려는 의지는 우리의 생각보다 훨씬 크고 강하다. 혹 말씀대로 살지 못하고 쓰러지며 넘어지는 경우가 있더라도 자포자기로 세상으로 달려가지 말라. 다시 주님의 구원의 은혜를 향해 발걸음을 옮겨야 한다.

48 내가 한 그 말이 마지막 날에 그를 심판하리라 예수님이 인간들을 향해서 말씀하신 구원의 초청은, 마지막 날에 자신을 받아들이지 않은 사람들의 심판의 근거가 된다. 초청의 말씀이 언제까지나 기회의 말씀이 되는 것은 아니다. 초청의 말씀이 심판의 말씀으로 바뀔 날이 있다는 것이다. 복음을 들은 사람들에게 무한정 기회가 주어지는 것은 아니다. 기회를 받아들이지 않으면 바로 그 기회가 심판으로 바뀐다. 기회는 축복과 저주라는 전혀 다른 모습을 가져올 수 있다. 그러므로 우리에게 주어진 기회가 축복이 되도록 해야 한다.

49-50 그의 명령이 영생인 줄 아노라 영생은 여러 가지로 정의할 수 있다. 하나님과 예수님을 아는 것이 영생이며(17:3), 예수 그리스도가 영생이시다(요일 5:20). 본 절에서 예수님은 하나님의 명령이 영생이라고 하셨다. 즉, 영생은 몸이 죽어서 얻는 것만이 아니다. 이 땅에서 예수님처럼 하나님의 말씀을 듣고 행하면, 바로 그것이 영생이다. 당신은 지금 영생의 삶을 살고 있는가?

쉬운성경

44 그때, 예수님께서 큰 소리로 말씀하셨습니다. "나를 믿는 사람은 나를 믿는 것이 아니라 나를 보내신 분을 믿는 것이다.

45 나를 보는 사람은 나를 보내신 분을 보는 것이다.

46 나는 세상에 빛으로 왔다. 나를 믿는 사람은 누구든지 어둠 속에 머물지 않을 것이다.

47 내 말을 듣고 지키지 않는 사람이 있다 해도 내가 그 사람을 심판하지 않는다. 그것은 나는 세상을 심판하기 위해서가 아니라 구원하기 위해 왔기 때문이다.

48 나를 저버리고, 내 말을 받아들이지 않는 사람을 심판하실 분이 계시다. 내가 한 이 말이 마지막 날에 그를 심판할 것이다.

49 내가 한 말은 내 스스로 한 말이 아니다. 나를 보내신 아버지께서 무슨 말을 해야 할지 또 어떻게 말해야 할지를 내게 명령하셨다.

50 그리고 나는 그분이 하신 명령이 영생이라는 사실을 안다. 그러므로 내가 말하는 것은 무엇이든지 아버지께서 내게 그렇게 말하라고 말씀하신 것이다."

저자의 메시지

본문은 요한복음이 기록하고 있는 대중을 향한 예수님의 마지막 설교이다. 그런 만큼 주님의 안타까운 심정이 드러나 있다. 주님은 큰 소리로 외치시며 안타까운 마음으로 대중들에게 믿음을 촉구하셨다. 끝까지 그들을 포기하지 않으셨다. 그런 주님에게는 복음의 내용뿐만이 아니라 복음을 전하는 자의 간절한 사랑이 있었다. 바울도 같은 내용을 언급한 적이 있다(살전 2:8). 그는 데살로니가 교인들을 향하여 하나님의 말씀뿐만이 아니라 목숨까지도 기꺼이 주기를 원했다. 복음을 전하는 자에게는 이 두 가지가 같이 있어야 한다. 그 중 본문은 간절한 사랑으로 끝까지 상대방을 사랑하는 주님의 모습을 보여준다.

초림 예수님은 세상을 구원하시기 위해서 오셨다. 물론 마지막 날에는 심판주로 다시 오시겠지만, 그때까지는 모든 사람을 용납하시고 구원하시길 원하신다. 심지어 주님의 말씀을 듣고 지키지 않는 사람에게도 마지막 때까지 기회를 주시며 심판하지 않겠다고 하셨다. 인간을 향한 주님의 구원의 열정이 얼마나 깊고 큰가를 깨닫게 하는 대목이다. 주님을 믿은 후에도 여전히 지적으로는 말씀에 동의하지만 삶이 따라주지 않는 경우가 있다. 그럴 때 자포자기하고 세상으로 가버리기 쉬운 존재가 인간이다. 그러나 주님은 아직도 여러 가지로 부족한 사람들을 향해서 구원의 인내를 가지고 계신다. 심판을 보류하고 계신 것이다. 그러므로 아직도 기회는 있다. 회개하고 온전히 주님께 돌아오기만 하면 된다.

무릎 기도 주님, 부족한 저를 끊임없는 사랑으로 구원하시려는 주님의 마음을 깨닫게 하소서. 제 자신이 부족해도 세상을 향해 가지 않고 주님을 향해 발걸음을 옮기게 하소서.

NLT

44 Jesus shouted to the crowds, "If you trust me, you are trusting not only me, but also God who sent me.
45 For when you see me, you are seeing the one who sent me.
46 I have come as a light to shine in this dark world, so that all who put their trust in me will no longer remain in the dark.
47 I will not judge those who hear me but don't obey me, for I have come to save the world and not to judge it.
48 But all who reject me and my message will be judged on the day of judgment by the truth I have spoken.
49 I don't speak on my own authority. The Father who sent me has commanded me what to say and how to say it.
50 And I know his commands lead to eternal life; so I say whatever the Father tells me to say."

44 shout 큰 소리로 말하다, 외치다 crowd 군중, 대중 46 put trust in ~ : ~을 믿다 47 judge 재판하다, 심판하다 obey 순종하다, 복종하다 48 reject 거부하다, 부인하다 49 authority 권위, 권한 command 명령(하다) 50 eternal 영원한, 영구한

58 제자들의 발을 씻겨주신 예수님

월 일

요한복음 13:1-11

새찬송 310장 | 통일 410장

• 먼저 묵상을 위한 기도를 드린 후, 성경 본문을 2번 이상 읽고 묵상하십시오.

본문요약 | 오늘 본문은 이 세상을 떠날 때가 됐음을 아신 예수님이 제자들을 끝까지 사랑하심을 보여준다. 유월절 전에, 다스릴 권세를 가지신 예수님이 친히 제자들의 발을 씻기신다. 이러한 행동을 이해하지 못하는 베드로에게 예수님은 자신의 씻김이 없으면 그는 자신과 상관없는 사람이라고 하신다. 주님의 씻기심은 죄 많고 자격 없는 자들을 끝까지 사랑하시는 표현이셨다.

개역개정

1 유월절 전에 예수께서 자기가 세상을 떠나
아버지께로 돌아가실 때가 이른 줄 아시고
세상에 있는 자기 사람들을 사랑하시되 끝
까지 사랑하시니라
2 마귀가 벌써 시몬의 아들 가룟 유다의 마
음에 예수를 팔려는 생각을 넣었더라
3 저녁 먹는 중 예수는 아버지께서 모든 것
을 자기 손에 맡기신 것과 또 자기가 하나
님께로부터 오셨다가 하나님께로 돌아가
실 것을 아시고
4 저녁 잡수시던 자리에서 일어나 겉옷을 벗
고 수건을 가져다가 허리에 두르시고
5 이에 대야에 물을 떠서 제자들의 발을 씻
으시고 그 두르신 수건으로 닦기를 시작
하여
6 시몬 베드로에게 이르시니 베드로가 이르
되 주여 주께서 내 발을 씻으시나이까
7 예수께서 대답하여 이르시되 내가 하는 것
을 네가 지금은 알지 못하나 이후에는 알
리라
8 베드로가 이르되 내 발을 [1]절대로 씻지 못
하시리이다 예수께서 대답하시되 내가 너
를 씻어 주지 아니하면 네가 나와 상관이
없느니라
9 시몬 베드로가 이르되 주여 내 발뿐 아니
라 손과 머리도 씻어 주옵소서
10 예수께서 이르시되 이미 목욕한 자는 발밖
에 씻을 필요가 없느니라 온몸이 깨끗하니
라 너희가 깨끗하나 다는 아니니라 하시니
11 이는 자기를 팔 자가 누구인지 아심이라 그
러므로 다는 깨끗하지 아니하다 하시니라

1) 또는 영원히

1. 본문에 나타난 예수님은 어떤 분이십니까?

2. 오늘 하나님께서 나에게 주신 깨달음은 무엇입니까?

3. 말씀을 어떻게 내 삶에 구체적으로 적용해야 합니까?

절별 해설

1 자기 사람들을 사랑하시되 끝까지 사랑하시니라 '유월절 전'은 고난주간의 목요일을 가리킨다. 세상 죄를 지신 하나님의 어린 양으로 실제로 유월절에 돌아가실 예수님은 제자들을 끝까지 사랑하셨다. 여기서 '끝까지 사랑하셨다'는 말은 매우 의미 있는 표현이다. 제자들은 이날 저녁 만찬 때 누가 더 큰 자인가로 다툼을 벌였다(눅 22:24-27). 예수님이 3년을 함께하시며 그들에게 윗자리를 삼가라고 가르치셨고(눅 20:46), 어린아이와 같이 가장 작은 자가 큰 자라 하셨음에도(눅 9:48), 제자들은 예수님의 죽음 직전까지 자리다툼을 하고 있었다. 그 때문에 본문의 발 씻기는 사건은 그러한 제자들을 주님이 몸으로 가르치신 사건이다. 주님은 끝까지 부족한 그들을 사랑하셨다. 사랑은 대상이 갖춘 조건에 상관없이 그를 사랑하는 것이다.

3-5 제자들의 발을 씻으시고 그 두르신 수건으로 닦기를 시작하여 다스릴 권세를 가지신 예수님이 저녁 드시던 자리에서 제자들에게 행하신 행동은 발을 씻기시는 것이었다. 주님은 진정한 다스림이 무엇인가를 보이신 것이다. 권력보다 큰 것은 사랑이다. 요한복음은 13-17장까지의 긴 분량을 예수님이 제자들과 함께하시는 내용을 싣고 있다. 복음서 중 요한복음에만 기록된 특징적 부분이다. 주님은 제자들과 함께하셨다. 주님은 십자가 지심과 부활로 하나님의 사역을 행하셨지만 제자들을 특별히 사랑하셨다. 일로만이 아니라 따뜻함으로 사람을 세우셨다. 이것이 주님의 사역에서 우리가 잊지 말아야 할 부분이다.

7-8 내가 하는 것을 네가 지금은 알지 못하나 이후에는 알리라 주님이 발을 씻기신 행동에는 크게 두 가지 의미가 있었다. 첫째, 자리다툼을 하고 있는 그들에게 진정한 섬김을 가르치심으로써, 섬김이야말로 진정한 하나님 나라의 원리임을 가르치셨다(눅 22:25-26). 당시 샌들을 신는 그들의 문화에서 발은 가장 더러운 부분이었고, 그래서 발을 씻기는 일은 가장 천한 노예가 했던 일이었다. 즉, 주님은 가장 낮아지는 것이 가장 높아지는 것임을 가르치신 것이다(14절;마 23:11). 둘째, 좀 더 영적인 의미로 주님이 그 사람의 가장 더러운 부분을 씻겨주시지 않은 사람은 주님과 아무 상관이 없다는 의미이다. 인생의 진정한 더러움은 죄이다(참고. 마 15:2,11). 그 죄를 주님이 씻겨주시지 않은 사람은 주님과 아무 관계가 없다.

9-10 주여 내 발뿐 아니라 손과 머리도 씻어 주옵소서 베드로의 성격이 잘 나타난다. 그는 늘 앞뒤 생각 없이 행동이 앞서는 스타일이었다. 여기서도 주님이 씻기지 않으면 상관없다고 하시자 그 의미를 생각하지 않고 그저 다 씻겨달라고 한다. 그러나 주님은 그런 베드로를 나무라지 않으셨다. 우리가 주님을 이해하지 못할 때에도 주님은 우리를 이해해주신다.

쉬운성경

1 유월절 바로 전에, 예수님께서는 자신이 이 세상을 떠나 아버지께로 돌아갈 때가 왔다는 것을 아셨습니다. 예수님께서는 세상에 있는 자기의 사람들을 사랑하시되 끝까지 사랑하셨습니다.

2 저녁 식사를 하는 중이었습니다. 마귀가 이미 시몬의 아들 가룟 사람 유다의 마음속에 들어가 예수님을 배반할 생각을 갖게 하였습니다.

3 예수님께서는 아버지께서 자기에게 모든 것을 다스릴 권세를 주셨다는 것을 아셨습니다. 또한 그는 아버지께로부터 오셨다가 다시 아버지께로 돌아가실 것을 아셨습니다.

4 그래서 저녁 잡수시던 자리에서 일어나 겉옷을 벗고 수건을 가져다가 허리에 두르셨습니다.

5 예수님께서는 대야에 물을 부어 제자들의 발을 씻기시고, 두르신 수건으로 그들의 발을 닦아 주기 시작하셨습니다.

6 이윽고 시몬 베드로 차례가 되었을 때, 베드로는 예수님께 "주님, 주님께서 제 발을 씻기시렵니까?"라고 말했습니다.

7 예수님께서 베드로에게 대답하셨습니다. "네가 지금은 내가 하고 있는 행동을 이해하지 못할 것이지만 나중에는 이해할 것이다."

8 베드로가 말했습니다. "제 발은 절대로 씻기지 못하십니다." 예수님께서 대답하셨습니다. "내가 네 발을 씻기지 않으면, 너는 나와 상관이 없는 사람이 되고 만다."

9 이 말을 들은 시몬 베드로는 "주님, 제 발만 아니라 손과 머리도 씻겨 주십시오!"라고 말했습니다.

10 예수님께서 베드로에게 말씀하셨습니다. "이미 목욕한 사람은 발만 씻으면 되는 법이다. 그 사람은 온몸이 깨끗하다. 그러므로 너희는 깨끗하다. 그러나 너희 모두가 다 깨끗한 것은 아니다."

11 예수님께서 이렇게 말씀하신 것은 자기를 배반할 사람이 누군지 알고 계셨기 때문입니다. 그래서 "너희 모두가 다 깨끗한 것은 아니다"라고 말씀하신 것입니다.

저자의 메시지

본서 13-17장은 예수님이 제자들과 함께하시는 내용을 담고 있다. 주님께 가장 많은 사랑을 받은 것으로 평가받는 요한이(13:23) 주님의 사랑 많으신 모습을 특별히 부각시키려는 의도로 다른 복음서와는 다르게 기록하는 부분이다. 주님은 십자가와 부활로 인류의 구원을 이루셨지만, 그런 모습만이 주님의 모습이라고 생각하면 안 된다. 큰일과 그 일을 치러내는 비장함만으로 주님이 묘사되면 부족하다. 그분은 따뜻하셨다. 제자들을 사랑하셨다. 권력보다 큰 것이 사랑임을 알고 계셨던 주님은 이것을 친히 우리에게 보여주셨다. 때로 우리는 대단한 위치에서 남다른 일을 한다고 다른 사람들에게 무례하게 구는 사람들을 본다. 일로만 모든 것을 해결하려 해서는 안 된다. 예수님을 믿는 우리는 사랑으로 주님의 일을 이루는 사람들이 되어야 한다.

예수님은 제자들을 끝까지 사랑하셨다. 끝까지 사고 치고 있는 제자들을 보시면서도 그들을 포기하지 않으셨다. 이제 곧 주님이 잡히시고 십자가에 죽으실 것인데도 3년의 가르침이 무색할 정도로 제자들은 쓸데없는 자리다툼을 벌이고 있었다. 그러나 주님은 끝까지 그런 부족한 모습을 보이는 그들의 발을 씻기심으로 끝까지 사랑하셨다. 사랑은 감정만이 아니라 의지이고 책임인 경우가 많다. 그런 의미에서 사랑은 상대가 보여주는 반응과 상관없이 상대방을 사랑할 수 있어야 한다. 당신은 부족한 사람도 사랑하는가? 원수도 사랑하는가? 상대의 반응과 상관없이 그 사람을 사랑할 수 있을 때 당신은 진정한 주님의 제자가 되는 것이다.

무릎 기도 | 주님, 당신의 사랑을 배우게 하소서. 사랑받을 만한 충분한 자격이 있는 사람만 사랑하는 것이 아니라, 주님이 모범을 보여주신 것처럼 부족한 사람도 사랑하게 하소서.

NLT

1 Before the Passover celebration, Jesus knew that his hour had come to leave this world and return to his Father. He had loved his disciples during his ministry on earth, and now he loved them to the very end.*

2 It was time for supper, and the devil had already prompted Judas,* son of Simon Iscariot, to betray Jesus.

3 Jesus knew that the Father had given him authority over everything and that he had come from God and would return to God.

4 So he got up from the table, took off his robe, wrapped a towel around his waist,

5 and poured water into a basin. Then he began to wash the disciples' feet, drying them with the towel he had around him.

6 When Jesus came to Simon Peter, Peter said to him, "Lord, are you going to wash my feet?"

7 Jesus replied, "You don't understand now what I am doing, but someday you will."

8 "No," Peter protested, "you will never ever wash my feet!" Jesus replied, "Unless I wash you, you won't belong to me."

9 Simon Peter exclaimed, "Then wash my hands and head as well, Lord, not just my feet!"

10 Jesus replied, "A person who has bathed all over does not need to wash, except for the feet,* to be entirely clean. And you disciples are clean, but not all of you."

11 For Jesus knew who would betray him. That is what he meant when he said, "Not all of you are clean."

* 13:1 Or *he showed them the full extent of his love.*
* 13:2 Or *the devil had already intended for Judas.*
* 13:10 Some manuscripts do not include *except for the feet.*

1 Passover 유월절　2 supper 저녁 식사, (가벼운)만찬　prompt 부추기다, 촉구하다　3 authority 권위, 권한
4 robe 겉옷　wrap … around ~ : …을 ~에 감다 (두르다)　5 basin 대야, 물동이　8 protest 단언하다
9 exclaim 외치다

59

월 일

서로를 섬기며 낮아지는 삶

요한복음 13:12-20

새찬송 220장 | 통일 278장

• 먼저 묵상을 위한 기도를 드린 후, 성경 본문을 2번 이상 읽고 묵상하십시오.

본문요약 | 제자들의 발을 다 씻기신 예수님이 발 씻김의 의미를 제자들에게 가르치신다. 선생과 주이신 예수님이 본을 보이신 것처럼 제자들도 서로 발을 씻겨야 한다고 교훈하신다. 또한 보냄을 받은 자로서 보낸 자의 뜻을 행하는 자는 복되다고 하신다. 예수님은 그의 제자들이 서로를 섬기며 낮아지기를 원하셨다.

개역개정

12 그들의 발을 씻으신 후에 옷을 입으시고
다시 앉아 그들에게 이르시되 내가 너희
에게 행한 것을 너희가 아느냐
13 너희가 나를 선생이라 또는 주라 하니 너
희 말이 옳도다 내가 그러하다
14 내가 주와 또는 선생이 되어 너희 발을 씻
었으니 너희도 서로 발을 씻어 주는 것이
옳으니라
15 내가 너희에게 행한 것같이 너희도 행하게
하려 하여 본을 보였노라
16 내가 진실로 진실로 너희에게 이르노니 종
이 주인보다 크지 못하고 보냄을 받은 자
가 보낸 자보다 크지 못하나니
17 너희가 이것을 알고 행하면 복이 있으리라
18 내가 너희 모두를 가리켜 말하는 것이 아
니니라 나는 내가 택한 자들이 누구인지
앎이라 그러나 ㄱ내 떡을 먹는 자가 내게
발꿈치를 들었다 한 성경을 응하게 하려
는 것이니라
19 지금부터 일이 일어나기 전에 미리 너희에
게 일러둠은 일이 일어날 때에 내가 그인
줄 너희가 믿게 하려 함이로라
20 내가 진실로 진실로 너희에게 이르노니 내
가 보낸 자를 영접하는 자는 나를 영접하
는 것이요 나를 영접하는 자는 나를 보내
신 이를 영접하는 것이니라

ㄱ. 시 41:9

1. 본문에 나타난 예수님은 어떤 분이십니까?

2. 오늘 하나님께서 나에게 주신 깨달음은 무엇입니까?

3. 말씀을 어떻게 내 삶에 구체적으로 적용해야 합니까?

절별 해설

14 너희도 서로 발을 씻어 주는 것이 옳으니라 서로가 높아지려고 자리다툼을 벌이는 제자들의 발을 다 씻기신 예수님은 이제 제자들에게 서로의 발을 씻겨줄 것을 명하셨다(참고. 눅 22:24-27). 발은 그 당시 문화권에서 가장 더러운 부분으로 여겨졌다. 샌들을 신고 다니는 유대인들은 발이 더러울 수밖에 없었고, 집에 들어갈 때 발을 씻는 것은 생활습관이었으며, 천한 노예들이 발을 씻겨주었다. 그러므로 서로의 발을 씻겨주라는 말씀은 가장 낮은 자리에서 서로를 섬기라는 것이다. 높아지려고 싸우지 말라는 말씀이다. 서로를 진정으로 섬기는 것이 기독교의 핵심이라고 가르치신 것이다(눅 22:25-26). 한편, 예수님이 말씀하신 섬김은 자발적 섬김이라는 것이 특징이다. 누구나 상대가 먼저 섬겨주길 바란다. 그러나 주님은 먼저 자발적으로 섬기셨다.

17 너희가 이것을 알고 행하면 복이 있으리라 본 절의 '이것'은 16절의 '종이 주인보다, 보냄을 받은 자가 보낸 자보다 크지 못하다'는 말씀을 의미한다. 그러므로 본 절은 자신의 신분을 기억하며, 보내신 주님의 말씀을 따라 사는 자는 복이 있을 것이란 말씀이다. 종이 주인의 명령을 따르듯이 우리도 남을 섬기라는 주님의 말씀을 따라야 한다. '섬김'은 권유가 아니라 명령이다. 선택사항이 아니라 보냄을 받은 자의 필수 의무이다. 교회에서 중요한 역할을 맡을수록 더욱더 섬기는 자세를 잊지 말아야 한다.

18-19 내 떡을 먹는 자가 내게 발꿈치를 들었다 이 구절은 시편 말씀의 인용이다(41:9). 이 시는 다윗이 가장 가까운 신하 중 한 사람이었던 아히도벨의 배신을 경험하고 지은 시이다. 발꿈치를 들어 발바닥을 보이는 행동은 근동지방에서 타인에 대한 멸시의 표시라고 한다. 먼 사람도 아닌 가까운 사람의 배신은 더 치명적인 아픔을 수반한다. 주님은 이 말씀을 자신을 배신할 가룟 유다에게 적용하시면서 제자들에게 미리 말씀하셨다. 그 이유는 일이 발생했을 때 이 말씀을 기억하고 그들의 믿음이 흔들리지 않게 하기 위해서였다. 주님은 끝까지 제자들을 배려하셨다. 그들의 믿음이 가룟 유다의 배신으로 흔들리지 않도록 준비하셨다. 우리의 믿음은 주님의 준비하심이 있기에 오늘도 지켜지고 있는 것이다(참고. 눅 22:31-32).

20 예수님은 보냄을 받은 제자들을 영접하는 것이 자신과 하나님을 영접하는 것과 동일하다고 말씀하심으로써 제자들의 사역과 위치가 얼마나 중요한가를 강조하신다. 제자들을 포함해서 오고 오는 세대에 주님께 사명을 받은 사람들은 자신의 사명과 위치를 과소평가해서는 안 된다. 내가 맡은 일은 하나님의 일이며, 주께서 맡기셨다는 확신을 가지고 사명에 임해야 한다. 당신도 그런 자세로 일하고 있는가?

쉬운성경

12 예수님께서는 제자들의 발을 다 씻기신 뒤에, 옷을 입고 다시 자리에 앉으셔서, 그들에게 이런 질문을 하셨습니다. "내가 방금 전에 너희에게 행한 일이 무슨 뜻으로 한 것인지 이해하겠느냐?

13 너희가 나를 '선생님' 또는 '주님'이라고 부르는데, 너희 말이 맞다. 나는 바로 그런 사람이다.

14 내가 선생과 주로서 너희 발을 씻겼으니, 너희도 서로 발을 씻겨 주어야 한다.

15 내가 너희에게 행한 그대로 너희도 행하게 하기 위해 내가 본을 보여 준 것이다.

16 내가 너희에게 진리를 말한다. 종이 자기 주인보다 크지 못하고, 보냄을 받은 자가 그를 보낸 자보다 크지 못한 법이다.

17 너희가 이것을 알고 그대로 행하면 너희에게 복이 있을 것이다.

18 내가 너희 모두를 가리켜 말하는 것이 아니다. 나는 내가 택한 사람들이 누구인지 안다. 그러나 '내 빵을 함께 먹던 자가 나를 대적하려고 자기 발꿈치를 들었다'*는 성경 말씀이 성취되어야 한다.

19 나는 이제 이 일이 일어나기 전에 이것을 너희에게 말한다. 그러면 그 일이 일어날 때, 너희는 내가 바로 그 사람인 것을 믿게 될 것이다.

20 내가 너희에게 진리를 말한다. 내가 보내는 사람을 영접하는 자는 나를 영접하는 것이고, 나를 영접하는 자는 나를 보내신 분을 영접하는 것이다."

* 13:18 시 41:9에 기록되어 있다

저자의 메시지

제자들의 선생이요 주이셨던 예수님은 당시의 생각으로는 파격적으로 제자들의 발을 씻겨주셨다. 그러나 그런 일은 주님이 하실 일이 아니었다. 천한 종들이나 하는 일이었다. 그럼에도 주님은 그렇게 하심으로써 제자들이 어떤 삶을 살아야 하는지를 보여주셨다. 그리고 우리도 주님의 본을 따라 서로의 발을 씻겨주는 삶을 살아야 한다. 발은 가장 불결한 곳이다. 그런 발을 씻겨준다는 것은 상대방의 종이 되어 그를 섬긴다는 의미이다. 섬기는 삶은 쉽지 않다. 형제의 발을 씻기려면 그 냄새나는 발 아래로 자신을 굽혀야 하기 때문이다. 섬김은 뻣뻣하게 서서 쉽게 하는 것이 아니다. 내 자신을 쳐 복종시켜야 가능하다. 내가 섬기지 못하는 것은 상대방의 문제가 아니라 내 문제이다. 주님이 굽히셨다면 우리가 뭐라고 굽히지 않을 수 있겠는가? 섬김의 삶은 권유가 아니라 명령인 것을 기억해야 한다(14절). 내가 기분이 좋으면 섬기고, 기분이 나쁘면 그만두고 할 문제가 아니다. 상대가 먼저 섬겨주기를 바라지 말고 주님처럼 내가 먼저 남을 섬길 수 있어야 한다.

주님은 보냄을 받은 자의 위치가 얼마나 중요한가도 말씀하셨다. 보냄을 받은 자를 영접하는 것이 자신과 하나님을 영접하는 것과 같다고 하신 것은 그만큼 우리가 맡은 일이 중요하다는 의미이다. 당신이 주님께 어떤 사명을 받았든지 그것은 주님께서 맡기신 일이다. 남의 눈치도 보지 말고, 내 자신의 연약함도 보지 말고, 오직 맡기신 분을 의지함으로 그 일을 감당해야 할 것이다.

무릎기도 | 주님, 주님의 말씀을 따라 형제의 발을 씻기는 삶을 살게 하소서. 그러기 위해 먼저 제 자신이 몸을 굽히고 낮아지며, 섬기는 가운데 참 기쁨을 누리게 하소서.

NLT

12 After washing their feet, he put on his robe again and sat down and asked, "Do you understand what I was doing?

13 You call me 'Teacher' and 'Lord,' and you are right, because that's what I am.

14 And since I, your Lord and Teacher, have washed your feet, you ought to wash each other's feet.

15 I have given you an example to follow. Do as I have done to you.

16 I tell you the truth, slaves are not greater than their master. Nor is the messenger more important than the one who sends the message.

17 Now that you know these things, God will bless you for doing them.

18 "I am not saying these things to all of you; I know the ones I have chosen. But this fulfills the Scripture that says, 'The one who eats my food has turned against me.'*

19 I tell you this beforehand, so that when it happens you will believe that I AM the Messiah.*

20 I tell you the truth, anyone who welcomes my messenger is welcoming me, and anyone who welcomes me is welcoming the Father who sent me."

* 13:18 Ps 41:9.
* 13:19 Or *that the 'I AM' has come*; or *that I am the LORD*; Greek reads *that I am*. See Exod 3:14.

15 example 본보기, 모범　16 slave 노예　master 주인　17 bless 은혜를 베풀다　18 fulfill 이행하다, 성취시키다　Scripture 성경　turn against ~ : ~를 적대하다　19 beforehand 미리　20 truth 진리, 진실

60

월 일

가룟 유다의 배반

요한복음 13:21-30

새찬송 420장 | 통일 212장

• 먼저 묵상을 위한 기도를 드린 후, 성경 본문을 2번 이상 읽고 묵상하십시오.

본문요약 | 예수님이 괴로움 가운데 자신을 팔 자가 있음을 말씀하시자, 베드로는 그 사람이 누구인지 요한에게 질문하게 한다. 이에 예수님은 자신이 떡 조각을 적셔 주는 자가 바로 그 사람이라고 하시며 유다에게 떡 한 조각을 주신다. 또한 그에게 하려는 일을 속히 하라고 말씀하신다. 그러나 제자들은 누구도 이를 눈치채지 못한다. 한편, 가룟 유다는 예수님의 경고에 가까운 말씀에도 회개하지 않고 자신의 길을 간다.

개역개정

21 예수께서 이 말씀을 하시고 심령이 괴로
워 증언하여 이르시되 내가 진실로 진실
로 너희에게 이르노니 너희 중 하나가 나
를 팔리라 하시니
22 제자들이 서로 보며 누구에게 대하여 말씀
하시는지 의심하더라
23 예수의 제자 중 하나 곧 그가 사랑하시는
자가 예수의 품에 의지하여 누웠는지라
24 시몬 베드로가 머릿짓을 하여 말하되 말씀
하신 자가 누구인지 말하라 하니
25 그가 예수의 가슴에 그대로 의지하여 말하
되 주여 누구니이까
26 예수께서 대답하시되 내가 떡 한 조각을
적셔다 주는 자가 그니라 하시고 곧 한 조
각을 적셔서 가룟 시몬의 아들 유다에게
주시니
27 조각을 받은 후 곧 사탄이 그 속에 들어간
지라 이에 예수께서 유다에게 이르시되 네
가 하는 일을 속히 하라 하시니
28 이 말씀을 무슨 뜻으로 하셨는지 그 [1)]앉은
자 중에 아는 자가 없고
29 어떤 이들은 유다가 돈궤를 맡았으므로 명
절에 우리가 쓸 물건을 사라 하시는지 혹
은 가난한 자들에게 무엇을 주라 하시는
줄로 생각하더라
30 유다가 그 조각을 받고 곧 나가니 밤이러
라

1) 6:10 난하주를 보라

1. 본문에 나타난 예수님은 어떤 분이십니까?

2. 오늘 하나님께서 나에게 주신 깨달음은 무엇입니까?

3. 말씀을 어떻게 내 삶에 구체적으로 적용해야 합니까?

절별 해설

21-22 너희 중 하나가 나를 팔리라 예수님은 괴로워하시며 제자들에게 유다의 배반을 말씀하셨다. 13장에서만 벌써 세 번째 언급하신 것(10,18절)이고, 그 이전에도 언급하셨다(6:70). 결과적으로 하나님의 아들이신 예수님은 처음부터 유다가 배반할 것을 알고 계셨다는 이야기다. 그럼에도 예수님은 유다를 계속 곁에 두셨다. 쫓아내지 않으셨다. 주님의 사랑과 인내를 볼 수 있다. 예수님이 유다를 단지 구속사역을 이루는 수단으로 사용하셨다고 생각하면 안 된다. 모든 것을 아시는 주님은 유다가 죄를 지었음에도 그에게 계속 기회를 주신 것이다. 주님이 아무 말씀 안 하시고 기회를 주실 때 회개할 것은 회개해야 한다.

23 예수의 제자 중 하나 곧 그가 사랑하시는 자 본서의 저자인 사도 요한을 가리킨다. 요한은 자신의 이름을 드러내지 않고 겸손하게 본서를 썼다(19:26;20:2). 오직 예수 그리스도의 이름만 드러내는 것이 그의 기록목적이었기 때문이다(20:31).

24-26 내가 떡 한 조각을 적셔다 주는 자가 그니라 예수님은 요한의 질문에도 끝까지 유다의 이름을 밝히지 않으셨다. 노기를 드러내지도 않으셨다. 오히려 유다에게 떡 조각을 적셔 주셨다. 이것은 당시 잔치의 주인이 손님을 대접하는 방법으로 식탁에서 보여주는 사랑의 표현이었다. 주님은 유다도 끝까지 사랑하셨다. 주님의 사랑은 원수까지도 사랑한 온전한 사랑이었다(참고. 마 5:46).

27-28 조각을 받은 후 곧 사탄이 그 속에 들어간지라 유다는 주님이 주시는 사랑의 떡을 받아들였음에도 사탄의 지배를 받고 있었다. 주님의 일을 한다고 하는 사람도 얼마든지 사탄의 노리개로 전락할 수 있다는 경고의 말씀이다. 예수님은 그런 유다에게 하려는 일을 속히 하라고 하신다. 유다는 그 말씀의 의미를 알았을 것이다. 그럼에도 그는 이미 모든 것을 아시는 주님 앞에서 회개하지 않았다. 간접적으로 경고를 주시는데도 이를 무시했다. 사람들은 모를 수 있지만, 주님은 모든 것을 아신다. 사탄의 유혹을 받지 않도록 늘 자신을 살펴야 한다(참고. 고전 9:27).

29 유다가 돈궤를 맡았으므로 보통 어떤 그룹이든 돈은 가장 신뢰가 가는 사람에게 맡기는 법이다. 주님은 처음부터 유다가 배신할 것을 아셨음에도 유다에게 중요한 일을 맡기셨다. 물론 이는 고양이에게 생선을 맡긴 격으로 유다는 그 돈을 마음대로 훔쳐 썼다(12:6). 본문은 유다를 향한 주님의 차별 없는 사랑을 다시 한 번 느낄 수 있는 대목이다.

쉬운성경

21 예수님께서는 이 말씀을 하신 뒤에 마음이 무척 괴로우셨습니다. 그래서 이렇게 증언하셨습니다. "내가 너희에게 진리를 말한다. 너희 중 하나가 나를 배반할 것이다."

22 제자들은 서로 얼굴을 쳐다보았으나, 예수님께서 누구를 염두에 두고 말씀하시는 것인지 전혀 알 수가 없었습니다.

23 예수님의 제자 중 한 사람이 예수님 가까이에 앉아 있었습니다. 이 사람은 예수님께서 사랑하신 제자였습니다.

24 시몬 베드로가 이 제자에게 고갯짓을 하여, 예수님께서 누구를 가리켜 말씀하시는지 물어보라고 지시했습니다.

25 그 제자가 예수님 옆으로 가까이 다가가 물었습니다. "주님, 그가 누구입니까?"

26 예수님께서 대답하셨습니다. "내가 이 빵을 접시에 찍어 주는 자가 나를 배반할 자이다" 하시면서 빵 조각을 집어서 접시에 찍어 가룟 사람 시몬의 아들 유다에게 주셨습니다.

27 유다가 빵 조각을 받자마자, 사탄이 그에게로 들어갔습니다. 예수님께서 유다에게 말씀하셨습니다. "네가 하려는 일을 빨리 하여라!"

28 거기 앉은 사람 중에는 예수님께서 유다에게 무슨 뜻으로 이 말씀을 하셨는지 이해한 사람이 없었습니다.

29 유다는 돈을 관리하던 사람이었기 때문에 예수님께서 유다에게 명절에 필요한 물건을 사라고 말씀하시거나 가난한 사람들에게 무엇을 주라고 말씀하시는 줄로 생각한 제자들이 있었습니다.

30 유다는 예수님께서 주시는 빵을 받고, 곧 밖으로 나갔습니다. 그때는 밤이었습니다.

저자의 메시지

가룟 유다는 자기 욕심과 죄 때문에 주님을 배반했지만, 신적인 능력으로 그가 배반할 것을 처음부터 알고 계셨던 예수님은 유다를 한결같은 사랑으로 대하셨다. 이는 여러 증거들을 통해 알 수 있다. 예수님은 유다에게 가장 중요한 임무 중 하나인 돈 관리를 맡기셨고, 자신의 죽음이 임박한 것을 아시면서도 배반하는 유다에게 화내지 않으셨다. 오히려 당시 식탁에서 표현하는 사랑의 관습에 따라 떡 조각을 적셔 주시며 끝까지 그에게 기회를 주셨다. 주님은 원수까지도 사랑하시는 모본을 친히 우리에게 보여주셨다. 우리는 확실한 증거도 없이 단순한 느낌만으로 어떤 사람을 경계하거나 싫어한다. 그러나 주님은 확실히 아시면서도 유다를 끝까지 사랑으로 대하셨다. 이렇게 주님은 성도로서 우리가 다른 사람에게 가져야 할 올바른 태도를 가르쳐 주신다. 그러므로 우리를 배신하고 아픔을 준 사람이라도 품을 수 있는 사랑을 달라고 기도하자.

예수님을 판 사람은 주님의 가까운 제자였다. 그것도 중요한 직무(돈 관리)를 맡은 사람이었다. 주님을 팔아먹고 욕되게 하는 일이 기독교와 거리가 먼 사람들에 의해서만 이루어지는 것은 아니다. 오히려 주님을 안다고 말하는 사람들이 주님을 더욱 욕되게 하며 배반할 수 있다(참고. 시 55:11-14). 그리고 가까운 사람의 배신은 충격이 더 큰 법이다. 교회 밖의 핍박보다 더 무서운 것은 교회 안의 부패이다. 그러므로 우리의 신앙이 깊어지고 남들이 우리에게 주님을 위해 큰일을 한다고 말할수록 이전보다 더 자기 자신을 살피고 조심해야 한다. 오직 주님의 이름을 드러내는 것만 목표로 했던 요한처럼 살아야 한다.

무릎 기도 주님, 아무 말 없이 기회를 주시는 사랑의 주님을 묵상합니다. 주님께서 제게 기회를 주실 때 회개하게 하시고, 저 또한 다른 사람을 온전히 사랑하도록 은혜를 주소서.

NLT

21 Now Jesus was deeply troubled,* and he exclaimed, "I tell you the truth, one of you will betray me!"

22 The disciples looked at each other, wondering whom he could mean.

23 The disciple Jesus loved was sitting next to Jesus at the table.*

24 Simon Peter motioned to him to ask, "Who's he talking about?"

25 So that disciple leaned over to Jesus and asked, "Lord, who is it?"

26 Jesus responded, "It is the one to whom I give the bread I dip in the bowl." And when he had dipped it, he gave it to Judas, son of Simon Iscariot.

27 When Judas had eaten the bread, Satan entered into him. Then Jesus told him, "Hurry and do what you're going to do."

28 None of the others at the table knew what Jesus meant.

29 Since Judas was their treasurer, some thought Jesus was telling him to go and pay for the food or to give some money to the poor.

30 So Judas left at once, going out into the night.

* 13:21 Greek *was troubled in his spirit.*
* 13:23 Greek *was reclining on Jesus' bosom.* The "disciple Jesus loved" was probably John.

21 troubled 괴로운, 걱정스러운 22 wonder 놀라다, 이상히 여기다 24 motion to ~ : ~에게 몸짓으로 신호하다
25 lean over : ~너머로 상체를 구부리다 26 dip in ~ : ~에 살짝 담그다 29 treasurer 회계원 pay for ~ : 대가를 지불하다
30 at once : 즉시

61

월 일

새 계명

요한복음 13:31–38

새찬송 294장 | 통일 416장

• 먼저 묵상을 위한 기도를 드린 후, 성경 본문을 2번 이상 읽고 묵상하십시오.

본문요약 | 유다가 나간 후, 예수님은 인자가 영광을 받은 것과 곧 제자들을 떠날 것을 말씀하신다. 그리고 자신이 그들을 사랑한 것같이 서로 사랑하라는 새 계명을 주신다. 이에 베드로는 자기의 목숨까지 내놓고 주님을 따르겠다고 하지만, 예수님은 그가 자신을 세 번 부인할 것이라고 말씀하신다. 한편, 새 계명은 주님이 보여주신 희생적 사랑을 본받아 서로 사랑하라는 의미이다.

개역개정

31 그가 나간 후에 예수께서 이르시되 지금 인자가 영광을 받았고 하나님도 인자로 말미암아 영광을 받으셨도다

32 만일 하나님이 그로 말미암아 영광을 받으셨으면 하나님도 자기로 말미암아 그에게 영광을 주시리니 곧 주시리라

33 작은 자들아 내가 아직 잠시 너희와 함께 있겠노라 너희가 나를 찾을 것이나 일찍이 내가 유대인들에게 너희는 내가 가는 곳에 올 수 없다고 말한 것과 같이 지금 너희에게도 이르노라

34 새 계명을 너희에게 주노니 서로 사랑하라 내가 너희를 사랑한 것같이 너희도 서로 사랑하라

35 너희가 서로 사랑하면 이로써 모든 사람이 너희가 내 제자인 줄 알리라

36 시몬 베드로가 이르되 주여 어디로 가시나이까 예수께서 대답하시되 내가 가는 곳에 네가 지금은 따라올 수 없으나 후에는 따라오리라

37 베드로가 이르되 주여 내가 지금은 어찌하여 따라갈 수 없나이까 주를 위하여 내 목숨을 버리겠나이다

38 예수께서 대답하시되 네가 나를 위하여 네 목숨을 버리겠느냐 내가 진실로 진실로 네게 이르노니 닭 울기 전에 네가 세 번 나를 부인하리라

1. 본문에 나타난 예수님은 어떤 분이십니까?

2. 오늘 하나님께서 나에게 주신 깨달음은 무엇입니까?

3. 말씀을 어떻게 내 삶에 구체적으로 적용해야 합니까?

절별 해설

31-32 인자가 영광을 받았고 예수님은 '인자가 영광을 받았다'는 말씀을 유다가 자신을 배신하려고 나간 시점에서 바로 말씀하셨다. 그런데 예수님이 말씀하신 영광은 단순한 찬사나 영예가 아니다. 그것은 배신과 십자가의 희생을 통해 나타날 인류 구속을 바라보며 하신 말씀이다(12:23-25). 영광이라는 단어 뒤에는 주님의 고난과 희생이 전제되어 있다. 바울도 교회를 자신의 영광이라고 기록했으며(살전 2:19-20), 그 말 속에는 교회를 향한 바울의 희생과 헌신이 역시 전제되어 있다(살전 2:1-12). 성경에서 영광은 현재의 희생과 헌신을 통해 나타나는 장래의 기쁨이란 의미를 담고 있다(롬 8:18). 비록 당장은 믿음으로 사는 것이 힘들지만, 결국 나타날 영광을 바라보는 것이 성경이 가르치는 영광된 삶이다.

34 새 계명을 너희에게 주노니 서로 사랑하라 내가 너희를 사랑한 것 같이 너희도 서로 사랑하라 예수님은 '서로 사랑하라'는 새 계명을 주셨다. 그런데 왜 이것이 새 계명인가? 이미 구약성경에도 '네 이웃 사랑하기를 네 자신과 같이 사랑하라'는 말씀이 있었다(레 19:18). 그러나 여기서 이 말씀을 이해하는 열쇠는 바로 다음에 나오는 '내가 너희를 사랑한 것같이'라는 구절에 있다. 즉, 기존의 '사랑하라'는 말씀이 주님을 통하여 새로워진 점은 주님이 보여주실 십자가의 희생적인 사랑을 반영한 것이다. 서로 사랑하되 주님처럼 희생을 감수하면서까지도 사랑하라는 말씀으로 이해되며, 바로 이런 점에서 새 계명인 것이다. 주님은 십자가에서 죽으시기까지 우리를 사랑해 주셨으며, 이것이 바로 희생적 사랑이다. 그러므로 우리도 주님의 그 희생적 사랑을 본받아 서로 사랑해야 한다(요일 4:10-11).

35 너희가 서로 사랑하면 이로써 모든 사람이 너희가 내 제자인 줄 알리라 본 절은 주님이 보여주신 희생적 사랑으로 서로를 사랑할 때, 세상이 우리가 주님의 제자인 것을 알게 될 것이라는 말씀이다. 이해타산적인 사랑이 아닌, 혹 손해를 보더라도 서로 사랑한다면, 그 희생을 보며 사람들은 우리가 살아계신 주님을 섬기는 것을 알게 될 것이다.

37-38 닭 울기 전에 네가 세 번 나를 부인하리라 '주를 위하여 목숨을 버리겠다'는 베드로의 말은 거짓이 아니었을 것이다. 베드로는 예수님의 제자들 중에서 가장 적극적이고 충성스런 사람이었다. 그렇게 말한 다른 제자는 없었다. 또한 그는 다른 모든 제자가 주를 버려도 자신은 절대 버리지 않겠다는 말까지 했었다(마 26:33). 그런 베드로에게 예수님은 그가 닭 울기 전에 세 번 자신을 부인할 것이라고 말씀하셨고, 그것은 그대로 이루어졌다(18:17,25-27). 본문은 우리에게 주님의 일은 인간적인 자신감이나 의욕으로 이루어지는 것이 아니라는 교훈을 준다. 오히려 주님의 일은 자신을 비우고 더 겸손히 하나님을 의지할 때 그분이 주시는 힘으로 감당하는 것이다.

쉬운성경

31 유다가 나간 뒤에 예수님께서 말씀하셨습니다. "지금 인자가 영광을 받았고, 하나님께서도 인자를 통해 영광을 받으셨다.

32 하나님께서 인자를 통해 영광을 받으시면, 하나님께서도 인자를 영광되게 하실 것이다. 곧 그렇게 하실 것이다.

33 자녀들아, 내가 조금만 더 너희와 함께 있겠다. 너희가 나를 찾을 것이다. 내가 전에 유대인들에게 말한 것같이, 지금 너희에게도 말하는데, 내가 가는 곳에 너희는 올 수 없다.

34 내가 너희에게 새 계명을 준다. 서로 사랑하여라. 내가 너희를 사랑한 것같이 너희도 서로 사랑하여라.

35 너희가 서로 사랑하면, 모든 사람이 너희가 내 제자인 줄 알 것이다."

36 시몬 베드로가 예수님께 물었습니다. "주님, 어디로 가십니까?" 예수님께서 대답하셨습니다. "내가 가는 곳을 네가 지금은 따라올 수 없지만 나중에는 따라올 것이다."

37 베드로가 말했습니다. "주님, 지금은 왜 주님을 따라갈 수 없습니까? 저는 주님을 위해 제 목숨을 내놓겠습니다."

38 예수님께서는 "네가 정말 나를 위해 네 목숨을 내놓겠느냐? 내가 너에게 진리를 말한다. 닭이 울기 전에 네가 세 번 나를 모른다고 할 것이다"라고 대답하셨습니다.

저자의 메시지

예수님이 새 계명을 주셨다. 그런데 주님이 주신 계명의 내용은 새 것이 아니었다. 이미 구약시대에 주어진 '서로 사랑하라'는 말씀이었다. 그럼에도 그것을 새롭다고 말씀하신 이유는 '서로 사랑함'이 '주님이 보여주신 사랑으로 사랑하는 것'이기 때문이다. 주님은 십자가에서 죽으시기까지 우리를 사랑하셨다. 즉, 그 희생적 사랑으로 서로 사랑하라는 말씀이다. 그러므로 십자가의 사랑을 체험하지 못한 사람은 사실 진정한 사랑을 할 수 없다. 세상의 사랑은 이기적이다. 남이 나에게 잘해 주면 나도 잘해 주는 것이 세상의 사랑이다. 또한 조건적이다. 상대에게 사랑할 조건이 있어야 사랑한다. 이 세상에서 조건적이지 않은 사랑을 찾기란 쉽지 않다. 심지어 갈수록 부부나 부모 자식 간에도 조건적으로 사랑하는 경우를 많이 볼 수 있다. 그러나 십자가의 사랑을 체험한 사람은 다르다. 주님이 값없이, 조건 없이 우리를 위해 희생하신 그 사랑을 아는 사람은 다른 사람을 위한 희생적 사랑을 시작한다. 많은 선교사들이 오지로 가서 목숨을 걸고 복음을 전하며 영혼들을 사랑하는 것이 그 좋은 예이다. 아무 조건 없이 주님의 사랑을 실천하는 것이다. 그리고 주님은 우리에게도 그런 사랑을 보이라고 명하셨다. 세상에는 그런 사랑이 희귀하지만, 그 때문에 우리가 조건 없는 사랑을 내보일 때 세상은 우리가 주님의 제자이고 주님의 살아계심을 깨닫게 될 것이다. 당신은 당신이 손해 보는 사랑을 해본 적 있는가? 말도 안 되는 행동을 하는 사람을 참아주고 사랑해준 적 있는가? 그렇다면 당신은 진정한 주님의 제자이다.

무릎 기도 | 주님, 주님이 보여주신 그 희생적 사랑을 다 따라갈 수는 없지만, 최선을 다해 실천하도록 도와주소서. 그래서 세상이 그리스도인을 통해 주님을 볼 수 있기를 기도합니다.

NLT

31 As soon as Judas left the room, Jesus said, "The time has come for the Son of Man* to enter into his glory, and God will be glorified because of him.
32 And since God receives glory because of the Son,* he will soon give glory to the Son.
33 Dear children, I will be with you only a little longer. And as I told the Jewish leaders, you will search for me, but you can't come where I am going.
34 So now I am giving you a new commandment: Love each other. Just as I have loved you, you should love each other.
35 Your love for one another will prove to the world that you are my disciples."
36 Simon Peter asked, "Lord, where are you going?" And Jesus replied, "You can't go with me now, but you will follow me later."
37 "But why can't I come now, Lord?" he asked. "I'm ready to die for you."
38 Jesus answered, "Die for me? I tell you the truth, Peter—before the rooster crows tomorrow morning, you will deny three times that you even know me.

* 13:31 "Son of Man" is a title Jesus used for himself.
* 13:32 Some manuscripts do not include *And since God receives glory because of the Son.*

31 glorify 영광스럽게 하다 33 search for ~ : ~을 찾다 34 commandment 계명 35 prove 증명하다 disciple 제자, 사도 37 be ready to ~ : ~할 준비가 되어 있다 38 rooster 수탉 crow (수탉이) 울다 deny 부인하다

62

월 일

길과 진리와 생명이신 그리스도

요한복음 14:1-7

새찬송 93장 | 통일 93장

• 먼저 묵상을 위한 기도를 드린 후, 성경 본문을 2번 이상 읽고 묵상하십시오.

본문요약 | 예수님은 자신의 떠남을 걱정하는 제자들에게 근심하지 말라고 하시며, 아버지 집에 거처를 예비하면 다시 와 그들을 데려가겠다고 약속하신다. 이어서 예수님은 자신만이 그 장소로 가는 길이요 진리요 생명이라고 말씀하시고, 자신이 참 하나님이심을 강조하신다. 주님만이 영원한 안식의 장소로 가는 길이시다.

개역개정

1 너희는 마음에 근심하지 말라 하나님을 [1]믿으니 또 나를 믿으라
2 내 아버지 집에 거할 곳이 많도다 그렇지 않으면 너희에게 일렀으리라 내가 너희를 위하여 거처를 예비하러 가노니
3 가서 너희를 위하여 거처를 예비하면 내가 다시 와서 너희를 내게로 영접하여 나 있는 곳에 너희도 있게 하리라
4 내가 어디로 가는지 그 길을 너희가 아느니라
5 도마가 이르되 주여 주께서 어디로 가시는지 우리가 알지 못하거늘 그 길을 어찌 알겠사옵나이까
6 예수께서 이르시되 내가 곧 길이요 진리요 생명이니 나로 말미암지 않고는 아버지께로 올 자가 없느니라
7 너희가 나를 알았더라면 내 아버지도 알았으리로다 이제부터는 너희가 그를 알았고 또 보았느니라

1) 또는 믿고

1. 본문에 나타난 예수님은 어떤 분이십니까?

2. 오늘 하나님께서 나에게 주신 깨달음은 무엇입니까?

3. 말씀을 어떻게 내 삶에 구체적으로 적용해야 합니까?

절별 해설

1-2 근심하지 말라 제자들은 예수님이 떠난다고 하시자(13:33,36) 이것이 근심이 되었다. 그러나 예수님은 근심하는 그들에게 자신과 하나님을 믿는 믿음으로 이를 극복하라고 말씀하신다. 그리고 이어서 그 믿음의 구체적인 내용을 말씀하시는데, 그것은 '천국'(거처)의 실제성을 믿는 믿음이다. 즉, 예수님은 현재의 근심을 미래의 천국으로 위로하셨으며, 그 믿음으로 근심을 이겨내라고 하신 것이다. 이처럼 성경의 위로는 궁극적으로 늘 천국과 관련이 있다(롬 8:18;고전 15:19). 이 세상의 근심 걱정에 허덕이는 인생을 향한 성경의 처방은 늘 궁극적 목표인 천국에 대한 확신 촉구이다. 이것을 종말론적 믿음이라고도 부르는데, 종말의 천국을 근거로 현재를 참아내며, 모든 일의 판단을 주님이 오실 마지막 때에 두는 것을 말한다(고전 4:5). 성도는 현재의 근심을 미래의 천국으로 이겨내는 사람들이다.

3 거처를 예비하면 내가 다시 와서 너희를 내게로 영접하여 예수님은 천국을 분명한 장소의 개념으로 가르치셨다. 천국은 인간이 생각 속에서 만들어 낸 막연하고 이상적인 장소가 아니다. 매우 구체적이고 실제적인 장소이다(눅 16:19-31). 예수님은 '천국'(아버지 집)에 우리가 거할 곳이 많다고 하셨다(2절). 많은 사람들이 갈 수 있는 곳이다. 그리고 하나님은 가능한 모든 사람이 천국으로 들어오길 원하시는 은혜로운 분이시다(딤전 2:4). 천국은 분명히 존재한다. 주님은 다시 오셔서 성도들을 영접하여 그곳에 있게 하겠다고 약속하셨다. 인간의 죽음 이후에 대한 많은 종교적 설명들이 있다. 영혼이 없어지거나 떠돌아다닌다고도 하며, 새로운 생명체로 다시 태어난다고도 한다. 그러나 주님만큼 구체적이고 분명하게 죽음 이후에 천국이 있음을 가르치신 분은 없다. 그러므로 그 어떤 것에도 현혹되지 마라. 말씀 그대로 천국을 분명한 장소로 믿어야 한다.

4-6 내가 곧 길이요 진리요 생명이니 주님이 가시는 길을 묻는 도마의 질문에 예수님은 자신만이 천국과 영생으로 통하는 유일한 길임을 강조하셨다. 원문에도 길과 진리와 생명 앞에 각각 정관사가 붙어 그 유일성과 절대성을 강조한다. 영원에 이르는 다른 길은 없다. 우리가 믿는 것이 진리이기 때문에 때로 이 세상의 관점에서는 기독교가 편협해 보이는 것이 사실이다. 진리는 유일성을 강조하기 때문이다. 다른 종교의 가능성을 인정하지 않기 때문이다. 그러므로 이에 대한 사람들의 불만을 두려워하지 말자. 진리는 타락한 인간의 눈으로 보면 부정하고 싶은 것이다. 사람들이 불만을 말하고 아우성친다고 해도 진리를 말하는 것을 주저해서는 안 된다. 우리 주님도 분명히 그렇게 하셨기 때문이다.

쉬운성경

1 "너희는 마음에 근심하지 마라. 하나님을 믿고 또 나를 믿어라.

2 내 아버지 집에는 너희들이 있을 곳이 많이 있다. 만일 그렇지 않다면 내가 너희에게 이런 말을 하지 않았을 것이다. 나는 너희를 위하여 한 장소를 마련하러 간다.

3 내가 가서 너희를 위해 한 장소를 마련한 뒤에, 다시 와서 너희를 데려가, 내가 있는 곳에 너희도 있게 하겠다.

4 너희는 내가 가는 그곳으로 가는 길을 알고 있다."

5 도마가 예수님께 말했습니다. "주님, 주님이 어디로 가시는지 알지 못하는데, 저희가 그 길을 어떻게 알겠습니까?"

6 예수님께서 대답하셨습니다. "내가 바로 그 길이요, 진리요, 생명이다. 나를 통하지 않고는 아버지께로 올 사람이 없다.

7 너희가 진정 나를 안다면, 내 아버지도 알았을 것이다. 이제 너희는 그분을 알았고 또 그분을 보았다."

저자의 메시지

주님의 떠나심을 근심하는 제자들에게 예수님은 천국과 자신의 재림을 믿는 믿음으로 이를 극복하라고 권면하셨다. 천국은 분명한 장소이다. 막연한 이데아(이념)의 세계가 아니다. 예수님이 천국을 분명한 장소로 말씀하신 것도 그 실제성을 강조하시기 위해서다. 그러므로 성도는 현재의 고난이나 온갖 근심을 궁극적으로 우리가 도달할 천국의 영광으로 이겨내야 한다. 종말론적 신앙이 요구되는 것이다. 지금 성도로서 이 세상에서 제대로 평가받지 못하는 것을 이상히 여기지 말자. 당신의 진정한 가치는 아직 다 평가되지 않았기 때문이다. 나그네의 삶을 마감하고 천국에 들어가는 순간, 주님은 그 영원한 세계에서 당신이 이 세상에서 고통당하며 흘린 눈물을 닦아 주실 것이다(계 7:17). 따라서 세상을 살아가며 어려운 일과 근심이 생길 때마다 천국의 영광을 믿는 믿음으로 모든 것을 이겨내야 한다. 이것이 성경이 성도에게 약속하는 궁극적인 위로이다.

한편, 예수님은 당신만이 그 영원한 곳으로 통하는 유일한 길이요 생명이요 진리라고 말씀하셨다. 최근 들어서 종교계 안에서 서로의 종교를 인정하자는 움직임이 활발하다. 사람들도 그것을 좋게 생각하며, 이 종교 저 종교 모두 인정하는 것이 민주적이라고 말한다. 그러나 모든 종교를 인정하자는 인간의 외침은 사실 어떤 것도 절대적으로 인정하지 말자는 소리와 같다. 즉, 절대적이고 유일한 것을 없애려는 시도이다. 종교가 인간의 삶에서 절대적인 소리를 내지 못한다면, 그것은 인간의 종교이지 하나님의 종교는 아니다.

무릎 기도 주님, 유일한 길이요 진리요 생명이신 주님만을 의지하고 영원한 천국을 사모하게 하소서. 이 세상을 사는 동안 겪게 되는 고통과 어려움을 천국을 소망하는 믿음으로 극복하게 하소서.

NLT

1 "Don't let your hearts be troubled. Trust in God, and trust also in me.

2 There is more than enough room in my Father's home.* If this were not so, would I have told you that I am going to prepare a place for you?*

3 When everything is ready, I will come and get you, so that you will always be with me where I am.

4 And you know the way to where I am going."

5 "No, we don't know, Lord," Thomas said. "We have no idea where you are going, so how can we know the way?"

6 Jesus told him, "I am the way, the truth, and the life. No one can come to the Father except through me.

7 If you had really known me, you would know who my Father is.* From now on, you do know him and have seen him!"

* 14:2a Or *There are many rooms in my Father's house.*
* 14:2b Or *If this were not so, I would have told you that I am going to prepare a place for you.* Some manuscripts read *If this were not so, I would have told you. I am going to prepare a place for you.*
* 14:7 Some manuscripts read *If you have really known me, you will know who my Father is.*

1 trust in ~ : ~을 믿다 2 prepare 준비하다, 마련하다 3 so that … will ~ : …이 ~하도록
5 have no idea ~ : ~을 알지 못하다 6 truth 진리, 진실 except ~ : ~을 제외하고는

63

월 일

믿는 자에게 주어진 약속

요한복음 14:8-14

새찬송 267장 | 통일 201장

• 먼저 묵상을 위한 기도를 드린 후, 성경 본문을 2번 이상 읽고 묵상하십시오.

본문요약 | 본문은 예수님의 제자들도 예수님과 하나님의 하나 됨을 제대로 이해하지 못했음을 보여준다. 빌립이 제자들을 대표하여 주님께 아버지를 보여 달라고 요청한다. 이에 예수님은 다시 한 번 자신과 하나님의 일체됨을 설명하신 후 계속해서 제자들의 믿음을 촉구하신다. 또한 주님을 올바로 알고 믿는 자에게는 그의 어떤 기도도 응답해 주겠다고 약속하신다.

개역개정

8 빌립이 이르되 주여 아버지를 우리에게 보
여주옵소서 그리하면 족하겠나이다
9 예수께서 이르시되 빌립아 내가 이렇게 오
래 너희와 함께 있으되 네가 나를 알지 못
하느냐 나를 본 자는 아버지를 보았거늘
어찌하여 아버지를 보이라 하느냐
10 내가 아버지 안에 거하고 아버지는 내 안
에 계신 것을 네가 믿지 아니하느냐 내가
너희에게 이르는 말은 스스로 하는 것이
아니라 아버지께서 내 안에 계셔서 그의
일을 하시는 것이라
11 내가 아버지 안에 거하고 아버지께서 내
안에 계심을 믿으라 그렇지 못하겠거든 행
하는 그 일로 말미암아 나를 믿으라
12 내가 진실로 진실로 너희에게 이르노니 나
를 믿는 자는 내가 하는 일을 그도 할 것이
요 또한 그보다 큰일도 하리니 이는 내가
아버지께로 감이라
13 너희가 내 이름으로 무엇을 구하든지 내
가 행하리니 이는 아버지로 하여금 아들
로 말미암아 영광을 받으시게 하려 함이라
14 내 이름으로 무엇이든지 내게 구하면 내
가 행하리라

1. 본문에 나타난 예수님은 어떤 분이십니까?

2. 오늘 하나님께서 나에게 주신 깨달음은 무엇입니까?

3. 말씀을 어떻게 내 삶에 구체적으로 적용해야 합니까?

절별 해설

8 주여 아버지를 우리에게 보여주옵소서 이 구절은 예수님과 하나님의 일체 됨을 이해하지 못한 빌립의 요청이다(참고. 7절). 그러나 이것은 비단 빌립의 문제만은 아니었다. 빌립이 '우리에게' 보여 달라고 말한 것으로 볼 때, 그가 제자들 사이에 있었던 의견을 대표로 전달한 것 같다. 이를 통해 제자들조차도 당시 주님이 누구이신지를 제대로 이해하지 못했음을 알 수 있다. 물론 부분적으로는 알았으나, 어느 누구도 완전히 이해하지는 못했던 것이다.

9 내가 이렇게 오래 너희와 함께 있으되 네가 나를 알지 못하느냐 제자들은 예수님 곁에서 함께 먹고 마시며 3년을 같이 지냈음에도 예수님에 대해 제대로 알지 못했다. 예수님이 오병이어의 기적을 행하시고 죽은 나사로를 살리시는 것을 보았음에도 제자들은 그분이 육신을 입으신 하나님의 아들이시며, 하나님과 하나이신 분임을 알지 못했다. 본 절은 교회에 오래 다니고 핵심적인 일을 맡아 하며, 이전에 주님의 큰일을 체험한 성도라도 여전히 주님을 모를 수 있다는 경고의 말씀으로 이해할 수도 있다.

10 내가 너희에게 이르는 말은 스스로 하는 것이 아니라 아버지께서 내 안에 계셔서 그의 일을 하시는 것이라 예수님과 하나님이 하나이시며 더 나아가 오실 성령님이 하나이신 삼위일체 교리는 인간의 이성을 초월하는 신비로운 것이다(참고. 17절). 삼위일체 교리는 하나님은 한 분이시지만 세 위격으로 존재하시며, 세 분은 동등하시고, 완전한 하나이시라는 것이다. 이는 믿음으로 받아야 하는 교리이다. 성경의 모든 내용이 우리의 이해 대상이 되는 것은 아니다. 때론 이성을 초월하는 말씀도 있다. 그래서 성경은 하나님의 말씀인 것이다.

11-12 나를 믿는 자는 내가 하는 일을 그도 할 것이요 또한 그보다 큰일도 하리니 예수님은 다시 한 번 제자들의 믿음을 촉구하신 후, 그러한 온전한 믿음을 가진 자들이 행할 일에 대해 말씀하셨다. 참 제자는 예수님이 하신 일들을 행할 것이며, 그보다 큰일도 행할 것이라고 하셨다. 여기서 '그보다 큰일'은 우리의 능력이 주님보다 커진다는 뜻이 아니다. 사도행전에서 볼 수 있듯이, 이후 제자들의 활동범위가 이방 선교로까지 확대될 것이라는 의미이다.

13-14 너희가 내 이름으로 무엇을 구하든지 내가 행하리니 참 믿음을 소유한 자들에게 두 번째로 약속된 것은 예수님의 이름으로 구하면 어떤 기도도 응답된다는 것이다. 여기에는 '내 이름으로 구하면'이라는 말씀이 전제되어 있다. 기도할 때 기계적으로 예수님 이름을 언급하라는 뜻이 아니라, 주님과의 진정한 관계에서 기도가 출발해야 함을 말씀하신 것이다(15:7).

쉬운성경

8 빌립이 말했습니다. "주님, 저희에게 아버지를 보여 주십시오. 저희에게는 그것으로 충분합니다."

9 예수님께서 대답하셨습니다. "빌립아, 내가 이렇게 오랫동안 너희와 함께 있었는데, 아직도 너는 나를 모른단 말이냐? 나를 본 사람은 아버지를 본 것이나 다름이 없는데, 어떻게 네가 '저희에게 아버지를 보여 주십시오'라고 말하느냐?

10 너는 내가 아버지 안에 있고, 아버지께서 내 안에 계신 것을 믿지 못하느냐? 내가 너희에게 하는 말은 내 스스로 하는 말이 아니다. 이 말은 내 안에 계시면서 그분의 일을 하시는 아버지의 말씀이다.

11 내가 아버지 안에 있고, 아버지께서 내 안에 계시다는 내 말을 믿어라. 나를 믿지 못하겠으면, 내가 행한 표적 그것만이라도 믿어라.

12 내가 너희에게 진리를 말한다. 나를 믿는 사람은 내가 지금까지 해온 일들을 그 사람도 행할 것이다. 심지어 이보다 더 큰일들도 행할 것이다. 그것은 내가 아버지께로 가기 때문이다.

13 그리고 너희가 내 이름으로 무엇이든지 구하면, 내가 너희에게 다 이루어 주겠다. 그리하여 아버지께서 아들로 말미암아 영광을 받으시게 될 것이다.

14 너희가 내 이름으로 무엇이든지 내게 구하면, 내가 다 이루어 주겠다."

저자의 메시지

예수님은 제자들에게 자신이 하나님과 일체임을 믿을 것을 다시 한 번 강조하셨다(9-11절). 심지어 그것을 믿을 수 없다면 자신이 행한 일이라도 믿으라며 안타까운 심정을 토로하셨다. 그리고 이어 주님을 온전히 믿을 때 참 믿음의 소유자들이 누릴 복에 대해 말씀하셨다(12-14절). 예수님에 대한 불완전한 믿음은 영적으로 성도가 받아 누릴 복을 제한한다는 사실을 명심하자. 신앙생활에서 가장 문제가 되는 것은 열심의 부족이나 교회봉사의 소홀 등이 아니다. 물론 열심과 헌신도 진실로 필요하지만 본질적인 문제는 아니다. 가장 중요한 것은 예수 그리스도에 대한 진정한 이해와 믿음이다. 그러므로 성도는 주님을 묵상하는 것에 가장 많은 시간을 들여야 한다. 주님에 대해 이해하고, 그분의 마음을 배우며 그분이 기뻐하시는 일이 무엇인가를 깨닫는 것을 그 어떤 일보다 우선해야 한다. 그것은 성도가 영적으로 풍성한 삶을 사는 비결이기도 하다.

당시 예수님과 가장 가까웠던 제자들조차도 그분에 대한 온전한 이해가 없었다. 오늘날에도 이런 현상은 여전히 존재한다. 교회에 오래 다녔다거나 비교적 중요한 일을 맡은 것이 온전한 믿음을 소유했다는 증거가 될 수 없다. 오늘날 예수님을 믿는 사람이 늘어나고 교회가 대형화되고 있지만, 세상에 대한 교회의 영향력이나 능력은 사도행전이나 한국의 초대교회 역사 속에서 일어난 일들과 비교해보면 차이가 있다. 여러 가지 이유가 있겠지만, 예수님을 제대로 믿는 진정한 성도가 부족해서는 아닌지 반성해볼 일이다.

무릎 기도 주님, 주님을 제대로 알기 원합니다. 저의 부족한 생각과 지성을 여시고 넓히셔서 주의 법의 기이한 것들을 깨달아 알게 하소서. 주님을 온전히 믿게 하소서.

NLT

8 Philip said, "Lord, show us the Father, and we will be satisfied."
9 Jesus replied, "Have I been with you all this time, Philip, and yet you still don't know who I am? Anyone who has seen me has seen the Father! So why are you asking me to show him to you?
10 Don't you believe that I am in the Father and the Father is in me? The words I speak are not my own, but my Father who lives in me does his work through me.
11 Just believe that I am in the Father and the Father is in me. Or at least believe because of the work you have seen me do.
12 "I tell you the truth, anyone who believes in me will do the same works I have done, and even greater works, because I am going to be with the Father.
13 You can ask for anything in my name, and I will do it, so that the Son can bring glory to the Father.
14 Yes, ask me for anything in my name, and I will do it!

8 satisfied 만족한 9 reply 대답하다 ask … to ~ : …에게 ~할 것을 부탁하다 12 truth 진리, 진실
13 ask for ~ : ~을 요청하다 glory 영광

64

월 일

진리의 영이신 성령님

요한복음 14:15-21

새찬송 187장 | 통일 171장

• 먼저 묵상을 위한 기도를 드린 후, 성경 본문을 2번 이상 읽고 묵상하십시오.

본문요약 | 예수님이 근심하는 제자들에게 성령님이 오실 것을 말씀하신다. 그 성령님은 보호자이시며 진리의 영이시다. 그분 안에서 제자들은 예수 그리스도를 보게 될 것이다. 또한 예수님은 자신을 사랑하고 계명을 지키는 자에게 나타날 것을 약속하신다. 성령님은 말씀과 함께 역사하시는 진리의 영이시다.

개역개정

15 너희가 나를 사랑하면 나의 계명을 지키리라

16 내가 아버지께 구하겠으니 그가 또 다른 보혜사를 너희에게 주사 영원토록 너희와 함께 있게 하리니

17 그는 진리의 영이라 세상은 능히 그를 받지 못하나니 이는 그를 보지도 못하고 알지도 못함이라 그러나 너희는 그를 아나니 그는 너희와 함께 거하심이요 또 너희 속에 계시겠음이라

18 내가 너희를 고아와 같이 버려두지 아니하고 너희에게로 오리라

19 조금 있으면 세상은 다시 나를 보지 못할 것이로되 너희는 나를 보리니 이는 내가 살아 있고 너희도 살아 있겠음이라

20 그날에는 내가 아버지 안에, 너희가 내 안에, 내가 너희 안에 있는 것을 너희가 알리라

21 나의 계명을 지키는 자라야 나를 사랑하는 자니 나를 사랑하는 자는 내 아버지께 사랑을 받을 것이요 나도 그를 사랑하여 그에게 나를 나타내리라

1. 본문에 나타난 예수님은 어떤 분이십니까?

2. 오늘 하나님께서 나에게 주신 깨달음은 무엇입니까?

3. 말씀을 어떻게 내 삶에 구체적으로 적용해야 합니까?

절별 해설

16 보혜사 '보호자', '변호자'라는 뜻으로 성령님의 사역을 단적으로 표현하는 단어이다. 예수님이 제자들의 보호자가 되셨듯이 성령님이 오시면 모든 믿는 자들의 보호자가 되실 것이다. 또한 예수님은 성령님이 우리와 영원히 함께하실 보호자이시라고 말씀하셨다. 본 절에서 두 가지에 주목하자. 첫째, 하나님은 성도와 함께하시는 일을 결코 멈추지 않으신다. 그분은 언제 어디서나 우리와 함께하시며 우리의 처지와 형편을 알고 계신다. 둘째, 우리의 처지를 아실 뿐만 아니라 보호자가 되신다. 온갖 위험과 어려움에서 우리를 지켜 주신다.

17 진리의 영 성령님의 특징을 나타내는 또 다른 표현이다. 성령님은 진리를 드러내시며, 모든 진리 가운데로 성도들을 인도하시는 분이다(16:13). 그분은 진리가 되시는 예수님을 드러내시고, 예수님의 말씀을 생각나게 해주실 것이다(26절;15:26;16:14). 이처럼 성령님의 사역은 진리와 말씀을 드러내는 일이다(참고. 고전 2:10). 그 때문에 성령님에 대해 지나치게 은사주의적이나 신비주의적으로 생각하고 접근하는 것은 옳지 않다. 그분은 하나님의 말씀과 함께 역사하시는 분이다. 우리가 말씀을 깨닫는 것은 성령님이 사역하신 결과이다.

너희는 그를 아나니 세상은 성령님을 알지 못하지만, 믿는 자들은 그분을 분명히 알 수 있다. 바람은 볼 수 없어도 그 존재를 알 수 있듯이(3:8), 성령으로 태어난 성도는 보이지 않는 성령님의 존재를 확신한다. 그것은 성령님이 성도들 안에 거하시기 때문이다(고전 3:16). 그러므로 성령님의 존재를 아는 성도는 그분을 근심시키는 일이 없도록 자신의 언행을 살피고 조심해야 한다.

19-20 세상은 다시 나를 보지 못할 것이로되 너희는 나를 보리니 본문은 삼위 하나님의 유기적이고 협력적인 사역을 다시 한 번 확인할 수 있는 부분이다. 우리는 성령님의 역사를 통해 예수 그리스도를 볼 수 있다. 마찬가지로 하나님의 형상을 부여받은 성도들(창 1:26)도 성도 간에 화목하고 하나 됨을 추구해야 마땅하다(참고. 엡 4:1-6). 한편, 본문의 '그날'은 가깝게는 사도행전에 나타난 성령님의 오심을 가리키며, 궁극적으로는 종말의 마지막 때를 가리킨다. 성령님의 역사는 이성을 초월하는 신앙의 신비스러운 부분도 깨닫게 한다. 그러므로 아직 이해하지 못하는 신앙의 요소들이 있다면 깨닫게 해주시기를 구하자.

21 나의 계명을 지키는 자라야 나를 사랑하는 자니 사랑은 구체적인 증거로 표현되어야 한다(15절). 그러므로 말씀을 지키지 않는 사람은 그가 아무리 주님을 사랑한다고 말해도 사실은 거짓말하고 있는 것이다. 또한 말씀을 지키는 삶이 주님에 대한 사랑의 표현이라면, 말씀을 다 지킨 후에도 자랑하거나 교만할 수 없다(고전 13:4).

쉬운성경

15 "너희가 나를 사랑하면 내 계명을 지켜라.

16 내가 아버지께 구하겠고, 그분은 너희와 영원히 함께 있을 다른 보혜사를 보내 주실 것이다.

17 그분은 진리의 성령이시다. 세상은 그분을 보지 못하고, 알지도 못하므로, 그분을 받을 수 없다. 그러나 그분이 너희 안에 계시고 너희는 그분 안에 있기 때문에 너희는 그분을 아는 것이다.

18 나는 너희를 고아처럼 버려 두지 않고 너희에게로 다시 올 것이다.

19 조금 있으면 세상은 더 이상 나를 보지 못할 것이나, 너희는 나를 볼 것이다. 그것은 내가 살고 너희도 살 것이기 때문이다.

20 그날에는 내가 내 아버지 안에 있고, 너희가 내 안에 있고, 내가 너희 안에 있는 것을 너희가 알게 될 것이다.

21 내 계명을 가지고 그것을 지키는 사람이 나를 사랑하는 사람이다. 그리고 나를 사랑하는 사람은 내 아버지께 사랑을 받고, 나도 그를 사랑하여 그에게 나를 나타낼 것이다."

저자의 메시지

여전히 주님의 떠나심을 걱정하는 제자들에게 예수님은 성령님이 오신다는 사실로 그들을 위로하셨다. 또한 그 성령님이 우리의 보호자가 되신다고 말씀하셨다. 그분은 영원히 우리와 함께하시며, 우리의 모든 처지를 아실 뿐만 아니라, 모든 위험과 어려움에서 우리를 보호하시는 분이다. 그러므로 성령님이 모르시는 상황은 성도의 삶 속에 나타날 수 없다. 당신이 어려움과 위험에 처해 있다면 하나님은 모르지 않으신다. 반드시 당신의 보호자가 되어 주실 것이다. 혹 '내 처지와는 상관없는 말씀 같다'라는 생각이 든다면 그것은 마귀가 주는 것이다. 당신을 지키시고 보호하시는 하나님의 손길을 절대로 의심하지 마라.

또한 예수님은 성령님을 '진리의 영'으로 말씀하셨다. 성령님은 진리와 함께 일하시며, 진리이신 예수님의 가르침을 생각나게 해주시는 분이다(26절). 그런데 최근에 나타나는 성령 운동은 진리 운동이라기보다는 은사주의 운동에 가깝다. 성령님을 통해 나타나는 신비로운 능력이나 병이 낫는 일 등에 집중돼 있다. 물론 그런 일들도 성령님이 주시는 은사들을 통해 나타날 수 있음을 부인하지는 않는다. 하지만 성령님의 사역을 신비한 능력이나 현상에 집중하고 제한한다면, 그것은 성경이 가르치는 더 폭넓은 부분을 놓치게 만든다. 성령님은 진리, 곧 주님의 말씀인 성경과 함께 가장 많이 역사하신다. 성경을 읽고 그 말씀대로 행할 때 성도는 성령님의 역사를 가장 많이 체험할 수 있다. 말씀에 대한 연구는 등한히 한 채 신비한 현상만 추구하는 불균형적인 신앙에 빠지지 않게 조심하자. 많은 이단들이 이런 일들에 관련되어 있다는 점도 유의할 필요가 있다.

무릎 기도 | 제 안에 계시며 제가 부족할 때도 늘 진리로 인도해 주시는 성령 하나님을 찬양합니다. 말씀을 올바로 깨닫게 해주시고, 늘 진리 안에 거하도록 도와주소서.

NLT

15 "If you love me, obey* my commandments.
16 And I will ask the Father, and he will give you another Advocate,* who will never leave you.
17 He is the Holy Spirit, who leads into all truth. The world cannot receive him, because it isn't looking for him and doesn't recognize him. But you know him, because he lives with you now and later will be in you.*
18 No, I will not abandon you as orphans—I will come to you.
19 Soon the world will no longer see me, but you will see me. Since I live, you also will live.
20 When I am raised to life again, you will know that I am in my Father, and you are in me, and I am in you.
21 Those who accept my commandments and obey them are the ones who love me. And because they love me, my Father will love them. And I will love them and reveal myself to each of them."

* 14:15 Other manuscripts read *you will obey*; still others read *you should obey*.
* 14:16 Or *Comforter*, or *Encourager*, or *Counselor*. Greek reads *Paraclete*; also in 14:26.
* 14:17 Some manuscripts read *and is in you*.

16 advocate 중재자　17 the Holy Spirit 성령　lead into ~ : ~로 이끌어 내다　recognize 알아보다
18 abandon 버리다　orphan 고아　21 reveal oneself : 이름을 밝히다, 자신을 드러내다

65

월 일

주님이 주시는 평안

요한복음 14:22-31

새찬송 413장 | 통일 470장

• 먼저 묵상을 위한 기도를 드린 후, 성경 본문을 2번 이상 읽고 묵상하십시오.

본문요약 | 예수님이 자신을 사랑하고 자신의 말을 지키는 성도들에게 다시 오셔서 함께하실 것을 말씀하신다. 이 일은 성령님의 오심으로 일어날 것이며, 그 결과 성도는 세상의 것과 다른 주님이 주시는 평안을 갖게 될 것이다. 세상이 주는 평안은 조건이나 환경에 영향을 받지만, 주님이 주시는 평안은 성도의 마음을 지켜 주는 것이다.

개역개정

22 가룟인 아닌 유다가 이르되 주여 어찌하
여 자기를 우리에게는 나타내시고 세상에
는 아니하려 하시나이까
23 예수께서 대답하여 이르시되 사람이 나를
사랑하면 내 말을 지키리니 내 아버지께서
그를 사랑하실 것이요 우리가 그에게 가서
거처를 그와 함께 하리라
24 나를 사랑하지 아니하는 자는 내 말을 지
키지 아니하나니 너희가 듣는 말은 내 말
이 아니요 나를 보내신 아버지의 말씀이
니라
25 내가 아직 너희와 함께 있어서 이 말을 너
희에게 하였거니와
26 보혜사 곧 아버지께서 내 이름으로 보내
실 성령 그가 너희에게 모든 것을 가르치
고 내가 너희에게 말한 모든 것을 생각나
게 하리라
27 평안을 너희에게 끼치노니 곧 나의 평안
을 너희에게 주노라 내가 너희에게 주는
것은 세상이 주는 것과 같지 아니하니라
너희는 마음에 근심하지도 말고 두려워하
지도 말라
28 내가 갔다가 너희에게로 온다 하는 말을
너희가 들었나니 나를 사랑하였더라면 내
가 아버지께로 감을 기뻐하였으리라 아버
지는 나보다 크심이라
29 이제 일이 일어나기 전에 너희에게 말한
것은 일이 일어날 때에 너희로 믿게 하려
함이라
30 이후에는 내가 너희와 말을 많이 하지 아
니하리니 이 세상의 임금이 오겠음이라 그
러나 그는 내게 관계할 것이 없으니
31 오직 내가 아버지를 사랑하는 것과 아버
지께서 명하신 대로 행하는 것을 세상이
알게 하려 함이로라 일어나라 여기를 떠
나자 하시니라

1. 본문에 나타난 예수님은 어떤 분이십니까?

2. 오늘 하나님께서 나에게 주신 깨달음은 무엇입니까?

3. 말씀을 어떻게 내 삶에 구체적으로 적용해야 합니까?

절별 해설

22 가룟인 아닌 유다 야고보의 아들 유다를 일컫는다(눅 6:16).

23-24 우리가 그에게 가서 거처를 그와 함께 하리라 야고보의 아들 유다가 던진 질문에 대한 답변으로, 예수님은 자신을 사랑하며 자신의 말을 지키는 자에게 삼위일체 하나님이 함께하실 것이라고 말씀하셨다. 하나님은 '성도'에게 자신을 드러내시고 함께하신다. 물론 하나님이 일반은총 차원에서 모든 인간을 보살피시고 섭리하시는 것도 분명하다(참고. 마 5:45). 그러나 하나님이 함께하시는 대상은 그분의 성도이다. 그리고 이것은 성도의 특권인 동시에 성도로서의 책임을 갖게 하는 내용이다. 성도는 하나님의 거룩하심과 영광을 드러낼 수 있는 유일한 존재이다. 세상은 하나님을 알지 못하기 때문이다. 따라서 하나님을 세상에 알리고 세상을 구원할 책임이 교회와 성도들에게 주어졌다(마 28:18-20). 그러므로 교회와 성도가 타락하면 세상은 소망을 잃는다.

25-26 그가 너희에게 모든 것을 가르치고 내가 너희에게 말한 모든 것을 생각나게 하리라 예수님은 이상의 모든 내용을 제자들에게 말씀하셨으나, 그것이 전부는 아니라고 하셨다. 이후에 성령님이 오셔서 모든 것을 가르치시고, 주님이 말씀하셨던 모든 것을 생각나게 하실 것이라고 하셨다. 말씀하시는 하나님은 그 말씀을 생각나게도 하시고 이루시는 분이기도 하다. 성도는 독자적인 힘만으로 하나님의 말씀을 이해하고 살아가는 존재가 아니다. 그러므로 모든 일에 자신의 지식과 능력만 의지하지 말고 성령님의 도우심을 구하며 살아가야 한다.

27 내가 너희에게 주는 것은 세상이 주는 것과 같지 아니하니라 예수님은 제자들에게 평안을 주셨다. 물론 이 평안은 앞에서 언급된 성령님의 오심과 밀접한 관련이 있다(26절). 성령님이 우리 가운데 역사하시면 성도는 평안을 소유하게 된다. 이 평안은 세상이 주는 것과 같지 않다. 세상의 평안은 조건이나 환경에 영향을 받는다. 물질적으로 풍족하거나 상황이 좋으면 평안하지만, 그렇지 않으면 평안이 없다. 그러나 주님이 주시는 평안은 성도의 마음을 지켜 주는 평안이다(참고. 빌 4:7). 가진 것이 없고 상황이 편치 않아도 성도에게는 신비한 마음의 평안이 존재한다.

30 이 세상의 임금 구체적으로 '사탄'을 가리킨다. 예수님은 사탄이 부리는 세상 권력에 의해서 십자가를 맞이하실 것이다. 그러나 십자가 지심은 주님의 자발적 의지에 의한 것이었다(31절). 잠시 후 일어날 십자가 사건이 우연한 사건이 아님을 언급하심으로써 제자들의 마음을 준비시키는 주님의 배려를 읽을 수 있다.

쉬운성경

22 그때, 가룟 사람이 아닌 다른 유다가 예수님께 말했습니다. "주님께서 자신을 우리에게는 나타내시고, 세상에는 나타내지 않으시는 이유는 무엇입니까?"

23 예수님께서 대답하셨습니다. "나를 사랑하는 사람이라면, 나의 교훈을 지킬 것이다. 내 아버지께서 그를 사랑하실 것이고, 우리가 그 사람에게 와서 함께 있을 것이다.

24 나를 사랑하지 않는 사람은 내 교훈을 지키지 않는다. 너희가 듣는 이 교훈은 내 것이 아니고, 나를 보내신 아버지의 교훈이다.

25 이 모든 것을 내가 너희와 함께 있는 동안에 너희에게 말하였다.

26 그러나 내 아버지께서 나의 이름으로 보내실 진리의 성령이신 보혜사께서 너희에게 모든 것을 가르치시며, 내가 너희에게 말한 모든 것을 생각나게 하실 것이다.

27 내가 너희에게 평안을 남긴다. 곧 나의 평안을 너희에게 준다. 내가 너희에게 주는 평안은 세상이 주는 것과 같지 않다. 너희는 마음에 근심하지도 말고, 두려워하지도 마라.

28 너희는 '내가 갔다가 너희에게로 올 것이다'라고 말한 내 말을 들었다. 너희가 진정 나를 사랑했다면, 내가 아버지께로 가는 것을 기뻐했을 것이다. 이는 아버지가 나보다 더 크신 분이기 때문이다.

29 내가 지금 이 일이 일어나기 전에 너희에게 말하는 것은, 이 일이 실제로 일어날 때, 너희로 하여금 믿게 하기 위해서이다.

30 이 세상의 통치자가 오고 있으므로, 더 이상 너희와 많은 말을 나눌 수가 없다. 하지만 이 세상의 통치자는 나를 마음대로 할 권세가 없다.

31 그러나 내가 아버지를 사랑하고, 아버지께서 내게 명하신 대로 내가 행한다는 사실을 세상은 알아야 할 것이다. 일어나 이곳을 떠나자."

저자의 메시지

예수님은 제자들에게 세상이 주지 못하는 평안을 주겠다고 선언하셨다. 이것은 성령님의 오심을 통해 우리 속에서 이루어지는 평안이다. 주님이 주시는 평안은 세상의 조건적·환경적·물질적 평안과 다르다. 일반적으로 세상 사람들은 풍족할 때 평안과 행복을 느끼지만, 없을 때는 불행하다고 느낀다. 이는 외부적 상황에 영향을 받는 평안이다. 그러나 주님의 평안은 그런 것과 관계없는 우리 마음과 생각을 지배하는 평안이다(빌 4:7). 성도들 중에서 말할 수 없는 고통과 어려움 속에 있으면서도 평안함을 잃지 않는 모습을 볼 수 있다. 어떤 사람은 오히려 주변 사람을 위로하기도 한다. 무엇이 그것을 가능하게 하는가? 주님이 직접 주신 마음의 확신과 평안 때문이다. 당신은 이런 평안을 누리고 있는가? 세상의 물질과 환경이 나를 평안하게 하는 것이 아니다. 돈으로 좋은 집은 살 수 있어도 평안한 마음은 살 수 없다. 오직 주님만이 당신에게 이 평안을 주실 수 있다.

야고보의 아들 유다의 질문을 받으신 예수님은 세상이 아닌 자신을 사랑하고 계명을 지키는 사람에게 자신을 드러내시고 함께하실 것이라고 말씀하셨다. 이 말씀처럼 주님은 부활하신 후 승천하시기 전까지 제자들과만 함께하셨다. 성도는 주님을 아는 유일한 존재이다. 그 때문에 주님을 드러낼 수 있는 유일한 존재이기도 하다. 당신을 통해 주님의 거룩하심과 능력이 드러나고 있는가? 세상이 각박해지고 있다면 세상을 탓할 것이 아니라 먼저 자신을 돌아보아야 할 것이다.

무릎 기도 | 주님, 당신이 주시는 평안을 누리게 하소서. 때론 세상 염려에 사로잡히는 어쩔 수 없는 인간이지만, 성령님이 주관하셔서 조건에 휘둘리지 않는 평안을 갖게 하소서.

NLT

22 Judas (not Judas Iscariot, but the other disciple with that name) said to him, "Lord, why are you going to reveal yourself only to us and not to the world at large?"
23 Jesus replied, "All who love me will do what I say. My Father will love them, and we will come and make our home with each of them.
24 Anyone who doesn't love me will not obey me. And remember, my words are not my own. What I am telling you is from the Father who sent me.
25 I am telling you these things now while I am still with you.
26 But when the Father sends the Advocate as my representative—that is, the Holy Spirit—he will teach you everything and will remind you of everything I have told you.
27 "I am leaving you with a gift—peace of mind and heart. And the peace I give is a gift the world cannot give. So don't be troubled or afraid.
28 Remember what I told you: I am going away, but I will come back to you again. If you really loved me, you would be happy that I am going to the Father, who is greater than I am.
29 I have told you these things before they happen so that when they do happen, you will believe.
30 "I don't have much more time to talk to you, because the ruler of this world approaches. He has no power over me,
31 but I will do what the Father requires of me, so that the world will know that I love the Father. Come, let's be going.

22 disciple 제자, 사도　24 obey 순종하다, 복종하다　26 advocate 중재자　representative 대리인
remind … of ~ : …에게 ~을 생각나게 하다　30 ruler 통치자　approach 다가오다
have power over ~ : ~을 지배하다　31 require 명령하다

66

월 일

포도나무와 가지

요한복음 15:1-8

새찬송 446장 | 통일 500장

• 먼저 묵상을 위한 기도를 드린 후, 성경 본문을 2번 이상 읽고 묵상하십시오.

본문요약 | 예수님이 포도나무와 농부, 그리고 가지의 비유를 들어 자신과 성도의 관계를 설명하신다. 성도는 참 포도나무 되신 예수 그리스도 안에 거할 때 열매를 맺을 수 있다. 그렇지 않으면 심판을 받게 된다. 또한 주님 안에서 기도응답도 받게 된다. 그러나 인위적으로 열매를 추구하기보다는 주님과의 관계가 올바로 되면 열매는 저절로 맺히는 법이다.

개역개정

1 나는 참 포도나무요 내 아버지는 농부라
2 무릇 내게 붙어 있어 열매를 맺지 아니하
는 가지는 아버지께서 그것을 제거해 버
리시고 무릇 열매를 맺는 가지는 더 열매
를 맺게 하려 하여 그것을 깨끗하게 하시
느니라
3 너희는 내가 일러준 말로 이미 깨끗하여
졌으니
4 내 안에 거하라 나도 너희 안에 거하리라
가지가 포도나무에 붙어 있지 아니하면 스
스로 열매를 맺을 수 없음같이 너희도 내
안에 있지 아니하면 그러하리라
5 나는 포도나무요 너희는 가지라 그가 내
안에, 내가 그 안에 거하면 사람이 열매를
많이 맺나니 나를 떠나서는 너희가 아무것
도 할 수 없음이라
6 사람이 내 안에 거하지 아니하면 가지처럼
밖에 버려져 마르나니 사람들이 그것을 모
아다가 불에 던져 사르느니라
7 너희가 내 안에 거하고 내 말이 너희 안에
거하면 무엇이든지 원하는 대로 구하라 그
리하면 이루리라
8 너희가 열매를 많이 맺으면 내 아버지께
서 영광을 받으실 것이요 너희는 내 제자
가 되리라

1. 본문에 나타난 예수님은 어떤 분이십니까?

2. 오늘 하나님께서 나에게 주신 깨달음은 무엇입니까?

3. 말씀을 어떻게 내 삶에 구체적으로 적용해야 합니까?

절별 해설

2-3 너희는 내가 일러준 말로 이미 깨끗하여졌으니 그리스도의 말씀은 곧 하나님의 말씀이다(3:34). 따라서 넓게 해석해 본 절의 그리스도의 말씀을 하나님의 말씀인 성경 전체로 보아도 무방하다. 성도의 삶에서 하나님의 말씀은 더 많은 열매를 맺게 하기 위해 성도를 거룩하게 하는 역할을 한다. 과정은 이렇다. 하나님의 말씀이 우리의 복잡한 세상적인 생각을 정리하게 해주며, 죄를 깨닫게 도와준다. 또한 우리의 시선을 하나님께 집중하도록 만들어 믿음과 신앙으로 살아갈 수 있게 해준다.

4-6 내 안에 거하라 '거하다'는 '계속해서 머문다'라는 뜻으로, 일시적인 신앙이 아니라(참고. 마 13:19-22), 영구적이고 지속적인 상태를 의미한다. 이 단어는 본문에서 반복해서 핵심적으로 쓰였다(5,6,7,9,10절). 그만큼 중요한 단어이다. 원래 포도나무는 열매가 목적인 나무이다. 그 특성상 목재로서의 가치가 없기 때문이다. 그런데도 본문에는 '열매를 맺어라'가 아니라 '내 안에 거하라'가 강조되어 있다. 즉, 열매가 아니라 주님과의 관계가 우선시되어 있다. 주님 안에 거하고 그 주님과의 관계가 올바르고 분명하면 열매는 저절로 열리는 법이다. 그러므로 신앙생활에서 성공, 능력, 부요함 등의 열매를 목표로 하는 것은 대단히 위험하다. 주님 없는 열매도 얼마든지 가능하기 때문이다(참고. 마 7:21-23). 성도는 주님 안에 머물며 주님과의 바른 관계에 집중해야 한다.

7 무엇이든지 원하는 대로 구하라 그리하면 이루리라 우리가 주님과 바른 관계 안에 있으면 기도하는 모든 내용이 응답받는다는 말씀이다. 물론 이 말씀은 분별이 필요하다. 바울은 그 누구보다 주님과 가까웠지만, 그의 기도 중 어떤 것은 응답되지 않았다(고후 12:7-10). 그러나 그 경우 주님이 응답하지 않으신 것이 아니었다. 바울이 생각한 대로 응답이 되지 않았을 뿐, 분명히 응답하셨다(고후 12:9). 주님이 말씀하신 것처럼 우리의 모든 기도는 응답된다. 그러나 잘 아는 것처럼 기도응답에는 기도한 그대로 되는 것과 안 되는 것, 그리고 지체되는 것의 세 가지 형태가 모두 존재한다는 사실도 명심하자.

8 너희가 열매를 많이 맺으면 주님은 우리가 신앙생활을 통해 각종 많은 열매를 맺길 원하신다. 그러나 앞에서 묵상한 것처럼 그 열매를 위해 수단과 방법을 가리지 않는 것은 잘못이다. 제대로 된 방법으로 열매를 맺어야 한다. 참고로 성경은 신앙인격과 관련된 영적인 열매를 강조한다는 사실도 기억할 필요가 있다(참고. 갈 5:22-23).

쉬운성경

1 "나는 참포도나무요, 내 아버지는 정원사이시다.

2 내 안에서 열매 맺지 못하는 가지마다 아버지께서 잘라 내시고, 열매 맺는 가지는 더 많은 열매를 맺게 하려고 깨끗하게 다듬으신다.

3 너희는 내가 너희에게 해 준 말 때문에 이미 깨끗하게 되었다.

4 내 안에 있어라. 그러면 나도 너희 안에 있겠다. 가지가 포도나무에 붙어 있지 않으면 가지 스스로 열매를 맺을 수 없듯이, 너희도 내 안에 있지 않으면 스스로는 열매를 맺을 수 없다."

5 "나는 포도나무요, 너희는 가지다. 사람이 내 안에 있고 내가 그 안에 있으면, 그는 열매를 많이 맺는다. 그러나 나를 떠나서는 너희가 아무것도 할 수 없다.

6 누구든지 내 안에 있지 않으면, 그 사람은 꺾여서 말라 버리는 가지와 같다. 사람들이 그 마른 가지를 주워다 불에 던져 태워 버릴 것이다.

7 너희가 내 안에 있고 내 말이 너희 안에 있으면, 무엇이든지 원하는 대로 구하여라. 그리하면 너희에게 이루어질 것이다.

8 너희가 열매를 많이 맺어 내 제자인 것을 나타내면 이것으로 내 아버지께서는 영광을 받으신다.

저자의 메시지

예수님은 제자들에게 고별설교를 하시면서 '포도나무 비유'를 말씀하셨다. 그래서 이 비유에는 신앙의 핵심적인 교훈이 들어 있다. 그런데 본문에는 '열매를 맺어라'라는 명령이 없다. 대신 예수님은 '내 안에 거하라'라고 하셨다. 그것은 주님 안에 거하면 열매는 저절로 맺히기 때문이다. 열매 자체에 집중할 필요가 없다. 이 순서는 우리의 신앙생활에서도 매우 중요하다. 프랑스의 한 작가가 이런 말을 한 적이 있다. "우리는 성공을 추구할 필요가 없다. 자신이 하는 일을 즐기다 보면 부와 성공은 저절로 찾아온다." 그러나 사람들은 열매를 원한다. 예수 믿고 그 뒤에 따라오는 성공을 원한다. 물론 잘못된 기대만은 아니다. 사실인 경우가 많기 때문이다. 그럼에도 문제가 되는 것은 오늘날 많은 사람들이 주님과의 바른 관계보다는 신앙을 이용한 성공에 집착한다는 점이다. 세상에서의 성공 여부로 어떤 사람의 신앙인격을 판단하는 지경에까지 이르렀다. 바른 신앙생활의 기준이 세상에서의 성공이 되어 버렸다. 성공은 귀한 것이지만 이 정도가 되면 위험하다. 예수님과 깊은 관계 안에 있어도 세상에서 어려움을 맛볼 수 있다는 것이 성경의 가르침이기 때문이다. 스데반은 예수님을 잘 믿다가 돌에 맞아 순교하지 않았는가! 그러므로 획일적으로 세상적 성공과 부와 명예를 우리 신앙생활의 기준으로 삼아선 안 된다. 성공이 아니라 주님과의 바른 인격적 교제를 즐기다 보면 성공은 저절로 찾아오는 것이다. 이것이 바른 순서이며 이런 열매가 아름답다. 당신은 무엇을 추구하고 있는가?

무릎기도 | 주님, 주님과의 깊은 교제 가운데 머무르게 하소서. 열매와 성공에 집착하는 것이 아니라 당신께 집중하도록 도우소서. 바른 관계에서 나오는 열매를 거두게 하소서.

NLT

1 "I am the true grapevine, and my Father is the gardener.
2 He cuts off every branch of mine that doesn't produce fruit, and he prunes the branches that do bear fruit so they will produce even more.
3 You have already been pruned and purified by the message I have given you.
4 Remain in me, and I will remain in you. For a branch cannot produce fruit if it is severed from the vine, and you cannot be fruitful unless you remain in me.
5 "Yes, I am the vine; you are the branches. Those who remain in me, and I in them, will produce much fruit. For apart from me you can do nothing.
6 Anyone who does not remain in me is thrown away like a useless branch and withers. Such branches are gathered into a pile to be burned.
7 But if you remain in me and my words remain in you, you may ask for anything you want, and it will be granted!
8 When you produce much fruit, you are my true disciples. This brings great glory to my Father.

1 grapevine 포도나무 2 prune 가지치다 bear fruit : 열매를 맺다 3 purify 깨끗이 하다, 맑게 하다
4 sever 절단하다, 자르다 fruitful 열매를 많이 맺는 5 apart from ~ : ~과는 별도로 6 wither 시들다
gathered into a pile : 산더미처럼 쌓인

67

월 일

사랑 안에 거하라

요한복음 15:9-17

새찬송 299장 | 통일 418장

• 먼저 묵상을 위한 기도를 드린 후, 성경 본문을 2번 이상 읽고 묵상하십시오.

본문요약 | 제자들에게 자신 안에 거하라고 말씀하신 예수님은 더 구체적으로 당신의 사랑 안에 거하라고 말씀하신다. 주님의 계명을 지키는 것이 그 사랑 안에 거하는 것이며, 그럴 때 성도는 기쁨이 충만하게 된다. 주님은 우리를 친구로 대하셨고, 그리스도의 사랑으로 서로 사랑하라 명하셨다. 우리는 사랑하기 위해 부름받은 존재이다.

개역개정

9 아버지께서 나를 사랑하신 것같이 나도 너
희를 사랑하였으니 나의 사랑 안에 거하라
10 내가 아버지의 계명을 지켜 그의 사랑 안
에 거하는 것같이 너희도 내 계명을 지키
면 내 사랑 안에 거하리라
11 내가 이것을 너희에게 이름은 내 기쁨이
너희 안에 있어 너희 기쁨을 충만하게 하
려 함이라
12 내 계명은 곧 내가 너희를 사랑한 것같이
너희도 서로 사랑하라 하는 이것이니라
13 사람이 친구를 위하여 자기 목숨을 버리면
이보다 더 큰 사랑이 없나니
14 너희는 내가 명하는 대로 행하면 곧 나의
친구라
15 이제부터는 너희를 종이라 하지 아니하리
니 종은 주인이 하는 것을 알지 못함이라
너희를 친구라 하였노니 내가 내 아버지께
들은 것을 다 너희에게 알게 하였음이라
16 너희가 나를 택한 것이 아니요 내가 너희
를 택하여 세웠나니 이는 너희로 가서 열
매를 맺게 하고 또 너희 열매가 항상 있게
하여 내 이름으로 아버지께 무엇을 구하든
지 다 받게 하려 함이라
17 내가 이것을 너희에게 명함은 너희로 서로
사랑하게 하려 함이라

1. 본문에 나타난 예수님은 어떤 분이십니까?

2. 오늘 하나님께서 나에게 주신 깨달음은 무엇입니까?

3. 말씀을 어떻게 내 삶에 구체적으로 적용해야 합니까?

절별 해설

9 나의 사랑 안에 거하라 앞에서 포도나무와 가지의 관계를 빌어 '내 안에 거하라'고 말씀하신 예수님(1-7절)이 이번에는 구체적으로 당신의 사랑 안에 거하라고 말씀하신다. '거하다'라는 단어는 앞서 설명했듯이(4-6절) 지속성을 강조하는 표현이다. 잠시 주님의 사랑을 체험하는 것이 아니라 그 안에 오래 지속적으로 머물러야 한다. 사랑을 받아본 사람이 사랑하는 법이다. 음식도 먹어본 사람이 그 맛을 안다. 진정한 사랑을 이웃과 나누기 위해서는 주님의 사랑을 체험해야 하며, 그러기 위해서는 일시적으로가 아니라 지속적으로 그분의 사랑 안에 머물러야만 한다.

10 너희도 내 계명을 지키면 내 사랑 안에 거하리라 예수님은 더 구체적으로 자신의 계명을 지키면 당신의 사랑 안에 거하게 될 것이라고 말씀하셨다. 그 때문에 교회는 은혜를 말하는 만큼 말씀을 지키는 것도 강조해야 한다. 말씀을 지키는 것은 부담이 아니다. 율법주의적인 것도 아니다. 주님의 사랑 안에 거하는 방법이다. 그러므로 말씀을 많이 공부해서 그 말씀을 알고 실천하는 사람은 절대로 사랑이 없는 굳은 사람이 될 수 없다. 당시 유대인의 선생이었던 바리새인들은 말씀을 안다고 하면서도 사랑이 없고 그 말씀으로 남을 정죄하기까지 했다(참고. 눅 18:9-14). 결국 계명을 제대로 지키지 못한 것이다. 성경을 많이 알고 지키는 사람은 사랑이 더 많을 수밖에 없다. 이것으로 계명을 제대로 알고 지키는지 여부를 판별할 수 있다.

11 너희 기쁨을 충만하게 하려 함이라 말씀을 지키는 것은 사람들의 생각처럼 무겁고 힘든 일이 아니다. 주님은 그분의 말씀을 지키면 우리에게 기쁨이 '충만하게 된다'고 말씀하셨다. 신앙의 초보 단계에서는 말씀 준수가 답답하게 느껴질 수 있다. 그러나 신앙이 깊어질수록 말씀이 인생을 진정으로 쉽고, 자유롭게 하며, 가볍게 만들어 준다는 사실을 깨닫게 된다(신 30:11-14;마 11:28-30).

12-13 내가 너희를 사랑한 것같이 너희도 서로 사랑하라 자신의 계명을 지킴으로 당신의 사랑 안에 머무르라고 말씀하신 예수님은 이번에는 우리에게 서로 사랑하라고 명하신다. 주님의 사랑을 체험한 사람은 다른 사람을 사랑함으로 귀결되어야 한다. 그리고 그 사랑의 방법은 '내가 너희를 사랑한 것같이'이다. 즉, 주님의 희생적 사랑으로 사랑해야 한다. 그럴 때 우리는 주님의 친구가 된다(14-15절). 성도의 사랑은 서로가 수단이 아닌 목적이 되는 희생적 사랑이어야 한다. 대가를 바라는 사랑이 되어서는 안 된다.

쉬운성경

9 아버지께서 나를 사랑하신 것같이 나도 너희를 사랑하였다. 이제 내 사랑 안에 머물러 있어라.

10 내가 내 아버지의 계명을 지켰고 그의 사랑 안에 있는 것처럼 너희가 내 계명을 지키면, 내 사랑 안에 있을 것이다."

11 "내가 이것을 너희에게 말한 것은 나의 기쁨이 너희 안에 있어 너희 기쁨이 가득 넘치게 하려는 것이다.

12 내가 너희를 사랑한 것같이, 너희도 서로 사랑하라. 이것이 바로 내 계명이다.

13 사람이 자기 친구를 위해 자기 목숨을 내놓는 것보다 더 큰 사랑은 없다.

14 내가 너희에게 명하는 것을 행하면, 너희는 내 친구다.

15 이제 내가 너희를 더 이상 종이라고 부르지 않겠다. 종은 주인이 하는 일을 알지 못한다. 방금 전에 나는 너희를 친구라고 불렀다. 왜냐하면 내가 아버지께 들은 것을 다 너희에게 알게 하였기 때문이다.

16 너희가 나를 택한 것이 아니라 내가 너희를 택하여 세웠다. 그것은 너희가 가서 열매를 맺고, 너희 열매가 항상 있게 하기 위해서이다. 그래서 내 이름으로 구하는 것은 무엇이든지 아버지께서 너희에게 주실 것이다.

17 내 계명은 이것이다. 서로 사랑하여라."

저자의 메시지

벼는 익을수록 고개를 숙이고 공부를 많이 한 사람은 더욱 자신의 무지를 깨닫고 겸손해지듯이, 말씀을 제대로 알고 지키는 사람은 주님의 사랑을 깨닫고 겸손해질 수밖에 없다. 그것은 주님의 계명을 지킬수록 인간의 무능을 깨닫게 되고, 그런 자신을 사랑하신 주님의 사랑을 배우게 되기 때문이다. 그러므로 말씀 안에 거하는 사람은 부족한 인간을 향한 주님의 사랑을 깨닫는 동시에 다른 사람을 사랑하게 된다(12절). 성경을 많이 안다는 사람들 중에 바리새인들처럼 자신이 알고 행하는 지식으로 남을 판단하고 정죄하는 사람들이 있다. 그러나 그것은 진정으로 말씀 안에 거하는 삶이 아니다. 계명 안에 거하는 사람은 사랑이 많을 수밖에 없다. 처음에는 자신이 배운 말씀으로 남을 판단하다가도 이내 부족한 자신을 향한 주님의 사랑을 깨닫게 되기 때문이다. 그래서 다른 사람에 대해 긍휼과 인내의 마음을 갖게 되기 때문이다. 이것이 올바른 신앙의 상태이다. 당신은 어떠한가?

주님은 그분의 사랑 안에 거하라고 초청하셨다. 여기서 '거하다'라는 말에 집중해야 한다. 일시적인 헌신이 아니라 계속해서 주님의 계명을 지킬 때 그분의 사랑을 체험하게 된다는 말씀이다. 조금 해보고 바로 판단하는 사람들이 있다. 몇 년 해보고 신앙생활을 그만두는 사람들도 있다. 그러면 안 된다. 아예 머물러야 한다. 지속적으로 살아야 한다. 그래야 결국 주님의 사랑을 만나게 될 것이다.

무릎 기도 주님, 주님의 말씀을 통하여 당신의 사랑 안에 거하게 하소서. 그 사랑 안에 잠시가 아닌 평생 거하게 하소서. 그럼으로써 다른 사람을 온전히 사랑하게 하소서.

NLT

9 "I have loved you even as the Father has loved me. Remain in my love.
10 When you obey my commandments, you remain in my love, just as I obey my Father's commandments and remain in his love.
11 I have told you these things so that you will be filled with my joy. Yes, your joy will overflow!
12 This is my commandment: Love each other in the same way I have loved you.
13 There is no greater love than to lay down one's life for one's friends.
14 You are my friends if you do what I command.
15 I no longer call you slaves, because a master doesn't confide in his slaves. Now you are my friends, since I have told you everything the Father told me.
16 You didn't choose me. I chose you. I appointed you to go and produce lasting fruit, so that the Father will give you whatever you ask for, using my name.
17 This is my command: Love each other.

10 commandment 계명 11 be filled with ~ : ~으로 가득 차다 overflow 넘쳐 흐르다 13 lay down one's life : ~의 생명을 던지다 14 command 명령하다 15 slave 종, 하인 confide 신뢰하다 16 appoint 지명하다

68

월 일

세상으로부터 받게 될 미움

요한복음 15:18-27

새찬송 503장 | 통일 373장

• 먼저 묵상을 위한 기도를 드린 후, 성경 본문을 2번 이상 읽고 묵상하십시오.

본문요약 | 예수님은 제자들에게 세상으로부터 받게 될 미움에 대해서도 말씀하신다. 그것은 제자들이 세상에 속하지 않고 주님께 속했기 때문이다. 예수님은 세상에 자신이 하나님의 아들 되신 많은 증거를 보이셨지만, 그럼에도 세상은 그분을 미워했다. 그러므로 그들의 죄는 더욱 무거울 것이다. 어두운 세상은 필연적으로 빛을 미워한다.

개역개정

18 세상이 너희를 미워하면 너희보다 먼저 나
를 미워한 줄을 알라
19 너희가 세상에 속하였으면 세상이 자기의
것을 사랑할 것이나 너희는 세상에 속한
자가 아니요 도리어 내가 너희를 세상에
서 택하였기 때문에 세상이 너희를 미워
하느니라
20 내가 너희에게 종이 주인보다 더 크지 못
하다 한 말을 기억하라 사람들이 나를 박
해하였은즉 너희도 박해할 것이요 내 말을
지켰은즉 너희 말도 지킬 것이라
21 그러나 사람들이 내 이름으로 말미암아 이
모든 일을 너희에게 하리니 이는 나를 보
내신 이를 알지 못함이라
22 내가 와서 그들에게 말하지 아니하였더라
면 죄가 없었으려니와 지금은 그 죄를 핑
계할 수 없느니라
23 나를 미워하는 자는 또 내 아버지를 미워
하느니라
24 내가 아무도 못한 일을 그들 중에서 하지
아니하였더라면 그들에게 죄가 없었으려
니와 지금은 그들이 나와 내 아버지를 보
았고 또 미워하였도다
25 그러나 이는 그들의 율법에 ㄱ기록된 바 그
들이 이유 없이 나를 미워하였다 한 말을
응하게 하려 함이라
26 내가 아버지께로부터 너희에게 보낼 보
혜사 곧 아버지께로부터 나오시는 진리의
성령이 오실 때에 그가 나를 증언하실 것
이요
27 너희도 처음부터 나와 함께 있었으므로 증
언하느니라

ㄱ. 시 35:19; 69:4

1. 본문에 나타난 예수님은 어떤 분이십니까?

2. 오늘 하나님께서 나에게 주신 깨달음은 무엇입니까?

3. 말씀을 어떻게 내 삶에 구체적으로 적용해야 합니까?

절별 해설

18 세상이 너희를 미워하면 앞에서 사랑을 말씀하셨던 예수님(9-17절)은 제자들이 세상으로부터 미움도 받게 될 것을 말씀하셨다. 여기서 '세상'은 예수 그리스도를 인정하지 않는 영역이나 세력을 말한다(참고. 엡 2:1-3). 성도들이 주님의 계명 안에서 서로 사랑해야 하는(17절) 이유는 세상이 우리를 미워하기 때문이기도 하다. 사랑 없는 세상 속에서 성도들은 서로 위로하고 힘이 되어 주며 사랑해야 한다. 이에 대해 바울도 모든 사람에게 선을 행해야 하지만, 특히 믿음의 가정에 그렇게 하라고 권면했다(갈 6:10).

19 너희는 세상에 속한 자가 아니요 도리어 내가 너희를 세상에서 택하였기 때문에 세상이 너희를 미워하느니라 세상이 성도를 미워하는 이유는 다름 아니라 우리가 세상에 속하지 않고 주님께 속했기 때문이다. 주님께 속한 사람은 의를 행하며 필연적으로 죄를 미워한다. 그 때문에 죄로 가득 찬 세상은 당연히 이런 성도들을 싫어하고 미워하는 것이다. 그러므로 신앙생활에서 불신자들과 어느 정도 갈등이 있는 것은 당연하다. 서로 속한 영역이 다르기 때문이다. 오히려 세상과 아무런 갈등이 없는 신앙이 더 문제이다. 세상 속에서 불신자와 전혀 차이 없는 삶을 살기 때문에 갈등이 없는 건 아닌지 점검해봐야 한다.

20-21 사람들이 내 이름으로 말미암아 이 모든 일을 너희에게 하리니 세상은 주님도 핍박했다. 아무런 잘못이 없으셨던 주님을 십자가에 못 박아 죽였다. 따라서 주님도 몰라본 세상이 그분의 제자인 성도를 핍박하는 것은 당연하고 필연적이다. 우리가 주님의 교훈대로 살기 때문이다. 그러므로 주님의 말씀을 따라 의를 행하다가 세상으로부터 미움을 사더라도 낙심해서는 안 된다. 말씀대로 사는 것을 포기하지 말아야 한다.

22-24 지금은 그 죄를 핑계할 수 없느니라 예수님은 이 땅에 계실 때 자신이 하나님의 아들임을 말씀과 행동으로 충분히 드러내시고 증명하셨다. 이제까지 아무도 행한 적이 없는 일들을 행하셨다. '오병이어'의 기적을 통해 오천 명을 먹이셨고, 죽은 지 나흘이나 된 냄새나는 나사로를 살리기도 하셨다. 그러나 이렇게 충분한 증거에도 주님을 배척한 세상은 그 죄가 무거울 수밖에 없다. 하나님의 심판은 의롭다. 그것은 충분한 근거와 증거를 주신 후 이루어지는 것이기 때문이다.

26-27 진리의 성령이 오실 때에 그가 나를 증언하실 것이요 세상이 성도를 미워해도 성도의 능력은 제한되지 않을 것이다. 왜냐하면 성령이 오셔서 우리의 증인 됨을 도우실 것이기 때문이다. 우리의 능력만으로는 세상을 이길 수 없다. 성령 충만한 능력을 입도록 힘써야 한다(엡 5:15-20).

쉬운성경

18 "세상이 너희를 미워하면, 너희보다 먼저 나를 미워한 줄 알아라.

19 너희가 세상에 속하였으면, 세상이 너희를 자기 것이라고 사랑할 것이다. 그러나 너희가 세상에 속하지 아니하고, 내가 너희를 세상에서 선택하였으므로 세상은 너희를 미워할 것이다.

20 내가 너희에게 '종이 주인보다 더 크지 않다'고 한 말을 기억하여라. 사람들이 나를 핍박하였다면, 너희도 핍박할 것이다. 그들이 내 교훈을 지켰다면, 너희의 교훈도 지킬 것이다.

21 그러나 그들이 나를 보내신 분을 알지 못하므로, 내 이름 때문에 너희를 이런 식으로 대할 것이다.

22 내가 와서 그들에게 말하지 않았더라면, 그들에게는 죄가 없었을 것이다. 그러나 지금은 그들이 자기들이 지은 죄에 대하여 핑계할 수 없게 되었다.

23 나를 미워하는 사람은 내 아버지도 미워한다.

24 내가 아무도 하지 않은 일을 그들 가운데서 행하지 않았다면, 그들에게 죄가 없었을 것이다. 그러나 이제 그들이 내가 한 일을 보고서도 나와 내 아버지를 미워하였다.

25 이렇게 된 것은 율법에 기록된 대로 '그들이 이유 없이 나를 미워하였다'라는 말씀이 성취되기 위해서이다."

26 "내가 너희에게 보낼 보혜사, 곧 아버지께로부터 오시는 진리의 성령이 오시면, 그가 나에 관해 증언하실 것이다.

27 그리고 너희도 처음부터 나와 함께 있었으므로 나를 증언해야 할 것이다."

저자의 메시지

앞에서 성도 간의 사랑을 말씀하신 예수님(9-17절)은 제자들이 세상으로부터 받게 될 미움에 대해서도 언급하셨다. 믿는 자들이 서로 사랑해야 하는 이유 중 하나도 세상에서 미움을 받기 때문이다. 그러므로 사랑 없는 세상 속에서 믿는 자들은 서로에게 위로와 힘이 되어야 한다. 성도들이 모인 교회는 세상에서 지친 영혼들의 안식처가 되어야 한다. 또 다른 스트레스를 받는 장소가 되어서는 안 된다. 교회는 말씀으로 은혜 받고 성도 간에 아름다운 교제가 일어나는 곳이어야 한다. 만약 교회 안에 시기와 미움이 가득하고 성도 간에 서로 상처를 주고받으며 다른 사람을 정죄한다면 그것만큼 불행한 일은 없다. 그렇다면 우리는 세상과 교회 그 어느 곳에서도 사랑받지 못하고 오갈 데 없는 신세가 될 것이다. 가끔 교회에도 사랑이 없다는 말이 들려온다. 분쟁과 미움이 있다는 소문이 들려온다. 오늘의 말씀을 귀담아들어야 할 것이다.

세상이 예수님의 제자들을 미워하는 이유는 우리에게 특별한 흠이 있어서가 아니다. 오직 우리가 주님께 속하였고 그들에게 속하지 않았다는 이유 때문이다. 성도는 주님을 모르고 죄를 쫓아 살아가는 세상 사람들처럼 살지 않는다. 주님의 교훈을 따라 의를 행하며 죄를 멀리한다. 그 때문에 성도로서의 삶을 제대로 살아가면 갈수록 세상으로부터의 미움은 심해지고 어려움과 갈등은 깊어질 것이다. 그렇다고 해도 놀라거나 낙심할 필요가 없다. 그것은 우리가 제대로 하고 있다는 증거일 뿐이다. 오히려 갈등이 없다면, 혹시 그들과 아무 차이가 없어서 어떤 갈등도 없는 것은 아닌지 반성해봐야 한다.

무릎기도 주님, 모든 사람을 사랑하되 세상에서 시달리는 믿음의 형제·자매들을 특히 사랑하도록 도와주소서. 제가 그들에게 위로와 힘을 전달하는 사랑의 전령이 되게 하소서.

NLT

18 "If the world hates you, remember that it hated me first.

19 The world would love you as one of its own if you belonged to it, but you are no longer part of the world. I chose you to come out of the world, so it hates you.

20 Do you remember what I told you? 'A slave is not greater than the master.' Since they persecuted me, naturally they will persecute you. And if they had listened to me, they would listen to you.

21 They will do all this to you because of me, for they have rejected the one who sent me.

22 They would not be guilty if I had not come and spoken to them. But now they have no excuse for their sin.

23 Anyone who hates me also hates my Father.

24 If I hadn't done such miraculous signs among them that no one else could do, they would not be guilty. But as it is, they have seen everything I did, yet they still hate me and my Father.

25 This fulfills what is written in their Scriptures*: 'They hated me without cause.'

26 "But I will send you the Advocate*—the Spirit of truth. He will come to you from the Father and will testify all about me.

27 And you must also testify about me because you have been with me from the beginning of my ministry.

* 15:25 Greek *in their law.* Ps 35:19; 69:4.
* 15:26 Or *Comforter,* or *Encourager,* or *Counselor.* Greek reads *Paraclete.*

19 come out of ~ : ~에서 벗어나다　20 slave 종, 하인　persecute 핍박하다　21 reject 거절하다
22 guilty 죄 있는　excuse 변명, 핑계　25 fulfill 성취시키다, 이행하다　26 testify 증언하다　27 ministry 사역, 목회

69

월 일

제자들이 당할 핍박

요한복음 16:1-6

새찬송 336장 | 통일 383장

• 먼저 묵상을 위한 기도를 드린 후, 성경 본문을 2번 이상 읽고 묵상하십시오.

본문요약 | 예수님은 제자들의 믿음을 굳게 하시고 그들을 실족하지 않게 하시기 위해 장차 그들에게 임할 핍박에 대해 언급하신다. 잘못된 열심을 가진 사람들이 제자들을 쫓아내고 죽일 것이다. 이 말씀을 들은 제자들은 주님이 가시는 길보다 자신들에게 닥쳐올 문제만 걱정한다. 주님은 듣기 좋은 거짓 약속이 아니라 제자가 되는 어려움에 대해 말씀하셨다.

개역개정

1 내가 이것을 너희에게 이름은 너희로 실족하지 않게 하려 함이니

2 사람들이 너희를 출교할 뿐 아니라 때가 이르면 무릇 너희를 죽이는 자가 생각하기를 이것이 하나님을 섬기는 일이라 하리라

3 그들이 이런 일을 할 것은 아버지와 나를 알지 못함이라

4 오직 너희에게 이 말을 한 것은 너희로 그 때를 당하면 내가 너희에게 말한 이것을 기억나게 하려 함이요 처음부터 이 말을 하지 아니한 것은 내가 너희와 함께 있었음이라

5 지금 내가 나를 보내신 이에게로 가는데 너희 중에서 나더러 어디로 가는지 묻는 자가 없고

6 도리어 내가 이 말을 하므로 너희 마음에 근심이 가득하였도다

1. 본문에 나타난 예수님은 어떤 분이십니까?

2. 오늘 하나님께서 나에게 주신 깨달음은 무엇입니까?

3. 말씀을 어떻게 내 삶에 구체적으로 적용해야 합니까?

절별 해설

1-2 너희로 실족하지 않게 하려 함이니 예수님은 앞 장에서 세상이 제자들을 미워할 것이란 말씀을 하셨다(15:18-27). 그런 말씀을 하신 이유는 제자들의 믿음을 굳게 하시고 그들을 실족하지 않게 하시기 위해서였다. 그리고 본문에서 예수님은 더 구체적으로 제자들이 회당에서 쫓겨나고(출교), 심지어 죽게 될 것이라고 말씀하신다. 당시 '출교'는 종교적으로만이 아니라 사회적, 경제적인 모든 관계의 단절로 사실상의 죽음을 의미했다. 주님은 듣기에 좋고 달콤한 거짓 약속으로 제자들의 믿음을 굳게 하시지 않고 제자 됨의 실상과 어려움에 대해서 강조하셨다. 기독교는 달콤한 미래만 약속하지 않는다. 제자가 되는 어려움에 대해 숨기지도 않는다. 이것이 진정한 종교의 특징이다.

너희를 죽이는 자가 생각하기를 이것이 하나님을 섬기는 일이라 당시 유대인들 가운데는 '열혈당원'이라 불리는 사람들이 있었다. 하나님을 위해 이단들을 척결하는 충성을 보였던 사람들이다(행 23:12-16). 바울도 예수님을 알기 전에는 같은 이유로 기독교를 박해했다(행 26:9-12;빌 3:6). 그들은 하나님을 위한다는 명목으로 예수님을 죽이고 그 제자들까지 핍박한 것이다. 영적 무지가 가져온 현상이다. 더 무서운 것은 자기가 영적으로 무지하다는 것조차 모르는 것이다. 가장 분명하게 옳다고 생각할 때가 가장 분명하게 틀린 순간일 수도 있다는 것을 기억해야 한다. 성도는 늘 자신을 살펴야 한다(참고. 시 26:1-2;고후 13:5).

4 그때를 당하면 내가 너희에게 말한 이것을 기억나게 하려 함이요 예수님은 제자들에게 닥칠 고난을 근본적으로 해결하겠다고 하신 것이 아니었다. 대신 준비만 시켜 주신다. 성령님도 우리를 인도하시고 도우시며 보호하신다. 그러나 그분이 아예 모든 어려움을 없애 주시는 것은 아니다(13절;마 10:17-20). 능력이 없으셔서가 아니다. 사실 어떤 어려움은 면하게도 해주신다(고전 10:13). 그러나 성경은 성도에게 고통이나 어려움 자체가 없다고 말하지 않는다. 성도로 살아도 어려움은 존재한다. 그것은 고난이 유익이며(시 119:71), 온전한 신앙을 만들어 내기 때문이다(약 1:2-4).

5-6 너희 마음에 근심이 가득하였도다 예수님의 말씀을 들은 제자들은 주님이 가시는 길보다는 주님이 안 계실 때 자신들에게 닥쳐올 어려움만 걱정했다. '어디로 가시나이까?'라는 베드로와 도마의 질문(13:36;14:5)도 주님이 가시는 길에 대한 이해가 없는 막연한 질문이었을 뿐이다. 너무 자신의 문제에만 빠져 있으면 주님의 길이 보이지 않는다. 오히려 현재의 나를 벗어나 눈을 멀리 들면 주님의 길이 보이고 진정한 해결책이 보이기 시작할 것이다(시 121:2).

쉬운성경

1 "내가 너희에게 이 말을 하는 것은, 너희 믿음이 흔들리지 않게 하기 위함이다.

2 사람들이 너희를 회당에서 쫓아낼 것이다. 그뿐만 아니라 너희를 죽이는 사람마다 자기가 하나님을 섬기고 있다고 생각할 때가 올 것이다.

3 그들은 아버지나 나를 알지 못하기 때문에 이런 일을 행할 것이다.

4 내가 지금 너희에게 이 말을 하는 것은, 그때가 되면 너희로 하여금 내가 너희에게 일러 준 말을 생각나게 하려는 것이다. 내가 처음부터 너희에게 이 말을 하지 않은 것은, 지금까지 내가 너희와 함께 있었기 때문이다."

5 "이제 나는 나를 보내신 분에게로 간다. 그러나 너희 중에서 나에게 '어디로 가십니까?'라고 묻는 사람이 없다.

6 하지만 내가 이런 말을 하므로 너희 마음에는 슬픔이 가득하다.

저자의 메시지

예수님은 제자들의 믿음을 굳게 하시고 실족치 않게 하시기 위해서 장차 그들에게 있을 어려움을 미리 경고하셨다. 고별설교 전체(14-17장)를 통해서도 제자들이 주님을 통해서 얻게 될 이익이나 성공보다는 어려움에 대해 말씀하셨다. 제자들의 믿음을 굳게 하시는 방법으로 거짓 약속이나 달콤한 장밋빛 전망을 언급하신 것이 아니라 실상을 말씀하신 것이다. 거짓 종교일수록 달콤한 것을 약속한다. 성공, 부유함, 건강 등을 약속한다. 물론 진정한 신앙 안에도 이런 것들은 다 있다. 그러나 그런 것들만 지나치게 강조하는 것은 거짓 종교이다. 오히려 주님은 많은 부분을 할애하셔서 제자 되는 것의 어려움을 말씀하셨다. 그러므로 믿을 때 받게 되는 반대급부와 이익을 앞세우는 것은 거짓 종교이며 이단사상임을 기억해야 한다. 사은품이 많을수록 본 상품의 가치를 의심해봐야 하듯이, 인간적인 문제해결을 슬로건으로 내세우며 나오는 모든 사상은 이단일 가능성이 높다. 그런데 요즘 기독교 안에도 이런 경향이 있다. 성도들도 헌신과 인내보다는 성공과 행복에 대해 듣고 싶어한다. 죄를 드러내어 자신의 실상을 보게 하는 설교보다는 주로 귀를 즐겁게 하고 미래에 대한 밝고 긍정적인 전망을 내놓는 이야기만 듣고 싶어한다. 주님을 믿을 때 내가 세상과 싸워야 하고 죄와 싸워야 하는 내용들보다는 신앙이 가져다줄 이익에만 몰두하는 경향으로 가득한 것이다. 그러나 죄 많은 세상에서 주님의 제자로 살아가는 것이 무엇인지를 근본적으로 재고해볼 필요가 있다.

무릎 기도 | 주님, 당신의 제자로 살아가는 책임을 기억하게 하소서. 많은 복을 허락해 주시는 하나님을 늘 생각하며, 주님을 섬길 때 따르는 고난도 마다하지 않는 인생이 되게 하소서.

NLT

1 "I have told you these things so that you won't abandon your faith.

2 For you will be expelled from the synagogues, and the time is coming when those who kill you will think they are doing a holy service for God.

3 This is because they have never known the Father or me.

4 Yes, I'm telling you these things now, so that when they happen, you will remember my warning. I didn't tell you earlier because I was going to be with you for a while longer.

5 "But now I am going away to the one who sent me, and not one of you is asking where I am going.

6 Instead, you grieve because of what I've told you.

1 so that … will ~ : …이 ~하도록　2 expel from ~ : ~에서 내쫓다　synagogue 회당　holy 신성한, 거룩한
4 warning 경고　6 grieve 몹시 슬퍼하다

70

월 일

성령님이 하시는 일

요한복음 16:7-15

새찬송 195장 | 통일 175장

• 먼저 묵상을 위한 기도를 드린 후, 성경 본문을 2번 이상 읽고 묵상하십시오.

본문요약 | 예수님이 아버지께로 가시면 성령님이 오신다. 성령님은 죄와 의와 심판에 대하여 세상의 잘못을 책망하실 것이다. 성령님의 모든 사역은 예수 그리스도의 사역과 연계해 이루어지며, 또한 성령님은 이를 통해 예수 그리스도를 영광스럽게 하신다. 삼위일체 하나님은 서로를 위하시며 영광스럽게 하신다.

개역개정

7 그러나 내가 너희에게 실상을 말하노니 내
가 떠나가는 것이 너희에게 유익이라 내가
떠나가지 아니하면 보혜사가 너희에게로
오시지 아니할 것이요 가면 내가 그를 너
희에게로 보내리니
8 그가 와서 죄에 대하여, 의에 대하여, 심
판에 대하여 세상을 책망하시리라
9 죄에 대하여라 함은 그들이 나를 믿지 아
니함이요
10 의에 대하여라 함은 내가 아버지께로 가니
너희가 다시 나를 보지 못함이요
11 심판에 대하여라 함은 이 세상 임금이 심
판을 받았음이라
12 내가 아직도 너희에게 이를 것이 많으나
지금은 너희가 감당하지 못하리라
13 그러나 진리의 성령이 오시면 그가 너희를
모든 진리 가운데로 인도하시리니 그가 스
스로 말하지 않고 오직 들은 것을 말하며
장래 일을 너희에게 알리시리라
14 그가 내 영광을 나타내리니 내 것을 가지
고 너희에게 알리시겠음이라
15 무릇 아버지께 있는 것은 다 내 것이라 그
러므로 내가 말하기를 그가 내 것을 가지
고 너희에게 알리시리라 하였노라

1. 본문에 나타난 예수님은 어떤 분이십니까?

2. 오늘 하나님께서 나에게 주신 깨달음은 무엇입니까?

3. 말씀을 어떻게 내 삶에 구체적으로 적용해야 합니까?

절별 해설

7 내가 떠나가지 아니하면 보혜사가 너희에게로 오시지 아니할 것이요 본 절은 주님이 구속사역을 마치시고 인류를 구원할 근거를 마련하신 후 떠나셔야 성령님이 예수님이 이루신 일들을 인간의 구원에 적용하실 것이라는 말씀이다. 이런 의미에서 주님이 떠나가시지 않으면, 즉, 주님의 죽으심과 부활이 없으면 성령님이 오실 수 없는 것이다. 성령님은 오늘도 예수님이 이루신 구원의 일을 인간의 삶에 적용하고 계신다(14절-'내 것을 가지고'). 그러므로 우리가 예수님을 믿는 것 자체가 성령님이 활동하고 계시다는 증거이다(참고. 고전 12:3). 치유와 방언과 같은 신비스러운 영역에서만 성령님의 존재를 찾지 말고, 내 안에 거하시는 성령님과 날마다 교제해야 한다.

8-11 그가 와서 죄에 대하여, 의에 대하여, 심판에 대하여 세상을 책망하시리라 본문은 성령님이 행하실 사역에 대해 설명한다. 그분은 죄와 의와 심판에 대하여 세상이 잘못 생각한 것들을 책망하실 것이다. 여기서 '책망하다'라는 단어는 '밝히 드러내다'라는 의미도 가지고 있다. 한편, 이 부분에 관해서는 여러 가지 해석이 있으나, 본문의 문맥을 따르면 죄, 의, 심판을 예수 그리스도와 관련해서 해석해야 한다. 그것은 성령님의 사역이 예수 그리스도의 사역의 연장선이기 때문이다. 먼저 '죄'는 예수 그리스도를 믿지 않는 것이다. 윤리적·도덕적 죄도 죄이지만, 더 근본적으로 주님을 받아들이지 않는 것이 죄다. '의'란 의로우신 예수 그리스도 자신을 의미하는 것으로, 성령님은 예수님만이 의로우신 분임을 드러내실 것이며, 예수님을 통해서만 인간이 의롭게 되는 사실 또한 드러내실 것이다(참고. 롬 5:1). 그리고 '심판'은 예수님의 구속사역을 통해 이 세상 임금인 마귀가 이미 심판받은 사실을 의미한다(참고. 12:31 절별 해설). 성령님은 이상의 일들을 지금도 우리 삶 속에서 행하고 계신다.

12-13 지금은 너희가 감당하지 못하리라 예수님은 제자들의 이해가 제한적임을 아셨기 때문에 더 많은 말씀이 있음에도 하지 않으셨다. 대신 성령님이 오시면 그분이 차근차근 설명해 주실 것이라고 말씀하셨다. 하나님은 우리를 매우 인격적으로 인도하신다. 한 번에 모든 것을 행하시기보다는 단계적으로 행하신다. 능력이 없으셔서가 아니라 우리가 못 알아듣기 때문이다. 그래서 모든 일이 우리 욕심대로만 이루어지지 않는 것이다.

14-15 그가 내 영광을 나타내리니 예수님이 아버지를 영화롭게 하시듯(17:4) 성령님은 예수님을 영광스럽게 하신다. 완벽하게 서로 위하시며 조화를 이루신다(14:9;16:7). 그러므로 하나님의 형상을 입은 우리도 다양함 속에서 협력하여 선을 이루는 삶을 살아야 한다(빌 2:1-4).

쉬운성경

7 내가 너희에게 진리를 말하겠다. 내가 떠나가는 것이 너희에게 유익하다. 내가 가지 않으면 보혜사가 너희에게 오시지 않을 것이다. 내가 가면 보혜사를 너희에게 보낼 것이다.

8 보혜사가 오시면, 그분은 죄에 대하여, 의에 대하여, 심판에 대하여 세상이 잘못 생각한 것들을 책망하실 것이다.

9 그분은 사람들이 나를 믿지 않은 것이 바로 죄라는 것을 말해 주실 것이며,

10 내가 아버지께로 감으로써 너희가 더 이상 나를 보지 못하는 것이 하나님의 의라는 것을 알려 주실 것이다.

11 이 세상 통치자가 이미 심판을 받았다는 것이 심판에 관하여 그분이 책망하실 내용이다."

12 "내게는 아직 너희에게 할 말이 많이 있지만, 지금은 너희가 그 말을 도저히 이해할 수 없다.

13 그러나 진리의 성령이 오시면, 그분이 너희를 모든 진리 가운데로 인도하실 것이다. 그분은 자기 마음대로 말씀하지 않으시고 그가 들은 것만을 말씀하시며, 앞으로 될 일들을 너희에게 알려 주실 것이다.

14 진리의 성령은 내것을 가지고 너희에게 알려 주심으로써 나를 영화롭게 하실 것이다.

15 아버지께 있는 것은 다 내것이다. 그래서 내가 성령께서 내것을 가지고 너희에게 알려 주신다고 말한 것이다."

저자의 메시지

도널드 맥클레오드는 그의 책 ≪Shared Life≫에서 삼위일체 교리를 성도의 삶과 연결시킨다. 하나님은 한 분이시고 유일하시지만 그 신성 안에는 세 위격이 존재하신다는 삼위일체(One being, three persons) 교리는 물론 전적으로 우리의 이성과 경험을 뛰어넘는 하나님의 영역이다. 그러나 인간은 하나님의 형상으로 지음 받았기에(창 1:26-28) 삼위일체 교리를 성도의 삶과 연결시킨 맥클레오드의 논의는 의미가 있다. 삼위일체 하나님을 제한적으로나마 이해하는 것은 인류를 향하신 그분의 뜻을 아는 데도 필수적이다. 첫째, 하나님의 형상을 통해 본 모든 인간은 평등하다. 남자와 여자가 평등하고(창 1:27), 신분이나 인종 간에 차별이 없다(갈 3:28). 둘째, 각자는 독특하다. 성격, 은사 등 하나님은 인류를 다양하게 창조하셨다. 완벽하게 하나이시지만 세 위격이 존재하시듯이, 하나님의 형상을 받은 인간 안에도 다양성이 존재한다(물론 하나님의 영역은 인간의 영역과 차이가 있을 것이다). 그 때문에 우리는 서로의 독특성을 존중해야 한다. 나와 다른 모습의 사람도 품을 수 있어야 한다. 셋째, 인간은 협력하여 선을 이루는 존재가 되어야 한다. 가정, 교회, 사회, 국가 등 인류가 속해 있는 모든 기관은 협력적이다. 개인적이고 독립적으로 존재하지 않는다. 따라서 서로가 하나됨을 추구하는 것은 자연스러운 창조 섭리이다. 물론 인류는 죄 때문에 하나님으로부터 받은 형상에 심각한 손상을 입었다. 그 완벽한 복원은 천국에서 이루어질 것이다. 비록 이 땅에서의 삶은 그림자의 삶(시 144:4)이지만, 그래도 하나님의 형상을 추구하는 삶을 살아야 한다.

무릎 기도 주님, 부족한 저에게 당신의 형상을 주셔서 감사합니다. 평등과 다양함과 협력의 모습을 우리 안에 허락하시고, 그림자와 같은 인생의 날을 사는 동안 주님만 따르게 하소서.

NLT

7 But in fact, it is best for you that I go away, because if I don't, the Advocate* won't come. If I do go away, then I will send him to you.
8 And when he comes, he will convict the world of its sin, and of God's righteousness, and of the coming judgment.
9 The world's sin is that it refuses to believe in me.
10 Righteousness is available because I go to the Father, and you will see me no more.
11 Judgment will come because the ruler of this world has already been judged.
12 "There is so much more I want to tell you, but you can't bear it now.
13 When the Spirit of truth comes, he will guide you into all truth. He will not speak on his own but will tell you what he has heard. He will tell you about the future.
14 He will bring me glory by telling you whatever he receives from me.
15 All that belongs to the Father is mine; this is why I said, 'The Spirit will tell you whatever he receives from me.'

* 16:7 Or *Comforter*, or *Encourager*, or *Counselor*. Greek reads *Paraclete*.

8 convict 유죄를 선고하다 righteousness 정의 judgment 심판 10 available 유효한 11 ruler 통치자
12 bear 견디다, 감당하다 13 on one's own : 스스로

71

월 일

구원의 기쁨

요한복음 16:16-24

새찬송 191장 | 통일 427장

• 먼저 묵상을 위한 기도를 드린 후, 성경 본문을 2번 이상 읽고 묵상하십시오.

본문요약 | 예수님이 조금 있다가 제자들과 헤어질 것이고, 또 잠시 후 다시 볼 것이라 말씀하시자, 제자들은 이를 의아해한다. 이에 예수님은 다시 해산하는 여자를 비유로 들어 해산은 고통스럽지만 탄생의 기쁨이 있듯이, 지금은 근심하지만 주님을 다시 보게 되면 기쁨이 넘칠 것이라고 하신다. 즉, 주님은 곧 맞으실 죽음과 부활을 통해 제자들에게 주어질 구원의 기쁨을 말씀하신 것이다.

개역개정

16 조금 있으면 너희가 나를 보지 못하겠고
또 조금 있으면 나를 보리라 하시니
17 제자 중에서 서로 말하되 우리에게 말씀
하신 바 조금 있으면 나를 보지 못하겠고
또 조금 있으면 나를 보리라 하시며 또 내
가 아버지께로 감이라 하신 것이 무슨 말
씀이냐 하고
18 또 말하되 조금 있으면이라 하신 말씀이
무슨 말씀이냐 무엇을 말씀하시는지 알지
못하노라 하거늘
19 예수께서 그 묻고자 함을 아시고 이르시
되 내 말이 조금 있으면 나를 보지 못하겠
고 또 조금 있으면 나를 보리라 하므로 서
로 문의하느냐
20 내가 진실로 진실로 너희에게 이르노니 너
희는 곡하고 애통하겠으나 세상은 기뻐하
리라 너희는 근심하겠으나 너희 근심이 도
리어 기쁨이 되리라
21 여자가 해산하게 되면 그때가 이르렀으므
로 근심하나 아기를 낳으면 세상에 사람
난 기쁨으로 말미암아 그 고통을 다시 기
억하지 아니하느니라
22 지금은 너희가 근심하나 내가 다시 너희를
보리니 너희 마음이 기쁠 것이요 너희 기
쁨을 빼앗을 자가 없으리라
23 그날에는 너희가 아무것도 내게 [1]묻지 아
니하리라 내가 진실로 진실로 너희에게 이
르노니 너희가 무엇이든지 아버지께 구하
는 것을 내 이름으로 주시리라

[1] 또는 구하지 아니하리라

24 지금까지는 너희가 내 이름으로 아무것도
구하지 아니하였으나 구하라 그리하면 받
으리니 너희 기쁨이 충만하리라

1. 본문에 나타난 예수님은 어떤 분이십니까?

2. 오늘 하나님께서 나에게 주신 깨달음은 무엇입니까?

3. 말씀을 어떻게 내 삶에 구체적으로 적용해야 합니까?

절별 해설

16 조금 있으면 너희가 나를 보지 못하겠고 또 조금 있으면 나를 보리라 이제 하루만 지나면 예수님은 잡히셔서 십자가의 죽음을 맞이하게 되신다. 그래서 '조금 있으면 나를 보지 못할 것이라'고 하신 것이다. 그러나 예수님은 죽으신 지 3일 만에 부활하심으로 다시 제자들과 만나실 것이다. 본 절 이외에도 주님은 자신의 죽음과 부활을 여러 차례 제자들에게 예고하셨다(마 16:21;17:22-23). 그렇게 예고하신 이유는 제자들의 믿음을 위해서였다(13:19). 다가올 모든 혼란 속에서 제자들의 믿음을 지켜 주시기 위함이었다. 주님은 오늘도 성도들을 준비시켜 주신다. 그 때문에 우리는 세상을 이길 수 있다.

20 너희 근심이 도리어 기쁨이 되리라 이것은 주님의 죽으심과 부활이 가져올 결과이다. 기뻐하던 세상은 슬퍼하게 되겠지만, 근심하던 제자들은 기쁨이 넘칠 것이다. 인간의 근심과 기쁨은 주님의 죽으심과 부활에 의해서 나누어진다. 구원의 영광을 받아들인 인생은 기쁨을 누리지만, 그렇지 못한 인생은 근심 가운데 있을 수밖에 없다. 주님을 알지 못하면 다른 많은 것을 소유했어도 근본적인 기쁨을 가진 인생이 될 수 없다. 당신에게는 이런 기쁨이 존재하는가?

21-22 세상에 사람 난 기쁨으로 말미암아 그 고통을 다시 기억하지 아니하느니라 예수님은 자신의 죽음과 부활을 해산하는 여자에 비유하신다. 해산 때의 고통(십자가의 죽음)은 아기의 탄생(부활)으로 잊게 될 것이다. 그런데 성경에서 말하는 '해산의 고통'은 죄의 결과와 관련된 것이었다(창 3:16). 그러므로 이것을 '탄생'으로 잊게 될 것이라는 예수님의 말씀은, 주님의 부활로 인간의 죄 문제가 해결되고 구원이 주어짐을 암시한 것이다. 그 결과 근심은 기쁨이 되는 것이다. 죄가 인생을 어둡게 만든다. 이 죄 문제를 해결하지 않고는 인간은 참 기쁨을 누릴 수 없다. 예수 그리스도를 찾는 것만이 죄의 문제를 해결할 방법이다.
너희 기쁨을 빼앗을 자가 없으리라 예수님의 이 말씀처럼 제자들이 예수님의 부활하심을 경험한 이후에 어떤 핍박도 제자들에게서 이 기쁨을 빼앗지 못했다(행 5:41). 구원의 기쁨을 소유한 사람은 세상의 어떤 조건에도 굴하지 않는다. 구원의 기쁨과 비교할 만한 것이 아무것도 없기 때문이다.

23 그날에는 너희가 아무것도 내게 묻지 아니하리라 앞에서처럼 제자들이 주님의 말씀을 이해하지 못하는 상황은(17-19절) 모든 것이 분명해지는 그때, 즉, 주님의 부활과 성령의 강림이 있은 후에는 없을 것이란 말씀이다. 지금 당장 이해되지 않는 말씀이라도 반드시 분명해지는 순간이 온다. 그러므로 지금 이해가 안 된다고 포기하면 안 된다.

쉬운성경

16 "조금 있으면 너희가 나를 보지 못할 것이고, 또 조금 있으면 나를 다시 볼 것이다."

17 예수님의 제자들 중 몇 사람은 서로 이렇게 말했습니다. "주님께서 '조금 있으면 너희가 나를 보지 못할 것이고, 또 조금 있으면 나를 다시 볼 것이다'라고 말씀하시고, 또 '이는 내가 아버지께로 가기 때문이다'라고 말씀하셨는데, 이게 대관절 무슨 뜻일까?"

18 또 그들은 "주님께서 '조금 있으면'이라고 말씀하셨는데, 그분이 하신 말씀은 도대체 이해할 수 없어"라고 말했습니다.

19 예수님께서 제자들이 자기에게 물어 보고 싶어한다는 것을 아시고, 그들에게 말씀하셨습니다. "내가 '조금 있으면 너희가 나를 보지 못할 것이고, 또 조금 있으면 나를 다시 볼 것이다'라고 한 말 때문에 너희끼리 서로 묻느냐?

20 내가 너희에게 진리를 말한다. 너희는 울며 애통할 것이나 세상은 기뻐할 것이다. 너희가 슬퍼할 것이지만, 너희의 슬픔은 기쁨이 될 것이다.

21 출산하는 여인에게는 출산할 때의 고통이 있다. 그러나 아이를 낳으면 여인은 아이가 세상에 태어난 것이 너무 기뻐서 그 고통을 잊어 버린다.

22 너희도 지금은 근심하지만, 내가 너희를 다시 보게 되면 너희는 기뻐할 것이다. 그리고 아무도 너희에게서 그 기쁨을 빼앗지 못할 것이다.

23 그때에는 너희가 내게 아무것도 구하지 않을 것이다. 내가 너희에게 진리를 말한다. 너희가 내 이름으로 아버지께 무엇이든지 구하면, 그분이 너희에게 주실 것이다.

24 지금까지는 너희가 내 이름으로 아무것도 구하지 않았다. 그러나 구하라. 그러면 너희가 받을 것이요, 너희 기쁨이 가득 찰 것이다."

저자의 메시지

예수님이 제자들에게 잠시 후면 그들이 자신을 볼 수 없으나, 조금 지나면 다시 보게 될 것이라고 말씀하셨다. 즉, 당신의 죽음과 부활을 말씀하신 것이다. 그때에는 제자들의 근심이 변하여 기쁨이 될 것이라 하셨다. 그리고 그 기쁨은 세상 누구도 빼앗을 수 없는 기쁨이다(22절). 진정한 기쁨은 단순히 즐거운 상태가 계속되는 것만을 의미하지 않는다. 인간이 진정한 기쁨을 누리는 때는 불확실함이 제거되고 안전함이 느껴지는 순간이다. 진리가 무엇인지 알게 되는 순간이다. 진정한 진리이신 예수 그리스도에 대해 이해하는 순간, 인생은 진정한 기쁨을 누린다. 그리고 이 기쁨은 세상의 조건이 빼앗아 갈 수 없다. 배가 고파도 몸이 아파도 돈이 없어도 문제가 되지 않는 기쁨이다. 예수님의 제자들은 이런 기쁨을 누렸다(행 5:41).

구원의 감격과 기쁨을 체험한 성도는 세상을 이긴다. 왜냐하면 세상이 자랑하는 그 무엇도 구원의 감격과 비교할 수 없기 때문이다. 당신이 이런 기쁨을 소유했다면 세상 앞에서 비굴해지거나 열등감을 갖지 않을 것이다. 비록 당신이 못 배우고, 못 가졌을지라도 당당할 것이다. 주님의 제자는 세상 앞에서 이런 모습으로 살아간다. 우리가 소유한 구원은 그토록 값진 것이다. 그러나 오늘도 여전히 사탄은 죄를 통해 주님으로 인하여 근본적인 죄 사함을 받은 우리를 유혹하며, 그 죄는 우리가 가진 구원의 기쁨을 빼앗아 간다. 당신의 삶 속에 구원의 기쁨과 굳건함이 사라졌다면 주님 앞에서 회개하지 않고 숨긴 죄가 있는지 살펴봐야 한다.

무릎 기도 | 주님, 구원의 기쁨을 누리며 살게 하소서. 세상 앞에서 초라한 모습으로 살지 않게 하시고, 영원한 생명을 소유한 당신의 자녀답게 당당함으로 살아가게 하소서.

NLT

16 "In a little while you won't see me anymore. But a little while after that, you will see me again."
17 Some of the disciples asked each other, "What does he mean when he says, 'In a little while you won't see me, but then you will see me,' and 'I am going to the Father'?
18 And what does he mean by 'a little while'? We don't understand."
19 Jesus realized they wanted to ask him about it, so he said, "Are you asking yourselves what I meant? I said in a little while you won't see me, but a little while after that you will see me again.
20 I tell you the truth, you will weep and mourn over what is going to happen to me, but the world will rejoice. You will grieve, but your grief will suddenly turn to wonderful joy.
21 It will be like a woman suffering the pains of labor. When her child is born, her anguish gives way to joy because she has brought a new baby into the world.
22 So you have sorrow now, but I will see you again; then you will rejoice, and no one can rob you of that joy.
23 At that time you won't need to ask me for anything. I tell you the truth, you will ask the Father directly, and he will grant your request because you use my name.
24 You haven't done this before. Ask, using my name, and you will receive, and you will have abundant joy.

20 weep 울다 mourn over : 한탄하다, 슬퍼하다 21 pain 고통 labor 해산 anguish 고통 22 sorrow 슬픔 rob … of ~ : …에게서 ~을 빼앗다 23 grant ~을 주다, 이루어주다 24 abundant 풍부한

72

월 일

세상을 이기신 예수님

요한복음 16:25-33

새찬송 342장 | 통일 395장

• 먼저 묵상을 위한 기도를 드린 후, 성경 본문을 2번 이상 읽고 묵상하십시오.

본문요약 | 예수님이 제자들에게 신앙의 내용(아버지에 대한 것)을 밝히 이를 날이 올 것이며, 그때에는 제자들이 직접 하나님께 간구할 것이라고 말씀하신다. 이에 제자들은 모든 것이 분명하며, 주님이 하나님께로부터 오신 분임을 믿는다고 고백한다. 또한 예수님은 제자들이 흩어지게 될 것을 예언하신다. 아무도 주님을 제대로 알지 못했지만, 아버지와 함께하신 주님은 세상을 이기셨다.

개역개정

25 이것을 비유로 너희에게 일렀거니와 때가 이르면 다시는 비유로 너희에게 이르지 않고 아버지에 대한 것을 밝히 이르리라

26 그날에 너희가 내 이름으로 구할 것이요 내가 너희를 위하여 아버지께 구하겠다 하는 말이 아니니

27 이는 너희가 나를 사랑하고 또 내가 하나님께로부터 온 줄 믿었으므로 아버지께서 친히 너희를 사랑하심이라

28 내가 아버지에게서 나와 세상에 왔고 다시 세상을 떠나 아버지께로 가노라 하시니

29 제자들이 말하되 지금은 밝히 말씀하시고 아무 비유로도 하지 아니하시니

30 우리가 지금에야 주께서 모든 것을 아시고 또 사람의 물음을 기다리시지 않는 줄 아나이다 이로써 하나님께로부터 나오심을 우리가 믿사옵나이다

31 예수께서 대답하시되 이제는 너희가 믿느냐

32 보라 너희가 다 각각 제 곳으로 흩어지고 나를 혼자 둘 때가 오나니 벌써 왔도다 그러나 내가 혼자 있는 것이 아니라 아버지께서 나와 함께 계시느니라

33 이것을 너희에게 이르는 것은 너희로 내 안에서 평안을 누리게 하려 함이라 세상에서는 너희가 환난을 당하나 담대하라 내가 세상을 이기었노라

1. 본문에 나타난 예수님은 어떤 분이십니까?

2. 오늘 하나님께서 나에게 주신 깨달음은 무엇입니까?

3. 말씀을 어떻게 내 삶에 구체적으로 적용해야 합니까?

절별 해설

25-27 때가 이르면 다시는 비유로 너희에게 이르지 않고 아버지에 대한 것을 밝히 이르리라 예수님은 신앙의 내용(25절-'아버지에 대한 것')을 밝히 이를 날이 올 것임을 말씀하셨다. 그때에는 주님이 승천하시고 제자들 옆에 계시지 않아도 그들이 스스로 하나님께 기도하며 분명하게 모든 것을 깨닫게 될 것이다. 하나님과 직접적인 교제가 이루어질 것이다(참고. 엡 2:18). 그리고 이 말씀은 오순절 성령강림의 결과로 시작되는 초대교회 시대에 그대로 이루어진다(행 2-3장). 제자들은 예수님의 이름으로 하나님께 기도하여 큰 능력을 행하였다. 이처럼 주님은 우리가 아버지와 직접 교제하도록 길을 여셨다(엡 2:13-14). 그러므로 우리는 하나님의 은혜의 보좌 앞에 무슨 문제이든지 담대히 가지고 나아갈 수 있다(히 4:16).

29-31 이로써 하나님께로부터 나오심을 우리가 믿사옵나이다 제자들은 예수님이 이전과는 달리 직설적으로 말씀하시자(28절) 주님을 믿는다고 고백했다. 그러나 아직은 완전한 때가 되지 않았고, 제자들의 믿음도 완전한 것이 아니었다. 또한 본문의 '이제는 너희가 믿느냐?'는 예수님의 말씀도 긍정이 아닌 반어적 표현이다. 뒤이어 예수님이 앞으로 전개될 제자들의 실상(32절)에 대해 말씀하셨기 때문이다. 제자들의 믿음은 여전히 불완전했으나, 예수님은 그들을 포기하지 않으셨다. 우리의 신앙의 근거는 내 믿음이 아니라 하나님께 있다. 흔들리는 갈대 같은 내 결심이 아니라 하나님의 위대하신 사랑 속에 있다. 그러므로 지금은 부족해도 제자들처럼 반드시 승리할 날이 올 것이다.

32 내가 혼자 있는 것이 아니라 아버지께서 나와 함께 계시느니라 제자들을 포함하여 사람들 중 누구도 주님이 가시는 길을 이해하지 못했다. 그러나 예수님은 하나님과 함께하심으로 세상을 이기셨다(33절). 아무도 이해하지 못하는 고독한 생애였지만 하나님과 함께하심으로 승리하신 것이다. 주님의 제자인 우리의 생애도 때로는 이 세상에서 좁은 길을 걸어가는 고독한 삶이다. 그러나 걱정할 필요 없다. 하나님이 함께하시면 우리도 주님처럼 세상을 이길 것이기 때문이다. 사람을 의지하지 말고 하나님을 의지하라.

33 이것을 너희에게 이르는 것은 너희로 내 안에서 평안을 누리게 하려 함이라 앞에서 주님이 하신 말씀은 평안을 주기보다는 제자들을 더욱 불안하게 만드는 말씀이었다. 주님이 어려움을 당하실 때 제자들은 도망칠 것(32절)이라고 말씀하셨기 때문이다. 그러나 예수님은 하나님이 함께하셔서 당신이 승리하실 것을 언급하시며, 이 사실이 제자들에게도 평안을 줄 것이라고 말씀하셨다. 그러므로 환난의 순간에 주변 사람들이 우리를 떠난다고 불안해하지 말자. 하나님은 결코 떠나시는 법이 없다.

쉬운성경

25 "내가 지금까지는 이것을 비유적인 말로 너희에게 말하였지만, 더 이상 비유적인 말이 아니라 아버지에 관하여 명확한 말로 너희에게 말할 때가 올 것이다.

26 그날에 너희가 내 이름으로 아버지께 구할 것이다. 내가 너희를 위하여 아버지께 구하겠다는 말이 아니다.

27 너희가 나를 사랑하고 내가 아버지께로부터 왔음을 믿었기 때문에, 아버지께서 친히 너희를 사랑하신다.

28 내가 아버지를 떠나 세상에 왔으니, 이제 세상을 떠나 다시 아버지께로 돌아간다."

29 그때, 제자들이 말했습니다. "이제는 주님께서 우리에게 분명하게 말씀하시고, 비유적인 말을 하나도 사용하지 않으십니다.

30 우리가 이제서야 주님께서 모든 것을 알고 계신다는 것을 깨달았습니다. 아무도 주님께 묻지 않을 것입니다. 이것으로써 우리는 주님께서 하나님께로부터 오신 분임을 믿습니다."

31 예수님께서 대답하셨습니다. "이제 너희가 믿느냐?

32 그러나 잘 들어라. 너희가 뿔뿔이 흩어질 때가 다가오고 있으며, 이미 그때가 되었다. 너희는 저마다 자기 집으로 흩어지고, 나를 혼자 버려 둘 것이다. 그러나 나는 혼자가 아니다. 그것은 아버지께서 나와 함께 계시기 때문이다."

33 "내가 이것을 너희에게 말한 것은 너희가 내 안에서 평안을 얻게 하려는 것이다. 이 세상에서는 너희가 고난을 당할 것이다. 그러나 담대하여라! 내가 세상을 이기었다!"

저자의 메시지

예수님은 제자들에게 앞으로 환난을 당할 것이지만 그럼에도 담대하라고 권면하셨다. 그러시면서 또한 자신이 세상을 이기셨다고 말씀하셨다. 그런데 주님이 세상을 이기신 것과 제자들이 환난 속에서 담대해야 하는 것에는 어떤 관계가 있을까? 그것은 주님도 고난받으셨지만 승리하셨듯이 제자들도 승리할 것이기 때문에 담대하라는 말씀이다. 더 나아가 주님이 그들이 승리할 수 있도록 도우신다는 말씀이다. 성도는 어떠한 경우에도 담대함과 침착함을 잃지 않아야 한다. 고통 앞에서도 의연해야 한다. 왜냐하면 절대로 그 상황이 우리를 이길 수 없기 때문이다. 이미 승리하신 주님이 우리도 승리하도록 해주실 것이기 때문이다. 그러므로 세상을 살아가면서 만나는 환난에 놀라지 말자. 주님은 우리가 담대하길 원하신다.

또한 예수님은 당신이 잡히시면 제자들은 제 각각 흩어져 도망할 것이지만, 아버지이신 하나님은 자신과 함께하실 것이라고 말씀하신다(32절). 그리고 이런 말씀을 하시는 이유가 제자들에게 평안을 주기 위함이라고 설명하셨다(33절). 우리도 어려움이 닥치면 주변 사람들이 멀어지는 경험을 한다. 그들은 도움을 요청해도 모른 척한다. 잘나갈 때는 주변에 사람이 많지만 환난의 순간에는 그렇지 않다. 그러나 하나님은 우리를 버리지 않으신다. 모든 사람이 떠난 후에도 주님과 함께하셨듯이 우리와 함께하신다. 이 사실이 당신에게도 평안을 주는가? 그러므로 성도에게 있어 환난의 순간은 오히려 하나님의 함께하심을 더욱 분명히 체험할 수 있는 축복의 시간이다(창 26:12-22,28절).

무릎 기도 | 세상을 이기신 주님, 저도 주님처럼 되게 해주신다는 약속을 믿습니다. 연약하여 아직도 세상 속에서 두려워하고 놀랄 때도 있지만, 주님을 의뢰함으로 담대하게 살아가도록 도와주소서.

NLT

25 "I have spoken of these matters in figures of speech, but soon I will stop speaking figuratively and will tell you plainly all about the Father.
26 Then you will ask in my name. I'm not saying I will ask the Father on your behalf,
27 for the Father himself loves you dearly because you love me and believe that I came from God.*
28 Yes, I came from the Father into the world, and now I will leave the world and return to the Father."
29 Then his disciples said, "At last you are speaking plainly and not figuratively.
30 Now we understand that you know everything, and there's no need to question you. From this we believe that you came from God."
31 Jesus asked, "Do you finally believe?
32 But the time is coming—indeed it's here now—when you will be scattered, each one going his own way, leaving me alone. Yet I am not alone because the Father is with me.
33 I have told you all this so that you may have peace in me. Here on earth you will have many trials and sorrows. But take heart, because I have overcome the world."

* 16:27 Some manuscripts read *from the Father.*

25 figure 비유적 표현 figuratively 비유적으로 plainly 명백하게, 분명히 26 on one's behalf : ~를 위하여
27 dearly 극진히, 깊게 32 scatter 뿔뿔이 흩어지다 33 trial 시련, 고난 take heart : 용기를 내다 overcome 이기다

73

월 일

기도하시는 예수님

요한복음 17:1-8

새찬송 40장 | 통일 43장

• 먼저 묵상을 위한 기도를 드린 후, 성경 본문을 2번 이상 읽고 묵상하십시오.

본문요약 | 17장은 제자들에게 마지막 설교를 마치신 뒤에 하나님께 드리신 예수님의 기도이다. 예수님은 자신이 영화롭게 되는 것을 통해 아버지가 영화롭게 되기를 기도하셨다. 주님은 아버지께서 주신 일을 완전히 행하셨고, 택하여 주신 사람들에게 아버지를 드러내셨다. 이 기도는 십자가를 통해 인류를 구원하시고, 아버지를 영화롭게 하기 위해 드리신 기도이다.

개역개정

1 예수께서 이 말씀을 하시고 눈을 들어 하
늘을 우러러 이르시되 아버지여 때가 이르
렀사오니 아들을 영화롭게 하사 아들로 아
버지를 영화롭게 하게 하옵소서
2 아버지께서 아들에게 주신 모든 사람에게
영생을 주게 하시려고 만민을 다스리는 권
세를 아들에게 주셨음이로소이다
3 영생은 곧 유일하신 참 하나님과 그가 보
내신 자 예수 그리스도를 아는 것이니이다
4 아버지께서 내게 하라고 주신 일을 내가
이루어 아버지를 이 세상에서 영화롭게 하
였사오니
5 아버지여 창세 전에 내가 아버지와 함께
가졌던 영화로써 지금도 아버지와 함께 나
를 영화롭게 하옵소서
6 세상 중에서 내게 주신 사람들에게 내가
아버지의 이름을 나타내었나이다 그들은
아버지의 것이었는데 내게 주셨으며 그들
은 아버지의 말씀을 지키었나이다
7 지금 그들은 아버지께서 내게 주신 것이
다 아버지로부터 온 것인 줄 알았나이다
8 나는 아버지께서 내게 주신 말씀들을 그
들에게 주었사오며 그들은 이것을 받고 내
가 아버지께로부터 나온 줄을 참으로 아
오며 아버지께서 나를 보내신 줄도 믿었
사옵나이다

1. 본문에 나타난 예수님은 어떤 분이십니까?

2. 오늘 하나님께서 나에게 주신 깨달음은 무엇입니까?

3. 말씀을 어떻게 내 삶에 구체적으로 적용해야 합니까?

절별 해설

1 하늘을 우러러 이르시되 성경이 말하는 기도의 자세는 다양하다. 주님은 종종 하늘을 우러러보며 기도하셨고(11:41;마 14:19), 때로는 얼굴을 땅에 대고 기도하셨다(마 26:39). 세리도 감히 하늘을 보지 못하고 기도했다(눅 18:13). 이렇듯 기도에는 정해진 자세가 있는 것이 아니며, 특정한 자세가 더 거룩한 것도 아니다. 상황에 맞게 진심으로 드리는 것이 더 중요하다.

아버지여 때가 이르렀사오니 아들을 영화롭게 하사 아들로 아버지를 영화롭게 하게 하옵소서 아버지를 영화롭게 할 때가 됐음을 아셨던 예수님은 자신을 영화롭게 해주시면 아버지를 영화롭게 하겠다고 기도하셨다. 즉, 십자가의 죽음을 통하여 인류를 구원하여 아버지의 구속계획을 다 이루고, 그로 말미암아 하나님을 영화롭게 하시겠다는 기도이다. 그래서 주님은 십자가 위에서 '다 이루었다'라고 말씀하셨던 것이다(19:30). 주님은 자신의 죽음을 통해서 하나님을 영화롭게 하셨다. 바울은 낮아짐과 죽음을 통하여 하나님을 영광스럽게 하신 주님의 이 마음을 우리도 가져야 한다고 가르쳤다(빌 2:5–11).

2–3 영생 영생은 죽어서 얻는 영원한 상태만을 의미하지 않는다. 성경은 예수 그리스도를 아는 것이 영생이라고 가르친다. 이런 의미에서 성도는 이미 예수 그리스도 안에서 영원한 생명을 살고 있는 것이다. 우리가 지금 살아가는 이 세상의 삶은 죽음 이후까지 이어지는 영원한 삶의 일부이다. 그러므로 오늘을 가치 있고 의미 있게 살아야 한다. 하나님의 자녀로서 책임을 다하는 삶을 살아야 한다.

4–5 나를 영화롭게 하옵소서 아버지께서 맡기신 모든 일을 완전히 행하심으로 아버지를 영화롭게 하신 예수님은 이제 아버지께 자신을 영화롭게 해달라고 기도하셨다. 당연한 순서이다. 그리고 주님의 이 기도는 우리를 위한 기도이기도 하다. 하나님을 영화롭게 하면 하나님은 우리를 영화롭게 하신다. 하나님은 상을 베푸시는 분이다(히 11:6). 그리스도를 영화롭게 하셨듯이 우리도 영화롭게 하실 것이다.

6–8 아버지 예수님은 하나님을 늘 아버지라고 부르셨다. 그리고 제자들에게도 그렇게 하라고 가르치셨다(마 23:9). 그런데 이는 당시 유대인들의 사고로는 불경한 것이었다. 유대인들은 하나님을 두렵고 먼 분으로 생각했기 때문이다. 아버지라는 단어 속에는 친근함과 함께 책임이 동시에 드러난다. 하나님은 매우 가까운 분이시지만, 그분을 아버지라고 부르려면 삶을 통한 합당한 관계가 형성되어야 하기 때문이다. 그러므로 아버지는 결코 쉬운 이름만은 아니다.

쉬운성경

1 예수님께서는 이 말씀을 하시고 눈을 들어 하늘을 바라보시며 기도하셨습니다. "아버지, 때가 이르렀습니다. 아버지의 아들을 영광되게 해 주십시오. 아들이 아버지를 영화롭게 하겠습니다.

2 아버지께서는 아들에게 주신 모든 사람에게 영생을 주려고, 모든 사람을 다스리는 권세를 아들에게 주셨습니다.

3 영생은 곧 한 분이신 참 하나님과 아버지께서 보내신 자, 예수 그리스도를 아는 것입니다.

4 저는 땅에서 아버지를 영광되게 하였고, 아버지께서 제게 하라고 주신 일을 완전히 행하였습니다.

5 그러므로 아버지, 이제는 세상이 창조되기 전에 제가 아버지와 함께 가지고 있던 그 영광으로써 저를 영광되게 해 주십시오."

6 "저는 아버지께서 세상에서 택하여 제게 주신 사람들에게 아버지의 이름을 나타냈습니다. 그들은 아버지의 것이었는데 아버지께서 제게 주셨고, 그들은 아버지의 말씀을 지켰습니다.

7 지금 그들은 제게 주신 모든 것이 다 아버지께로부터 온 것임을 알고 있습니다.

8 저는 아버지께서 제게 주신 말씀을 이 사람들에게 주었습니다. 그들은 그 말씀을 받았고, 제가 아버지로부터 온 것을 진정으로 알았고, 아버지께서 저를 보내신 것을 믿었습니다.

저자의 메시지

예수님은 제자들에게 고별설교를 하신 후 아버지께 기도를 드리셨다. 우리는 주님을 통해서 늘 말씀과 기도가 하나인 것을 배운다. 말씀을 대하다가 기도하고, 기도하다가 말씀을 보기도 하는 것이다. 주님의 기도는 하나님이 영화롭게 되기를 구하는 기도였다. 그분은 십자가를 통해 아버지의 최종적인 영광을 이루실 것을 기도하셨다. 아버지의 영광을 위해서라면 죽음까지도 마다하지 않으시는 주님의 모습이다. 흔히 사람들은 "하나님께서 나를 채우시면 하나님의 영광을 위해서 일하겠습니다"라는 거래식의 기도를 드린다. 그러나 이것은 주님의 기도와는 거리가 멀다. 물론 무언가가 채워질 때도 하나님의 영광을 위해 살아야겠지만, 아무것도 채워지지 않아도, 아니 오히려 낮아지고 죽게 되는 일을 통해서도 하나님의 영광을 위해 살게 해 달라고 기도드릴 수 있어야 한다. 이것이 하나님이 기뻐하시는 기도이다. 그렇다고 하나님이 우리를 죽이시겠는가? 아니다. 반드시 선한 길로 인도하실 것이다. 또한 우리가 인간의 모든 욕심을 내려놓고 하나님을 따를 때, 진정으로 아버지의 영광을 드러내는 삶이 될 것이다.

예수님이 하나님을 아버지로 부르셨듯이 우리도 하나님을 아버지라 부른다. 그러나 아버지란 이름 속에는 우리가 흔히 생각하는 것처럼 친근함만 들어 있는 것은 아니다. 그것은 하나님을 아버지라 부를 만한 관계가 전제된 이름이다. 당신은 주저함 없이 하나님을 아버지라 부를 만한 삶을 살고 있는가? 아버지의 자녀에 합당한 책임을 세상 앞에서 감당하고 있는가? 아버지란 이름 속에는 깊은 거룩함이 전제되어 있음을 잊지 말아야 할 것이다.

무릎 기도 주님, 낮아짐과 죽으심을 통해서 하나님을 영화롭게 하신 주님을 따르길 원합니다. 저 또한 낮아지고 매일 죄에 대하여 죽음으로 아버지를 영화롭게 하게 하소서.

NLT

1 After saying all these things, Jesus looked up to heaven and said, "Father, the hour has come. Glorify your Son so he can give glory back to you.
2 For you have given him authority over everyone. He gives eternal life to each one you have given him.
3 And this is the way to have eternal life—to know you, the only true God, and Jesus Christ, the one you sent to earth.
4 I brought glory to you here on earth by completing the work you gave me to do.
5 Now, Father, bring me into the glory we shared before the world began.
6 "I have revealed you* to the ones you gave me from this world. They were always yours. You gave them to me, and they have kept your word.
7 Now they know that everything I have is a gift from you,
8 for I have passed on to them the message you gave me. They accepted it and know that I came from you, and they believe you sent me.

* 17:6 Greek *have revealed your name*; also in 17:26.

1 look up to ~ : ~을 쳐다보다 glorify 영화롭게 하다 2 authority over ~ : ~에 대한 권한 eternal 영원한
4 complete 완성하다 5 share 함께하다, 공유하다 6 reveal 나타내다 8 pass on to ~ : ~에게 건네주다

74

월 일

제자들을 위한 기도

요한복음 17:9-19

새찬송 364장 | 통일 482장

• 먼저 묵상을 위한 기도를 드린 후, 성경 본문을 2번 이상 읽고 묵상하십시오.

본문요약 | 자신을 위한 기도를 마치신 예수님은 본격적으로 세상에 남겨질 제자들을 위해 기도하신다. 예수님은 제자들이 하나가 되고, 악에 빠지지 않으며, 진리로 거룩하게 해 달라는 기도를 드리신다. 주님의 관심은 제자들에게 있었다. 제자들을 통해 복음이 세상에 전파돼야 하기 때문이다.

개역개정

9 내가 그들을 위하여 비옵나니 내가 비옵는 것은 세상을 위함이 아니요 내게 주신 자들을 위함이니이다 그들은 아버지의 것이로소이다

10 내 것은 다 아버지의 것이요 아버지의 것은 내 것이온데 내가 그들로 말미암아 영광을 받았나이다

11 나는 세상에 더 있지 아니하오나 그들은 세상에 있사옵고 나는 아버지께로 가옵나니 거룩하신 아버지여 내게 주신 아버지의 이름으로 그들을 보전하사 우리와 같이 그들도 하나가 되게 하옵소서

12 내가 그들과 함께 있을 때에 내게 주신 아버지의 이름으로 그들을 보전하고 지키었나이다 그중의 하나도 멸망하지 않고 다만 멸망의 자식뿐이오니 이는 성경을 응하게 함이니이다

13 지금 내가 아버지께로 가오니 내가 세상에서 이 말을 하옵는 것은 그들로 내 기쁨을 그들 안에 충만히 가지게 하려 함이니이다

14 내가 아버지의 말씀을 그들에게 주었사오매 세상이 그들을 미워하였사오니 이는 내가 세상에 속하지 아니함같이 그들도 세상에 속하지 아니함으로 인함이니이다

15 내가 비옵는 것은 그들을 세상에서 데려가시기를 위함이 아니요 다만 악에 빠지지 않게 보전하시기를 위함이니이다

16 내가 세상에 속하지 아니함같이 그들도 세상에 속하지 아니하였사옵나이다

17 그들을 진리로 거룩하게 하옵소서 아버지의 말씀은 진리니이다

18 아버지께서 나를 세상에 보내신 것같이 나도 그들을 세상에 보내었고

19 또 그들을 위하여 내가 나를 거룩하게 하오니 이는 그들도 진리로 거룩함을 얻게 하려 함이니이다

1. 본문에 나타난 예수님은 어떤 분이십니까?

2. 오늘 하나님께서 나에게 주신 깨달음은 무엇입니까?

3. 말씀을 어떻게 내 삶에 구체적으로 적용해야 합니까?

절별 해설

9 그들을 위하여 비옵나니 예수님은 제자들에게 좋은 외적 환경이나 조건을 달라고 기도하지 않으셨다. 그들 '자신'을 위하여 기도하셨다. 외적인 환경이나 조건이 우선이 아니라 사람이 우선임을 아셨기 때문이다. 환경이 좋아도 사람이 부족하면 소용이 없다. 반대로 환경이 나빠도 사람이 괜찮으면 문제가 되지 않는다. 즉, 문제는 사람 '자신'에게 달렸음을 주님의 기도를 통해 확인할 수 있다. 우리도 환경이 아니라 자신을 위해 기도해야 한다.

내가 비옵는 것은 세상을 위함이 아니요 내게 주신 자들을 위함이니이다 예수님의 기도는 제자들에게 초점이 맞추어져 있었다. 물론 세상을 도외시하신다는 뜻은 아니다(참고. 18절;3:16). 그러나 예수님의 기본 관심은 제자들에게 있었다. 그것이 핵심이며 자기 사람들을 통해서 세상에 복음이 증거되기 때문이다. 교회가 사회정의 구현에도 관심을 가져야겠지만, 궁극적으로는 모든 것의 근원인 영혼 구원에 관심을 가져야 한다.

11 그들을 보전하사 우리와 같이 그들도 하나가 되게 하옵소서 계속해서 예수님은 세상에 남겨질 제자들을 하나님의 이름으로 지켜 주시고 하나가 되게 해 달라고 기도하신다. 교회는 하나님의 이름으로만 보호받을 수 있고 하나가 될 수 있다. 다시 말해서 내 이름으로는 하나가 될 수 없다는 뜻이다. 또한 그 어떤 인간의 이름으로도 하나를 만들 수 없다. 기본적으로 교회가 하나님의 보호와 하나됨을 경험하려면 죄악 된 인간성을 부인하고 철저히 하나님의 이름만 앞세워야 한다. 그럴 때 가능하다.

12 이는 성경을 응하게 함이니이다 성경이 가룟 유다의 멸망을 의도했다는 뜻이 아니다. 가룟 유다의 멸망은 철저히 그의 책임이었다. 그러나 하나님은 그것 또한 알고 계셨다는 뜻이다.

15 그들을 세상에서 데려가시기를 위함이 아니요 다만 악에 빠지지 않게 보전하시기를 위함이니이다 본 절은 교회가 가져야 하는 균형을 말씀한다. 교회는 세상이 악하다고 그 자체를 부정해서는 안 된다(참고. 렘 29:7). 그곳을 향해 보냄을 받았기 때문이다(18절). 그러나 죄로부터는 분명히 구별되어야 한다. 즉, 죄는 없어야 하지만 세상을 향한 책임은 다해야 한다(참고. 고전 5:9-13). 세상이 악하다고 해서 책임을 마다하면 안 된다. 관계를 끊어서도 안 된다.

17 진리로 거룩하게 하옵소서 교회가 거룩해지는 방법은 진리인 하나님의 말씀을 통해서이다. 말씀을 읽고 이해할 때 교회와 성도는 세상에서 어떻게 살아야 하는지 알게 된다.

쉬운성경

9 이제 저는 그들을 위하여 기도합니다. 세상 사람을 위해서가 아니라 아버지께서 제게 주신 자를 위해 기도합니다. 그것은 그들이 아버지의 것이기 때문입니다.

10 제것은 다 아버지의 것이고, 아버지의 것은 다 제것입니다. 그리고 저는 그들로 말미암아 영광을 받았습니다.

11 저는 더 이상 세상에 있지 않겠지만, 이 사람들은 계속 세상에 있습니다. 그리고 저는 아버지께로 갑니다. 거룩하신 아버지, 아버지께서 제게 주신 아버지의 이름으로 저들을 지켜 주셔서 우리가 하나인 것같이 그들도 하나가 되게 하여 주십시오.

12 제가 그들과 함께 있는 동안, 저는 아버지께서 제게 주신 아버지의 이름으로 그들을 지켰습니다. 저는 그들을 보호하였습니다. 멸망의 자식을 빼놓고는 그들 중 한 사람도 잃지 않았습니다. 멸망의 자식을 잃은 것은 성경 말씀이 이루어지게 하기 위함이었습니다."

13 "이제 저는 아버지께로 갑니다. 제가 세상에서 이것을 말하는 것은 저의 기쁨이 그 사람들 속에 충만히 있도록 하려는 것입니다.

14 제가 아버지의 말씀을 그들에게 주었습니다. 제가 세상에 속하지 않은 것처럼 그들도 세상에 속하지 않았으므로, 세상은 그들을 미워하였습니다.

15 제가 구하는 것은 아버지께서 그들을 세상에서 데려가 달라는 것이 아니라, 악으로부터 지켜 주시라는 것입니다.

16 제가 세상에 속하지 않은 것처럼 그들도 세상에 속하지 않았습니다.

17 그들을 진리로 거룩하게 해 주십시오. 아버지의 말씀은 진리입니다.

18 아버지께서 저를 세상에 보내신 것같이 저도 그들을 세상에 보냈습니다.

19 그들을 위해 내 자신을 거룩하게 하는 것은 그들도 진리 안에서 거룩해지도록 하기 위해서입니다."

저자의 메시지

오늘 본문은 십자가 죽음을 바로 앞에 두시고 주님이 제자들을 위하여 기도하시는 내용이다. 주님은 제자들을 위하여 기도하셨다. 그들이 처할 외적 환경을 위해서가 아니라 그들 '자신'을 위하여 기도하셨다는 점이 중요하다. 환경이 중요한 것이 아니라 사람이 중요하다. 사람이 준비되면 환경은 조금 어려워도 문제가 되지 않는다. 그 때문에 주님은 그들 자신을 위해 기도하셨다. 우리의 기도도 주님을 따라야 한다. 외적 환경이 아니라 나 자신을 위해 기도해야 한다. 남을 위해 기도할 때도 그 환경이 변하게 해 달라는 기도보다는(물론 이런 기도도 필요하다) 그 사람 자신을 위해 더 많이 기도해야 한다.

80년대 이후 민주화 운동과 더불어 '교회의 사명이 사회 참여와 복음 전도 중 무엇이 우선인가?' 하는 것이 중요한 이슈가 되었다. 물론 둘 다 필요하다. 교회는 불신으로 가득 찬 세상의 사회정의를 위해서도 일해야 한다. 그러나 교회 본연의 임무는 영혼 구원이다. 주님도 마지막 기도에서 세상을 위해서가 아니라 제자들을 위하여 기도하셨다. 세상이 중요하지 않아서가 아니라 순서상 참 그리스도인들을 통하여 세상에 진정한 구원과 정의가 구현되기 때문이다. 그러므로 교회가 교회 본연의 임무에 충실할 때, 성도가 성도다울 때, 세상에 정의가 흐르게 될 것이다.

교회는 악으로부터는 물러서야 하지만 세상을 향한 책임에는 다가서야 한다. 이것이 교회가 가지는 균형이다. 악한 세상이 싫다고 세상을 등져서는 안 된다. 죄는 멀리하면서 세상의 한복판을 살아가야 한다. 이것이 우리의 사명이다.

무릎 기도 | 주님, 제 자신을 위해 기도합니다. 문제는 외적 환경이 아니라 제 자신에게 있음을 알았습니다. 부족한 성품을 채워 주시고, 주님을 향한 균형 잡힌 신앙을 갖게 하소서.

NLT

9 "My prayer is not for the world, but for those you have given me, because they belong to you.
10 All who are mine belong to you, and you have given them to me, so they bring me glory.
11 Now I am departing from the world; they are staying in this world, but I am coming to you. Holy Father, you have given me your name;* now protect them by the power of your name so that they will be united just as we are.
12 During my time here, I protected them by the power of the name you gave me.* I guarded them so that not one was lost, except the one headed for destruction, as the Scriptures foretold.
13 "Now I am coming to you. I told them many things while I was with them in this world so they would be filled with my joy.
14 I have given them your word. And the world hates them because they do not belong to the world, just as I do not belong to the world.
15 I'm not asking you to take them out of the world, but to keep them safe from the evil one.
16 They do not belong to this world any more than I do.
17 Make them holy by your truth; teach them your word, which is truth.
18 Just as you sent me into the world, I am sending them into the world.
19 And I give myself as a holy sacrifice for them so they can be made holy by your truth.

* 17:11 Some manuscripts read *you have given me these [disciples].*
* 17:12 Some manuscripts read *I protected those you gave me, by the power of your name.*

9 prayer 기도 11 depart from ~ : ~에서 떠나다 protect 보호하다 unite 연합하다 12 destruction 멸망 foretell 예언하다 13 be filled with ~ : ~로 가득 차다 19 sacrifice 산 제물

75 하나됨을 위한 예수님의 기도

월 일

요한복음 17:20-26

새찬송 600장 | 통일 242장

• 먼저 묵상을 위한 기도를 드린 후, 성경 본문을 2번 이상 읽고 묵상하십시오.

본문요약 | 본문은 예수님이 하신 기도의 마지막 부분이다. 예수님은 제자들을 위해 기도하신 후, 제자들을 통해 믿게 될 모든 사람을 위해서도 기도하신다. 믿는 사람들이 하나 되고, 또한 그들이 자신의 영광을 보게 해 달라고 구하신다. 예수 그리스도를 믿게 되는 것은 하나님의 은혜이며, 믿는 자들은 하나됨을 통해 예수님을 세상에 드러낸다.

개역개정

20 내가 비옵는 것은 이 사람들만 위함이 아
니요 또 그들의 말로 말미암아 나를 믿는
사람들도 위함이니
21 아버지여, 아버지께서 내 안에, 내가 아
버지 안에 있는 것같이 그들도 다 하나가
되어 우리 안에 있게 하사 세상으로 아버
지께서 나를 보내신 것을 믿게 하옵소서
22 내게 주신 영광을 내가 그들에게 주었사오
니 이는 우리가 하나가 된 것같이 그들도
하나가 되게 하려 함이니이다
23 곧 내가 그들 안에 있고 아버지께서 내 안
에 계시어 그들로 온전함을 이루어 하나가
되게 하려 함은 아버지께서 나를 보내신
것과 또 나를 사랑하심같이 그들도 사랑하
신 것을 세상으로 알게 하려 함이로소이다
24 아버지여 내게 주신 자도 나 있는 곳에 나
와 함께 있어 아버지께서 창세 전부터 나
를 사랑하시므로 내게 주신 나의 영광을
그들로 보게 하시기를 원하옵나이다
25 의로우신 아버지여 세상이 아버지를 알지
못하여도 나는 아버지를 알았사옵고 그들
도 아버지께서 나를 보내신 줄 알았사옵
나이다
26 내가 아버지의 이름을 그들에게 알게 하였
고 또 알게 하리니 이는 나를 사랑하신 사
랑이 그들 안에 있고 나도 그들 안에 있게
하려 함이니이다

1. 본문에 나타난 예수님은 어떤 분이십니까?

2. 오늘 하나님께서 나에게 주신 깨달음은 무엇입니까?

3. 말씀을 어떻게 내 삶에 구체적으로 적용해야 합니까?

절별 해설

20 내가 비옵는 것은 이 사람들만 위함이 아니요 또 그들의 말로 말미암아 나를 믿는 사람들도 위함이니 예수님은 제자들뿐 아니라 앞으로 제자들을 통해 믿게 될 사람들을 위해서도 중보기도를 드리셨다. 누구도 요청하지 않았지만 앞으로의 교회를 위하여 기도하신 것이다. 예수님은 베드로가 요청하지 않았지만 그의 믿음이 떨어지지 않기를 위해서도 기도하셨다(눅 22:31-32). 이처럼 중보기도는 상대방의 요청이 없어도 상대를 생각하며 하는 기도이다. 우리는 흔히 중보기도 요청이 있을 때만 기도하는 경향이 있다. 요청이 없어도 연약한 사람을 생각하며 그를 위해 먼저 기도할 수 있어야 한다.

21 그들도 다 하나가 되어 우리 안에 있게 하사 세상으로 아버지께서 나를 보내신 것을 믿게 하옵소서 본 절은 믿는 사람들이 하나가 되어 하나님 안에서 사는 것을 통해 세상이 예수 그리스도를 믿게 된다는 취지의 말씀이다. 즉, 성도가 하나님 안에서 하나 되지못하면 세상은 주님을 믿지 않게 될 것이다. 교회의 하나됨은 교제 차원에서만이 아니라 선교의 차원에서도 이처럼 중요한 것이다. 예수님이 주신 새 계명도 우리가 서로 사랑할 때 세상이 우리가 그분의 제자인 것을 알게 된다고 말한다(13:35). 즉, 성도가 서로 사랑하고 하나가 될 때 예수님이 드러나시는 것이다.

23 그들로 온전함을 이루어 하나가 되게 하려 함은 예수님이 앞에서 언급하신 것에 이어(21-22절) 세 번째로 믿는 자들의 하나됨에 대해 말씀하신다. 이 사실을 통해 역설적으로 깨닫게 되는 것은 다양한 사람들이 모인 교회가 하나 되는 것이 쉽지 않다는 사실이다. 하나됨은 획일화가 아니라 통일성을 의미한다(고전 12:12-14). 즉, 다양한 은사와 인격 속에서도 그리스도의 이름으로 하나가 되는 통일성을 의미한다. 그 때문에 하나가 되는 것은 자연스럽게 이루어지는 것이 아니라 최선을 다해 노력해야 되는 일이다(엡 4:3). 자신을 쳐 복종시킴이 없이는 교회의 하나됨은 이루어지지 않는다.

26 내가 아버지의 이름을 그들에게 알게 하였고 또 알게 하리니 예수님이 아버지의 이름을 알게 해주셔야만 인간은 하나님을 믿을 수 있다. 구원은 하나님의 선물이다. 그리고 구원은 믿음으로 얻기 때문에 구원이 하나님의 선물이라면 믿음도 하나님의 선물일 수밖에 없다(엡 2:8 저자 주-본문에서 '이것'의 직전 선행사가 '구원'으로 되어 있으나, 원문에는 '믿음'이 선행사이다. 다시 말해서 문법적으로도 믿음은 하나님의 선물이라는 해석이 가능하다). 그러므로 믿음은 자연스럽게 우리 마음속에서 생겨나는 것이 아니라 하나님의 선물이다. 내가 예수를 믿게 된 것은 내 능력이나 결심 때문이 아니다. 모든 것이 주님의 은혜임을 기억하고, 자신의 믿음을 자랑하는 일이 없어야 한다(엡 2:9).

쉬운성경

20 "저는 이 사람들을 위해서만 기도하는 것이 아니라, 이 사람들이 전하는 말을 듣고 저를 믿는 사람들을 위해서도 기도합니다.

21 아버지, 아버지께서 제 안에 계시고 제가 아버지 안에 있는 것같이, 믿는 사람들이 다 하나가 되게 하여 주시고, 그들도 우리 안에 있게 하셔서 아버지께서 저를 보내셨다는 것을 세상이 믿게 하여 주십시오.

22 우리가 하나인 것같이 그들도 하나가 되게 하기 위해 아버지께서 제게 주신 영광을 이 사람들에게 주었습니다.

23 제가 그들 안에 있고, 아버지께서 제 안에 계십니다. 부디 그들로 온전히 하나가 되게 해 주십시오. 그리하여 세상이, 아버지께서 저를 보내신 것과 아버지께서 저를 사랑하신 것처럼 그들도 사랑하셨다는 것을 알게 해 주십시오."

24 "아버지, 제가 있는 곳에 아버지께서 제게 주신 이 사람들이 저와 함께 있게 하여 주시기를 원합니다. 아버지께서 세상이 창조되기 전에 저를 사랑하셔서 아버지께서 제게 주신 그 영광을 그들로 보게 해 주십시오.

25 의로우신 아버지, 세상은 아버지를 알지 못하지만 저는 아버지를 알며, 이 사람들도 아버지께서 저를 보내신 것을 압니다.

26 아버지께서 제게 보이신 사랑이 그들에게 있고, 저도 그들 안에 있게 하기 위해 그 사람들에게 아버지의 이름을 알게 하였고, 앞으로도 계속 알게 할 것입니다."

저자의 메시지

교회가 하나 되는 것은 성도 간의 교제 차원에서만이 아니라 예수 그리스도를 세상에 전하는 전도의 차원에서도 중요하다. 교회가 하나 되지 못하고 성도 간에 갈등이 가득하면 사람들은 우리가 가진 믿음을 의심할 것이다. 반면에 분명한 갈등이 벌어질 만한 상황에서도 서로를 믿고 사랑하며 용서한다면 세상은 그 모습을 보고 신앙의 진정성을 믿게 될 것이다. 성도 간의 하나됨은 이토록 중요하다. 이렇게 성도들이 모인 교회가 하나 되려면 자기 것을 주장하는 사람들보다 헌신하는 사람들이 많아야 한다(엡 4:2-3;빌 2:2-3). 자신의 것을 주장하기만 하면 서로 부딪칠 수밖에 없다. 참아주고 받아주는 헌신 속에서 교회는 하나를 이룬다. 당신은 다른 사람들의 부족함을 기꺼이 받아주었는가? 혹 당신이 옳다는 것을 드러내기 위해 다른 성도를 정죄하고 결과적으로 교회를 분열시킨 적은 없는가? 이것은 늘 자신에게 물어야 할 질문들이다.

믿음은 자랑의 대상이 될 수 없다. 왜냐하면 우리 속에서 하나님의 이름을 믿게 하시는 분이 바로 예수 그리스도이시기 때문이다(물론 성령님의 사역을 통하여 하신다). 주님이 알게 해주셔서 우리가 하나님을 알게 된 것이며, 주님이 인도해 주셔서 교회에 다니게 된 것이다. 그러므로 비록 자신의 믿음이 남들보다 나아 보인다 해도 그 믿음을 자랑할 수 없다. 그것도 하나님이 주신 것이기 때문이다. 모든 것이 주님께로부터 왔다는 사상은 성경이 늘 강조하는 생각이다. 당신의 삶에서 혹시 이것은 내 능력의 결과라고 생각하는 것은 없는지 점검해보라.

무릎 기도 | 주님, 교회가 서로 사랑하고 아껴줌으로 하나 되게 하소서. 세상에서 이해할 수 없는 포용력과 인내를 우리 모두에게 주셔서 신앙이 진정한 것임을 드러내게 하소서.

NLT

20 "I am praying not only for these disciples but also for all who will ever believe in me through their message.
21 I pray that they will all be one, just as you and I are one—as you are in me, Father, and I am in you. And may they be in us so that the world will believe you sent me.
22 "I have given them the glory you gave me, so they may be one as we are one.
23 I am in them and you are in me. May they experience such perfect unity that the world will know that you sent me and that you love them as much as you love me.
24 Father, I want these whom you have given me to be with me where I am. Then they can see all the glory you gave me because you loved me even before the world began!
25 "O righteous Father, the world doesn't know you, but I do; and these disciples know you sent me.
26 I have revealed you to them, and I will continue to do so. Then your love for me will be in them, and I will be in them."

20 pray 기도하다 disciple 제자 22 glory 영광, 영예 23 experience 경험하다 perfect 완전한 unity 통일성, 조화 25 righteous 의로운 26 continue to ~ : 계속해서 ~하다

76

월 일

잡히신 예수님

요한복음 18:1-11

새찬송 439장 | 통일 496장

• 먼저 묵상을 위한 기도를 드린 후, 성경 본문을 2번 이상 읽고 묵상하십시오.

본문요약 | 본문은 예수님이 제자들과의 시간을 마치시고 군병들에게 잡히시는 장면을 보여준다. 예수님은 제자들과 종종 모이시던 동산에서 유다를 앞세운 군병들에게 잡히셨다. 그 과정에서 주님은 자신이 그들이 찾는 나사렛 예수임을 분명히 밝히셨고, 끝까지 제자들을 배려하셨다. 이때 베드로는 칼로 대항하려 했으나, 모든 것을 아시는 주님은 피하지 않으시고 기꺼이 그들에게 자신을 내어 주신다.

개역개정

1 예수께서 이 말씀을 하시고 제자들과 함
께 기드론 시내 건너편으로 나가시니 그
곳에 동산이 있는데 제자들과 함께 들어
가시니라
2 그곳은 가끔 예수께서 제자들과 모이시는
곳이므로 예수를 파는 유다도 그곳을 알
더라
3 유다가 군대와 대제사장들과 바리새인들
에게서 얻은 아랫사람들을 데리고 등과 횃
불과 무기를 가지고 그리로 오는지라
4 예수께서 그 당할 일을 다 아시고 나아가
이르시되 너희가 누구를 찾느냐
5 대답하되 나사렛 예수라 하거늘 이르시되
내가 그니라 하시니라 그를 파는 유다도
그들과 함께 섰더라
6 예수께서 그들에게 내가 그니라 하실 때
에 그들이 물러가서 땅에 엎드러지는지라
7 이에 다시 누구를 찾느냐고 물으신대 그들
이 말하되 나사렛 예수라 하거늘
8 예수께서 대답하시되 너희에게 내가 그니
라 하였으니 나를 찾거든 이 사람들이 가
는 것은 용납하라 하시니
9 이는 아버지께서 내게 주신 자 중에서 하
나도 잃지 아니하였사옵나이다 하신 말씀
을 응하게 하려 함이러라
10 이에 시몬 베드로가 칼을 가졌는데 그것을
빼어 대제사장의 종을 쳐서 오른편 귀를
베어버리니 그 종의 이름은 말고라
11 예수께서 베드로더러 이르시되 칼을 칼집
에 꽂으라 아버지께서 주신 잔을 내가 마
시지 아니하겠느냐 하시니라

1. 본문에 나타난 예수님은 어떤 분이십니까?

2. 오늘 하나님께서 나에게 주신 깨달음은 무엇입니까?

3. 말씀을 어떻게 내 삶에 구체적으로 적용해야 합니까?

절별 해설

1-3 기드론 시내 건너편으로 나가시니 그곳에 동산이 있는데 제자들과 함께 들어가시니라 이 동산은 '겟세마네'라 불리는 작은 동산이었다(마 26:36). 요한복음은 생략하고 있지만, 주님은 이곳에서 마지막 기도를 하나님께 드리셨다(마 26:36-46).

한편, 예수님이 배반당하시는 시점에 건너가신 기드론 시내는 다윗 왕이 압살롬의 반역을 경험했을 때 건너갔던 바로 그 장소이다(삼하 15:23). 다른 복음서에는 기록되지 않은 이 부분을 요한이 기록한 까닭은 예수 그리스도의 배반당하심과 죽으심이 다윗 왕권이 예표한 영원한 왕의 배반당하심임을 드러내기 위함이다(참고. 대상 17:12-14).

4 예수께서 그 당할 일을 다 아시고 나아가 예수님은 숨거나 피하지 않으시고 능동적으로 자신의 죽음을 맞이하셨다. 당신이 그들이 찾는 예수임을 세 번이나 언급하셨다(5,6,8절). 마태복음에 기록된 '예수님의 겟세마네 기도'(26:36-44)가 죽음을 앞두신 예수님의 인간적인 모습을 표현했다면, 요한복음은 그 부분을 생략한 채 주님이 하나님의 아들로서 예정된 길을 기꺼이 가시는 당당한 모습을 기록한다. 각각의 관점에서 기록한 다양하고 풍성한 기록들로 이해하면 된다. 주님의 죽음은 인간의 배반에 의해 발생한 우연한 사건이 아니었다. 우리의 구속을 위해 처음부터 예정된 길이었다.

8-9 이 사람들이 가는 것은 용납하라 예수님은 마지막까지 제자들을 보호하셨다. '아버지께서 주신 자 중 하나도 잃지 않겠다'는 자신의 말씀을 이루신 것이다. 예수님은 앞에서도 여러 번에 걸쳐 자신의 사람들을 하나도 잃어버리지 않겠다고 말씀하셨다(6:39;10:28;17:12). 심지어 목숨을 버려서라도 그들을 지키겠다고 하셨다(10:15). '하나도' 잃어버리지 않겠다는 부분이 강조되어 있다(참고. 눅 15:4-10). 지위 고하를 막론하고 택함 받은 사람의 구원은 분명히 지켜질 것이다.

10-11 시몬 베드로가 칼을 가졌는데 그것을 빼어 대제사장의 종을 쳐서 베드로는 칼로 예수님을 지켜 드리려 했다. 물론 가상한 행동이었다. 그러나 이는 주님이 가셔야 하는 길을 제대로 이해하지 못한 결과에서 나온 행동이었다. 베드로는 이전에도 주님의 길을 이해하지 못해 잘못된 의욕을 보인 적이 있었다(마 16:21-23). 열심과 충성만 중요한 것이 아니다. 그 이전에 그것이 주님의 뜻인지를 먼저 확인해야 한다. 주님의 말씀에 대한 올바른 이해가 결여된 열심은 오히려 하나님의 일을 방해할 수 있음을 기억하자.

쉬운성경

1 예수님께서 이 모든 말씀을 마치시고, 제자들과 함께 기드론 골짜기 건너편으로 가셨습니다. 그곳에는 올리브 나무 정원이 있었습니다. 예수님과 제자들은 이 정원으로 갔습니다.

2 그곳은 예수님이 제자들과 함께 종종 모이셨던 곳이므로, 예수님을 배반한 유다도 이곳을 알고 있었습니다.

3 그래서 유다는 로마 군인들과 대제사장과 바리새인들이 보낸 성전 경비대를 데리고 정원으로 왔습니다. 그들은 등불과 횃불과 무기를 들고 있었습니다.

4 예수님께서는 자신에게 닥칠 일을 다 아시고, 그들 앞으로 나서며 물으셨습니다. "너희가 누구를 찾느냐?"

5 그들은 "나사렛 사람 예수다"라고 대답했습니다. 예수님께서 그 사람들에게 "내가 그 사람이다"라고 말씀하셨습니다. 예수님을 배반한 유다도 그들과 함께 거기에 서 있었습니다.

6 예수님께서 "내가 그 사람이다"라고 말씀하셨을 때, 사람들은 뒤로 물러나 땅에 엎드렸습니다.

7 그러자 예수님께서 다시 물으셨습니다. "너희가 누구를 찾느냐?" 그들이 "나사렛 사람 예수다"라고 대답했습니다.

8 예수님께서 말씀하셨습니다. "내가 그 사람이라고 너희에게 말하였으니, 너희가 찾는 사람이 바로 나라면 이 사람들은 가게 하여라."

9 이렇게 말씀하신 것은 예수님께서 이전에 "아버지께서 제게 주신 자 중에 한 사람도 잃지 않았습니다"라고 말씀하신 것을 이루게 하시려는 것입니다.

10 그때, 시몬 베드로는 칼을 차고 있었습니다. 베드로가 칼을 빼어 대제사장의 종을 쳐서 오른쪽 귀를 베어 버렸습니다. 그 종의 이름은 말고였습니다.

11 예수님께서 베드로에게 말씀하셨습니다. "칼을 집에 꽂아라. 아버지께서 내게 주신 잔을 마시지 말란 말이냐?"

저자의 메시지

요한복음은 주님의 잡히심과 죽으심이 하나님의 아들로서 행하신 능동적인 행동이라는 사실에 초점을 맞추고 있다. 주님은 자신이 죽을 것을 아시면서도 숨을 장소를 찾지 않으셨다. 오히려 배반자인 가룟 유다가 잘 아는 장소로 가셨다. 또한 군병들 앞에서 자신의 신분을 먼저 밝히셨다. 이것을 통해 주님의 죽음이 결코 인간적인 배반에 의한 우연한 죽음이 아니라 인류의 구속을 위해 걸어가신 의지적 행동이었음을 알 수 있다. 주님은 앞에 있을 기쁨을 보시며 힘든 고난의 길을 능동적으로 걸어가신 것이다. 주님은 세상이 우리도 미워할 것이라 하셨다(15:18). 죄악 된 세상에서 주님을 제대로 믿으려면 어떤 식으로든 고난이 따를 수밖에 없다. 그러나 우리가 걸어가는 길 역시 이미 약속된 승리의 길임을 기억하자. 예수 믿는 삶이 때로는 세상 사람들의 삶보다 초라하고 무기력해 보여도 영원한 생명이 약속된 길이라는 사실을 기억하자. 그러므로 자발적인 신앙이 중요하다. 그렇게 하면 손해를 보고 어려움을 당한다는 사실을 뻔히 알면서도 주님을 위해서 기꺼이 손해나는 쪽을 선택하는 능동적인 신앙을 가져야 한다. 성도가 살아야 할 마땅한 길을 가야 한다. 그것이 주님의 제자다운 모습이다. 고난일지라도 피하지 않고 능동적으로 걸어갈 때, 그 길은 영원한 승리와 기쁨을 가져다줄 것이다. 당신은 성도로서의 인생을 자발적으로 걸어가고 있는가? 할 수 없이 끌려가는 신앙이 아니라 손해가 되더라도 능동적으로 선택하며 나아가고 있는가?

무릎 기도 주님, 저를 위해 십자가의 길을 기꺼이 걸어가신 주님을 따르게 하소서. 옳은 길이라면 고난과 역경이 있을지라도 기쁘게 따르며 승리의 기쁨을 맛보게 하소서.

NLT

1 After saying these things, Jesus crossed the Kidron Valley with his disciples and entered a grove of olive trees.

2 Judas, the betrayer, knew this place, because Jesus had often gone there with his disciples.

3 The leading priests and Pharisees had given Judas a contingent of Roman soldiers and Temple guards to accompany him. Now with blazing torches, lanterns, and weapons, they arrived at the olive grove.

4 Jesus fully realized all that was going to happen to him, so he stepped forward to meet them. "Who are you looking for?" he asked.

5 "Jesus the Nazarene,"* they replied.
"I AM he,"* Jesus said. (Judas, who betrayed him, was standing with them.)

6 As Jesus said "I AM he," they all drew back and fell to the ground!

7 Once more he asked them, "Who are you looking for?" And again they replied, "Jesus the Nazarene."

8 "I told you that I AM he," Jesus said. "And since I am the one you want, let these others go."

9 He did this to fulfill his own statement: "I did not lose a single one of those you have given me."*

10 Then Simon Peter drew a sword and slashed off the right ear of Malchus, the high priest's slave.

11 But Jesus said to Peter, "Put your sword back into its sheath. Shall I not drink from the cup of suffering the Father has given me?"

* 18:5a Or *Jesus of Nazareth*; also in 18:7.
* 18:5b Or *"The 'I AM' is here"*; or *"I am the LORD"*; Greek reads *I am*; also in 18:6, 8. See Exod 3:14.
* 18:9 See John 6:39 and 17:12.

1 grove 작은 숲 2 betrayer 배신자, 배반자 3 contingent 파견단 accompany 함께 가다 blazing 타오르는 torch 횃불 10 draw a sword : 칼을 뽑다 slash 베다 11 put … back into ~ : …을 ~로 되돌리다

77 예수님의 제자임을 부인하는 베드로

월 일

요한복음 18:12-18

새찬송 250장 | 통일 182장

• 먼저 묵상을 위한 기도를 드린 후, 성경 본문을 2번 이상 읽고 묵상하십시오.

본문요약 | 당시의 정치·종교 세력들에게 체포당하신 예수님은 먼저 안나스에게 심문을 받으신다. 한편, 예수님을 따라가던 베드로는 요한과 함께 대제사장의 집 뜰에 들어갔다가 문을 지키는 여종 앞에서 자신이 예수님의 제자임을 부인한다. 방금 전 예수님을 지키려고 칼을 휘둘렀던 베드로가 바로 다시 예수님을 부인하는 것을 통해 인간의 나약함을 볼 수 있다.

개역개정

12 이에 군대와 천부장과 유대인의 아랫사람들이 예수를 잡아 결박하여
13 먼저 안나스에게로 끌고 가니 안나스는 그 해의 대제사장인 가야바의 장인이라
14 가야바는 유대인들에게 한 사람이 백성을 위하여 죽는 것이 유익하다고 권고하던 자러라
15 시몬 베드로와 또 다른 제자 한 사람이 예수를 따르니 이 제자는 대제사장과 아는 사람이라 예수와 함께 대제사장의 집 뜰에 들어가고
16 베드로는 문밖에 서 있는지라 대제사장을 아는 그 다른 제자가 나가서 문 지키는 여자에게 말하여 베드로를 데리고 들어오니
17 문 지키는 여종이 베드로에게 말하되 너도 이 사람의 제자 중 하나가 아니냐 하니 그가 말하되 나는 아니라 하고
18 그때가 추운 고로 종과 아랫사람들이 불을 피우고 서서 쬐니 베드로도 함께 서서 쬐더라

1. 오늘 하나님께서 나에게 주신 깨달음은 무엇입니까?

2. 말씀을 어떻게 내 삶에 구체적으로 적용해야 합니까?

절별 해설

12 군대와 천부장과 유대인의 아랫사람들이 예수를 잡아 예수님을 잡으러 온 사람들은 로마 군인들과 유대인들로 구성되어 있었다(3절). 특히 군대의 천부장이 함께한 것을 볼 때 상당히 많은 규모의 병력이 투입된 정황을 알 수 있다. 12명의 평범한 제자들을 거느린 예수님을 잡기에는 다소 많은 병력이다. 이것으로 보아 예수님에 대한 당시 종교지도자들의 두려움이 어떠했는지를 짐작할 수 있다. 그들은 예수님이 평범한 분이 아니심을 알고 있었던 것이다.

14 한 사람이 백성을 위하여 죽는 것이 유익하다 이 구절은 본서 11장 50절을 재인용한 말씀이다. 대제사장 가야바는 예수님 한 사람이 죽으면 모든 일이 순조롭게 해결될 것이라고 공회를 설득했었다. 당시 요한은 그의 발언에 대해 그에게는 그런 의도가 전혀 없었지만 실제로 그 말 자체는 예언처럼 쓰였다고 해석했다(11:51). 예수님의 죽음은 실제로 만인을 위한 죽음이셨기 때문이다(11:52). 무심코 가볍게 내뱉는 말이 실제로 그 말 이상의 의미로 사용될 수가 있다(참고. 창 25:30-34). 그러므로 조심스럽게 말해야 한다. 특히 하나님 앞에서 함부로 입을 열지 말고 조심해서 말해야 한다(전 5:2-7).

15-16 시몬 베드로와 또 다른 제자 한 사람이 예수를 따르니 본서가 '또 다른 제자' 혹은 '그가 사랑하시는 자'로 소개하는 인물은 바로 요한 자신이다(13:23;20:2). 예수님이 잡히실 때 다른 모든 제자는 뿔뿔이 흩어져 도망갔지만(마 26:56), 베드로와 요한만은 멀찍이 주님의 뒤를 따랐다. 그것은 요한의 가문이 어떤 식으로든 대제사장과 친분이 있었기에 가능한 일이었다. 비록 예수님을 부인하는 치명적인 잘못을 하는 베드로이지만, 그래도 다른 제자들이 모두 도망간 상황에서 끝까지 주님을 뒤따른 점은 가상하게 여겨야 한다. 실수를 하더라도 늘 주님을 향하여 서 있는 삶이 실수 없이 주님을 떠난 사람보다 낫다.

17 문 지키는 여종 마태의 기록에 의하면 베드로는 총 세 번 중 두 번이나 여종 앞에서 예수님을 부인했다(마 26:69-71). 이것은 당시 남성중심의 문화에서 매우 치욕스러운 일임이 분명했다. 그러나 성경이 베드로의 부인을 자세하게 기록하는 이유는 베드로의 어리석음을 정죄하려는 의도가 아니다. 인간의 결심이 얼마나 연약한 것인지를 보여주려는 의도이다. 바로 전에 칼을 휘두르며 용기를 보였지만, 다시 바로 실수하고 무너지는 것이 인생이다. 신앙에서 자만은 금물이다(고전 10:12).

쉬운성경

12 그 순간, 군인들과 천부장과 유대 성전 경비대가 예수님을 체포했습니다. 그들은 예수님을 결박하여

13 먼저 안나스에게로 끌고 갔습니다. 안나스는 그 해의 대제사장인 가야바의 장인이었습니다.

14 가야바는 며칠 전에 유대인들에게 "한 사람이 백성을 위하여 죽는 것이 더 낫다"고 말한 사람이었습니다.

15 시몬 베드로가 다른 제자 한 사람과 함께 예수님을 따라갔습니다. 이 다른 제자는 제사장과 친분이 있는 사람이었기에 그는 예수님과 함께 대제사장의 집 뜰 안으로 들어갔습니다.

16 그러나 베드로는 문밖에서 기다려야만 했습니다. 대제사장과 아는 사이인 그 제자가 문밖으로 나왔습니다. 그가 문 지키는 여자에게 말하여 베드로를 안으로 데리고 들어갔습니다.

17 문 지키는 여자가 베드로에게 "당신은 이 사람의 제자 중 한 사람이 분명 아니지요?" 하고 물었습니다. 베드로는 "난 아니에요"라고 대답했습니다.

18 날이 추워서 종들과 성전 경비대가 불을 피워 놓고, 주위에 둘러서서 불을 쬐고 있었습니다. 베드로도 그들과 함께 서서 불을 쬐고 있었습니다.

저자의 메시지

본문에는 베드로가 예수님의 제자인 것을 부정하는 장면이 기록되어 있다. 그는 문을 지키는 여종 앞에서 자신의 신분을 부정했다. 또한 마태복음에 의하면 그는 여종 앞에서 두 번이나 주님을 부인했다. 권세가 대단한 정치권력자 앞도 아닌 비천한 여종들 앞에서의 부정이기에 베드로의 부인은 더 충격적이다. 당시 남성중심의 문화에서는 여종 앞에서 이런 나약한 모습을 보인 것은 큰 수치임이 분명하기 때문이다. 사실 그들 앞에서 제자임을 인정한다고 해서 당장 어떻게 되는 것도 아니었다.

그런데 성경은 왜 베드로의 부인을 이토록 자세히 다루는 것일까? 복음서를 기록한 제자들에게 베드로를 모욕하거나 깎아내리려는 의도가 있었던 것은 전혀 아니다. 그것은 인간의 결심이나 충성 맹세가 얼마나 허무한 것인가를 보여주려는 의도이다. 예수님을 버리지 않겠다고 호언하며(마 26:33), 실제로 칼을 휘둘러 예수님을 지키려 했던 베드로이지만, 그는 너무도 작은 일 앞에서 무너졌다. 인간의 나약함을 아는 것은 신앙인의 의무이다. 지난날 큰 헌신을 하고 대단한 일을 했어도 아주 작은 일에 얼마든지 허무하게 무너질 수 있는 것이 인간이다. 그러므로 어떤 상황에서도 자신의 신앙에 대해 자만심을 가져서는 안 된다. 아무리 작은 것이라도 그것이 우리를 무너뜨릴 가능성이 있는 죄를 포함하고 있다면 조심해야 한다. 주님께 크게 쓰임 받던 사람들이 의외의 것에서 넘어지는 경우가 종종 있다. 영적인 일에는 꺼진 불도 다시 보고 작은 것도 무시하지 말자.

무릎 기도 주님, 오늘 당신께 충성과 헌신을 맹세하지만 내일 사소한 일에 넘어지는 연약한 저입니다. 작은 죄라도 경계하며 주님 앞에 날마다 죽어지는 삶이 되도록 은혜를 베푸소서.

NLT

12 So the soldiers, their commanding officer, and the Temple guards arrested Jesus and tied him up.

13 First they took him to Annas, the father-in-law of Caiaphas, the high priest at that time.*

14 Caiaphas was the one who had told the other Jewish leaders, "It's better that one man should die for the people."

15 Simon Peter followed Jesus, as did another of the disciples. That other disciple was acquainted with the high priest, so he was allowed to enter the high priest's courtyard with Jesus.

16 Peter had to stay outside the gate. Then the disciple who knew the high priest spoke to the woman watching at the gate, and she let Peter in.

17 The woman asked Peter, "You're not one of that man's disciples, are you?" "No," he said, "I am not."

18 Because it was cold, the household servants and the guards had made a charcoal fire. They stood around it, warming themselves, and Peter stood with them, warming himself.

* 18:13 Greek *that year*.

12 commanding officer 부대 지휘관, 부대장 arrest 체포하다 tie ~ up : ~을 묶다, 결박하다
13 father-in-law 장인 15 be acquainted with ~ : ~와 아는 사이이다 allow to ~ : ~를 허락하다 courtyard 안뜰
18 household 가족의 charcoal 숯, 목탄

78

월 일

안나스의 심문

요한복음 18:19-27

새찬송 458장 | 통일 513장

• 먼저 묵상을 위한 기도를 드린 후, 성경 본문을 2번 이상 읽고 묵상하십시오.

본문요약 | 안나스가 예수님을 심문한 내용과 베드로가 세 번이나 예수님을 부인한 사실을 기록한 본문이다. 안나스는 예수님의 교훈과 제자들에 대해 묻는다. 이에 예수님은 자신의 가르침이 공개적으로 이루어진 사실을 강조하시나, 그들은 예수님을 때리며 위협한다. 죄 없으신 예수님에게 죄를 만들기 위해 혈안이 된 모습을 볼 수 있다.

개역개정

19 대제사장이 예수에게 그의 제자들과 그의
교훈에 대하여 물으니
20 예수께서 대답하시되 내가 드러내 놓고 세
상에 말하였노라 모든 유대인들이 모이는
회당과 성전에서 항상 가르쳤고 은밀하게
는 아무것도 말하지 아니하였거늘
21 어찌하여 내게 묻느냐 내가 무슨 말을 하
였는지 들은 자들에게 물어보라 그들이 내
가 하던 말을 아느니라
22 이 말씀을 하시매 곁에 섰던 아랫사람 하
나가 손으로 예수를 쳐 이르되 네가 대제
사장에게 이같이 대답하느냐 하니
23 예수께서 대답하시되 내가 말을 잘못하였
으면 그 잘못한 것을 증언하라 바른 말을
하였으면 네가 어찌하여 나를 치느냐 하
시더라
24 안나스가 예수를 결박한 그대로 대제사장
가야바에게 보내니라
25 시몬 베드로가 서서 불을 쬐더니 사람들이
묻되 너도 그 제자 중 하나가 아니냐 베드
로가 부인하여 이르되 나는 아니라 하니
26 대제사장의 종 하나는 베드로에게 귀를 잘
린 사람의 친척이라 이르되 네가 그 사람
과 함께 동산에 있는 것을 내가 보지 아
니하였느냐
27 이에 베드로가 또 부인하니 곧 닭이 울더
라

1. 오늘 하나님께서 나에게 주신 깨달음은 무엇입니까?

2. 말씀을 어떻게 내 삶에 구체적으로 적용해야 합니까?

절별 해설

19 대제사장 예수님을 처음 심문한 사람은 안나스가 분명하다(13,24절). 당시 대제사장은 가야바였으나, 그럼에도 안나스가 대제사장이라 기록된 것은 그가 전직 대제사장이었기 때문이다(눅 3:2).

예수에게 그의 제자들과 그의 교훈에 대하여 물으니 당시 유대지도자들은 예수님을 추종하는 무리가 많아지자 그것 때문에 발생할지도 모르는 폭동을 염려했다. 그럴 경우 종교대표자인 자신들이 그 책임을 져야 했기 때문이다(참고. 11: 47-48 절별 해설). 그 때문에 예수님을 옭아맬 내용을 찾고자 그분의 교훈에 대해 묻고, 제자들이 일으킬지도 모르는 소요(騷擾)를 의심해 제자들에 관해 물은 것이다. 순전히 정치적인 관심에 의한 질문일 뿐, 예수님에 관해서 진심으로 알고자 하는 마음은 아니었다.

20-21 은밀하게는 아무것도 말하지 아니하였거늘, 내가 무슨 말을 하였는지 들은 자들에게 물어보라 안나스의 질문 의도를 간파하신 예수님은 실상을 말씀하신다. 즉, 주님의 사역이 공개적으로 이루어졌으며, 문제 될 발언이 없었던 만큼 들은 사람들에게 확인해 보라는 내용이었다. 무언가 불법적이고 비밀스러운 내용을 확인하려는 안나스의 질문에 죄가 없으신 주님이 시원스럽게 답변하신 것이다. 오히려 죄는 당시 종교지도자들에게 있었다. 그들은 죄 없는 자를 죽이려 하고 있었다. 세상은 죄가 큰 자가 죄 없는 자를 정죄하는 일이 종종 벌어지는 곳이다. 자기 죄를 모르는 죄인들의 슬픈 모습이다.

22 손으로 예수를 쳐 예수님이 잡혀온 죄인치고는 너무도 당당한 모습을 보이시자 이제 그들은 폭력을 행사하여 예수님을 위협하려 든다. 초대교회 때에도 제자들의 당당한 모습 앞에 공회는 폭력을 사용하여 저들을 위협한 적이 있다(행 5:40). 그러나 당시 율법에 의하면 죄를 확인하지 않고 폭력을 사용하는 것은 불법이었다(행 23:1-3). 어떤 협박과 위협도 진실을 가릴 수 없다. 기독교는 처음부터 핍박받았지만 진리는 사라지지 않고 더욱 왕성해져 왔다. 그러므로 우리도 주님처럼 세상의 위협에 굴하지 말아야 한다.

25-27 베드로가 또 부인하니 곧 닭이 울더라 베드로가 불을 쬐다가 닭이 울기 전에 예수님을 세 번 부인하는 장면이다. 본문은 '네가 세 번 나를 부인하리라'라는 예수님의 말씀(13:38)이 이루어졌고, 베드로가 예수님을 부인한 것이 단순한 실수가 아니라는 사실을 보여준다. 누가복음에 따르면 바로 이때 주님과 베드로의 시선이 마주쳤다(22:60-61). 그러나 주님은 원망하는 눈빛이 아닌 지극히 불쌍히 여기시는 시선으로 베드로를 바라보셨을 것이다. 주님은 우리의 연약함과 부족함을 긍휼히 여기시는 분이다(참고. 13:1 절별 해설).

쉬운성경

19 대제사장이 예수님께 예수님이 가르친 말씀과 제자들에 관해 물었습니다.

20 예수님께서 대답하셨습니다. "나는 세상에 분명히 말하였다. 언제든지 유대인들이 모이는 회당과 성전 뜰에서 가르쳤고, 은밀하게 말한 것이 하나도 없었다.

21 그런데 어째서 내게 묻느냐? 내 말을 들은 사람들에게 내가 그들에게 무엇을 말했는지 직접 물어 보아라. 그 사람들은 내가 무엇을 말했는지 알고 있다."

22 예수님이 이렇게 말씀하실 때, 곁에 있던 성전 경비대원 중 한 사람이 예수님의 얼굴을 주먹으로 치면서 말했습니다. "대제사장께 이런 식으로밖에 대답하지 못하겠소?"

23 예수님께서 그에게 "내가 잘못 말하였다면 그 잘못이 무엇인지 말하여라. 그러나 내가 사실을 말했다면 네가 어째서 나를 치느냐?" 하고 말씀하셨습니다.

24 그러자 안나스는 예수님을 결박한 채 대제사장 가야바에게 보냈습니다.

25 시몬 베드로가 서서 불을 쬐고 있었습니다. 여러 사람들이 베드로에게 "당신도 저 사람의 제자 중 한 사람이 아닌 게 맞지요?"라고 물었습니다. 베드로가 부인하며 "난 아니오!"라고 대답했습니다.

26 대제사장의 종 한 사람이 거기에 있었는데 그 사람은 베드로가 전에 귀를 벤 사람의 친척이었습니다. 그가 확신에 차서 말하였습니다. "내가 당신이 그 사람과 함께 정원에 있는 것을 보았소!"

27 베드로는 다시 부인하였습니다. 그러자 바로 그 순간, 닭이 울었습니다.

저자의 메시지

죄인을 체포했으면 죄목을 알리는 것이 순서이다. 그러나 안나스는 도리어 예수님께 그분의 교훈과 제자들에 관해 물었다. 다시 말해서 확실한 죄목도 없으면서 예수님을 우선 체포한 후, 죄목을 만들기 위해 이것저것을 캐물었던 것이다. 또한 우리는 본문을 통해 죄인이 뒤바뀐 것을 알 수 있다. 실제로 죄인은 죄 없으신 예수님을 어떻게든 죽이려 드는 안나스와 당시 종교지도자들이었다. 죄 없으신 예수님을 죄 있는 인간들이 처벌하려고 하는 이런 우스꽝스러운 장면은 사실 기독교 역사 속에서 계속되어온 사건이다. 기독교는 진리를 선포하고 알려왔다는 사실만으로 핍박의 대상이 되어 왔다. 누구를 해친 적도 폭동을 일으킨 적도 없지만, 세상의 미움의 대상이 된 적은 많았다. 그런 일들이 빈번히 발생하는 곳이 세상임을 기억해야 한다. 당신이 소유한 신앙은 진리이지만, 그렇다고 세상이 당신을 환영할 것이라는 기대는 버려라. 사탄이 활동하는 한 진리는 핍박을 당할 것이다. 누가 진정한 죄인인지는 하나님 앞에서 온전히 드러나게 될 것이다.

베드로는 예수님의 예언대로 세 번 주님을 부인했고, 닭이 울 때 예수님과 시선이 마주쳤다. 아마도 그때 주님의 눈빛은 인간적인 연약함에 대한 연민으로 가득 찬 눈빛이었을 것이다. 주님은 늘 그렇게 부족한 제자들을 끝까지 사랑하셨다. 주님은 당신도 그렇게 대하신다. 그러므로 어떤 경우에도 주님을 피하려 하지 마라.

무릎 기도 | 주님, 죄 없이 심문받으신 주님을 생각하면서 오늘도 진리 편에 서는 괴로움을 이겨내게 해주시니 감사합니다. 늘 세상의 인정에 좌우되지 않는 신앙을 갖게 하소서.

NLT

19 Inside, the high priest began asking Jesus about his followers and what he had been teaching them.

20 Jesus replied, "Everyone knows what I teach. I have preached regularly in the synagogues and the Temple, where the people* gather. I have not spoken in secret.

21 Why are you asking me this question? Ask those who heard me. They know what I said."

22 Then one of the Temple guards standing nearby slapped Jesus across the face. "Is that the way to answer the high priest?" he demanded.

23 Jesus replied, "If I said anything wrong, you must prove it. But if I'm speaking the truth, why are you beating me?"

24 Then Annas bound Jesus and sent him to Caiaphas, the high priest.

25 Meanwhile, as Simon Peter was standing by the fire warming himself, they asked him again, "You're not one of his disciples, are you?"

He denied it, saying, "No, I am not."

26 But one of the household slaves of the high priest, a relative of the man whose ear Peter had cut off, asked, "Didn't I see you out there in the olive grove with Jesus?"

27 Again Peter denied it. And immediately a rooster crowed.

* 18:20 Greek *Jewish people*; also in 18:38.

20 regularly 규칙적으로 synagogue 회당 22 slap 찰싹 때리다 demand 묻다, 힐문하다 23 beat 때리다, 치다
25 warm oneself : 몸을 따뜻하게 하다 26 cut off : 잘라내다, 베다 27 rooster 수탉 crow (수탉이) 울다

79

월 일

빌라도 앞에 서신 예수님

요한복음 18:28-40

새찬송 209장 | 통일 247장

• 먼저 묵상을 위한 기도를 드린 후, 성경 본문을 2번 이상 읽고 묵상하십시오.

본문요약 | 예수님이 가야바의 집에서 로마 총독 빌라도에게로 끌려가신다. 예수님을 죽이려는 의도로 형식적 절차가 진행되고, 그들은 예수님에게 유대인의 왕이라는 죄목을 뒤집어씌운다. 한편, 예수님은 당신의 나라는 이 세상에 속한 것이 아니라고 말씀하신다. 하나님 나라는 이 세상에 속하지 않은 영원한 나라이다.

개역개정

28 그들이 예수를 가야바에게서 관정으로 끌고 가니 새벽이라 그들은 더럽힘을 받지 아니하고 유월절 잔치를 먹고자 하여 관정에 들어가지 아니하더라
29 그러므로 빌라도가 밖으로 나가서 그들에게 말하되 너희가 무슨 일로 이 사람을 고발하느냐
30 대답하여 이르되 이 사람이 행악자가 아니었더라면 우리가 당신에게 넘기지 아니하였겠나이다
31 빌라도가 이르되 너희가 그를 데려다가 너희 법대로 재판하라 유대인들이 이르되 우리에게는 사람을 죽이는 권한이 없나이다 하니
32 이는 예수께서 자기가 어떠한 죽음으로 죽을 것을 가리켜 하신 말씀을 응하게 하려 함이러라
33 이에 빌라도가 다시 관정에 들어가 예수를 불러 이르되 네가 유대인의 왕이냐
34 예수께서 대답하시되 이는 네가 스스로 하는 말이냐 다른 사람들이 나에 대하여 네게 한 말이냐
35 빌라도가 대답하되 내가 유대인이냐 네 나라 사람과 대제사장들이 너를 내게 넘겼으니 네가 무엇을 하였느냐
36 예수께서 대답하시되 내 나라는 이 세상에 속한 것이 아니니라 만일 내 나라가 이 세상에 속한 것이었더라면 내 종들이 싸워 나로 유대인들에게 넘겨지지 않게 하였으리라 이제 내 나라는 여기에 속한 것이 아니니라
37 빌라도가 이르되 그러면 네가 왕이 아니냐 예수께서 대답하시되 네 말과 같이 내가 왕이니라 내가 이를 위하여 태어났으며 이를 위하여 세상에 왔나니 곧 진리에 대하여 증언하려 함이로라 무릇 진리에 속한 자는 내 음성을 듣느니라 하신대
38 빌라도가 이르되 진리가 무엇이냐 하더라 이 말을 하고 다시 유대인들에게 나가서 이르되 나는 그에게서 아무 죄도 찾지 못하였노라
39 유월절이면 내가 너희에게 한 사람을 놓아주는 전례가 있으니 그러면 너희는 내가 유대인의 왕을 너희에게 놓아주기를 원하느냐 하니
40 그들이 또 소리 질러 이르되 이 사람이 아니라 바라바라 하니 바라바는 강도였더라

1. 본문에 나타난 예수님은 어떤 분이십니까?

2. 오늘 하나님께서 나에게 주신 깨달음은 무엇입니까?

3. 말씀을 어떻게 내 삶에 구체적으로 적용해야 합니까?

28 새벽이라 그들은 더럽힘을 받지 아니하고 유월절 잔치를 먹고자 하여 관정에 들어가지 아니하더라 예수님은 금요일 이른 새벽에 잡히셔서 안나스와 가야바가 주관하는 산헤드린 공회를 거쳐 빌라도에게 보내지셨다. 이후에 헤롯을 거쳐 다시 빌라도에게 보내지고 죽음이 선언되어 금요일 제 삼시(오전 9시)에 죽임을 당하신다(막 15:25). 모든 일이 속전속결로 이루어진 것을 볼 수 있는데, 이는 유월절에 발생할지도 모를 예수님을 따르는 사람들의 소요를 차단하기 위함이었다. 한편, 유대인들은 정결 예식 때문에 총독 관정에 들어가지 않았다. 이방인과 접촉하면 부정하게 되어 옷을 빨고 하루가 지나야 깨끗해지는데(참고. 민 19:7;신 23:11;행 10:28) 그때까지는 유월절 음식을 먹을 수 없기 때문이었다. 더 큰 살인죄를 저지르면서도 작은 정결 예식에 신경 쓰는 어리석은 인간의 모습이다(마 23:24).

31 우리에게는 사람을 죽이는 권한이 없나이다 당시 로마는 종교적인 문제 해결을 산헤드린 공회에 맡겼으나, 사형 집행권은 총독에게 부여했다. 그러나 경우에 따라 돌로 쳐 죽이는 방법도 용인되었다('스데반의 순교'–행 7:54–60). 즉, 유대인들은 마음만 먹으면 신성모독죄를 적용해 예수님을 돌로 쳐 죽일 수 있었다. 그럼에도 공식적으로 로마 정부의 힘을 빌리려 했던 이유는 예수님을 정치범으로 몰아 십자가형을 받게 함으로써 그 죽음이 하나님의 저주로 보이게 하려는 의도가 숨어 있었다(신 21:23). 종교적 명분을 앞세워 완벽하게 그 세력을 잠재우려 했던 것이다. 명분은 그럴듯해 보여도 그 진심은 악할 수 있는 것이 인간이다. 겉만 보고 모든 것을 평가하면 안 된다.

36–37 내 나라는 이 세상에 속한 것이 아니니라 성경은 이 땅에 두 개의 나라가 있다고 가르친다. 바로 '세상 나라'와 '하나님 나라'이다. 하나님 나라는 눈에 보이지 않으나(눅 17:20) 분명히 존재하며, 이 세상에 속하지 않는 특징을 갖는다. 이것은 하나님이 이 땅을 다스리지 않으신다는 말이 아니다. 하나님 나라는 세상의 죄와 상관없는 '거룩한 나라'라는 뜻이다. 그 나라는 영원한 진리를 가르치고, 현재도 성도들을 통해 존재하며(눅 17:21), 결국엔 이

쉬운성경

28 그들은 예수님을 데리고 가야바의 집에서 로마 총독의 관저로 갔습니다. 때는 새벽이었습니다. 유대인들은 몸을 더럽히지 않고 유월절 음식을 먹으려고 총독의 관저에 들어가지 않았습니다.

29 그래서 빌라도가 직접 밖으로 나와 유대인들에게 물었습니다. "당신들은 무슨 죄목으로 이 사람을 고소하는 거요?"

30 그들이 대답했습니다. "이 사람이 범죄자가 아니라면 총독님께 그를 넘기지 않았을 것입니다."

31 빌라도가 그들에게 말했습니다. "당신들이 직접 그를 붙잡아다가 당신들의 법대로 재판하시오." 유대인들은 빌라도에게 "우리에게는 사람을 죽일 권한이 없습니다"라고 대답했습니다.

32 이로써 예수님께서 자신이 어떠한 죽음을 맞을 것인지에 관해 전에 하셨던 말씀이 이루어졌습니다.

33 빌라도는 다시 관저로 들어갔습니다. 그리고 그 안으로 예수님을 불러 들여, 예수님께 물었습니다. "당신이 유대인의 왕이오?"

34 예수님께서 말씀하셨습니다. "이것은 네 스스로 하는 말이냐 아니면 다른 사람들이 나에 관하여 네게 한 말이냐?"

35 빌라도가 대답했습니다. "나는 유대인이 아니오. 당신의 민족과 대제사장들이 당신을 나에게 넘겼소. 당신은 무슨 짓을 행했소?"

36 예수님께서 대답하셨습니다. "내 나라는 이 세상에 속하지 않았다. 만일 내 나라가 이 세상에 속한 나라였다면, 내 종들이 싸워서 내가 유대인들에게 잡히지 않게 했을 것이다. 이제 내 나라는 이 땅에 속한 것이 아니다."

37 빌라도가 말했습니다. "그렇다면, 당신

땅에 완성될 나라이다(계 21:1-3). 성도는 이 땅에 살지만 늘 천국의 시민권자임을 의식하며 살아야 한다(빌 3:20).

39-40 이 사람이 아니라 바라바라 하니 앞에서 유대인들은 유월절에 예수님이 행하시는 표적을 보고 예수님을 왕으로 삼고자 했었다(6:4,14-15). 그러나 이번 유월절에 그들은 예수님을 죽이기 위해 강도인 바라바를 놓아달라고 외치고 있다. 그것이 당시 종교지도자들의 충동에 의한 것일지라도(마 27:20) 군중의 변덕은 극과 극을 오가고 있었다. 그러므로 우리 자신을 포함해서 사람을 너무 믿지 않도록 해야 한다. 의지할 분은 영원히 변함없으신 주님뿐이다.

이 왕이란 말이오?" 예수님께서 대답하셨습니다. "너는 나에게 왕이라고 바르게 말하는구나. 사실 나는 이것을 위하여 태어났으며, 이것을 위해 세상에 왔다. 나는 진리에 대해 증언하려고 왔다. 진리에 속한 사람은 내 말을 듣는다."

38 "진리가 무엇이오?" 빌라도가 물었습니다. 이 말을 하고, 빌라도는 다시 관저에서 나와 유대인들에게로 가서 말하였습니다. "나는 이 사람에게서 아무 죄도 찾지 못하였소.

39 유월절에 내가 당신들에게 죄수 한 사람을 놓아주는 풍습이 있소. 당신들은 '유대인의 왕'을 당신들에게 놓아주기를 바라시오?"

40 그들은 다시금 목소리를 높여 "이 사람이 아니라 바라바를 놓아주시오"라고 소리 질렀습니다. 바라바는 강도였습니다.

저자의 메시지

당시 예수님의 죄목은 일종의 내란 선동죄였다. 유대 종교지도자들은 예수님이 자신을 하나님의 아들이라고 말씀하신 점과 군중이 그분을 유대인들이 기다리는 왕, 즉, 메시아로 칭하는 점을 악용하여 예수님을 로마에 반역하는 정치범으로 몰았다. 그러나 주님은 자신의 나라는 이 세상에 속하지 않았다고 말씀하셨다. 하나님 나라는 이 세상에 속하지 않았다. 그것은 이 세상 보이는 것들이 아니라 영원한 생명과 진리에 관심을 갖는 나라이다. 이것을 나중에 이해한 사도 베드로는 나면서부터 못 걷게 된 사람을 일으키며 다음과 같이 선언했다. "은과 금은 내게 없거니와 내게 있는 이것을 네게 주노니 나사렛 예수 그리스도의 이름으로 일어나 걸으라"(행 3:6).

교회가 가져야 하는 능력은 은과 금이 아니다. 보이는 세력이나 건물도 아니다. 나사렛 예수 그리스도의 이름이다. 이 세상에서는 절대 발견할 수 없는 거룩한 이름이다. 세상이 교회를 보면서 교회가 세상에 속하지 않았다고 고백할 수 있어야 한다. 그러기 위해 성도들은 이 세상을 거스르는 삶을 살아야 한다. 세상 사람들이 갖고 싶어하는 것에 똑같은 욕심을 보이고, 그들이 좋아하는 권력을 똑같이 탐해서는 성도가 이 세상에 속하지 않았음을 보일 수 없다. 당신은 하나님 나라의 백성인가? 이 세상 질서에 속하지 않은 사람인가? 세상 사람들이 좋아하는 것들은 당신에게 있어 있어도 그만, 없어도 그만인가?

무릎기도 주님! 영원한 하나님 나라의 백성이 되게 해주셔서 감사합니다. 그 힘과 능력을 오늘도 발휘하면서 살도록 도우소서. 보이는 세상 것들에 좌우되지 않는 삶을 살게 하소서.

NLT

28 Jesus' trial before Caiaphas ended in the early
hours of the morning. Then he was taken to
the headquarters of the Roman governor.* His
accusers didn't go inside because it would defile
them, and they wouldn't be allowed to celebrate
the Passover.
29 So Pilate, the governor, went out to them and
asked, "What is your charge against this man?"
30 "We wouldn't have handed him over to you if he
weren't a criminal!" they retorted.
31 "Then take him away and judge him by your
own law," Pilate told them. "Only the Romans
are permitted to execute someone," the Jewish
leaders replied.
32 (This fulfilled Jesus' prediction about the way he
would die.*)
33 Then Pilate went back into his headquarters and
called for Jesus to be brought to him. "Are you
the king of the Jews?" he asked him.
34 Jesus replied, "Is this your own question, or did
others tell you about me?"
35 "Am I a Jew?" Pilate retorted. "Your own people
and their leading priests brought you to me for
trial. Why? What have you done?"
36 Jesus answered, "My Kingdom is not an earthly
kingdom. If it were, my followers would fight to
keep me from being handed over to the Jewish
leaders. But my Kingdom is not of this world."
37 Pilate said, "So you are a king?" Jesus responded,
"You say I am a king. Actually, I was born and
came into the world to testify to the truth. All who
love the truth recognize that what I say is true."
38 "What is truth?" Pilate asked. Then he went out
again to the people and told them, "He is not
guilty of any crime.
39 But you have a custom of asking me to release
one prisoner each year at Passover. Would you
like me to release this 'King of the Jews'?"
40 But they shouted back, "No! Not this man. We
want Barabbas!" (Barabbas was a revolutionary.)

* 18:28 Greek *to the Praetorium*; also in 18:33.
* 18:32 See John 12:32–33.

28 headquarters 본부, 청사 accuser 고소인, 원고 defile 더럽히다 Passover 유월절 30 retort 반박하다
37 testify 증언하다, 증명하다 38 be guilty of ~ : ~의 죄가 있다 40 revolutionary 혁명당원

. MEMO .

80

월 일

빌라도의 재판

요한복음 19:1-11

새찬송 14장 | 통일 30장

• 먼저 묵상을 위한 기도를 드린 후, 성경 본문을 2번 이상 읽고 묵상하십시오.

본문요약 | 빌라도가 예수님을 채찍질하게 한다. 군병들은 예수님을 능멸하고, 빌라도는 초라한 예수님의 모습을 군중에게 보인다. 그러나 종교지도자들이 중심이 된 군중은 예수님의 십자가 형벌을 요구하며 시위를 계속한다. 빌라도는 예수님이 자신을 하나님의 아들이라고 하신 말을 듣고 두려워하나, 이것이 예수님에 대한 올바른 판단으로 이어지지는 않는다.

개역개정

1 이에 빌라도가 예수를 데려다가 채찍질하더라
2 군인들이 가시나무로 관을 엮어 그의 머리에 씌우고 자색 옷을 입히고
3 앞에 가서 이르되 유대인의 왕이여 평안할지어다 하며 손으로 때리더라
4 빌라도가 다시 밖에 나가 말하되 보라 이 사람을 데리고 너희에게 나오나니 이는 내가 그에게서 아무 죄도 찾지 못한 것을 너희로 알게 하려 함이로라 하더라
5 이에 예수께서 가시관을 쓰고 자색 옷을 입고 나오시니 빌라도가 그들에게 말하되 보라 이 사람이로다 하매
6 대제사장들과 아랫사람들이 예수를 보고 소리 질러 이르되 십자가에 못 박으소서 십자가에 못 박으소서 하는지라 빌라도가 이르되 너희가 친히 데려다가 십자가에 못 박으라 나는 그에게서 죄를 찾지 못하였노라
7 유대인들이 대답하되 우리에게 법이 있으니 그 법대로 하면 그가 당연히 죽을 것은 그가 자기를 하나님의 아들이라 함이니이다
8 빌라도가 이 말을 듣고 더욱 두려워하여
9 다시 관정에 들어가서 예수께 말하되 너는 어디로부터냐 하되 예수께서 대답하여 주지 아니하시는지라
10 빌라도가 이르되 내게 말하지 아니하느냐 내가 너를 놓을 권한도 있고 십자가에 못 박을 권한도 있는 줄 알지 못하느냐
11 예수께서 대답하시되 위에서 주지 아니하셨더라면 나를 해할 권한이 없었으리니 그러므로 나를 네게 넘겨준 자의 죄는 더 크다 하시니라

1. 오늘 하나님께서 나에게 주신 깨달음은 무엇입니까?

2. 말씀을 어떻게 내 삶에 구체적으로 적용해야 합니까?

절별 해설

1 채찍질하더라 빌라도는 예수님에게서 아무 죄도 찾지 못했다(18:38). 그럼에도 그가 예수님을 채찍질한 이유는 그렇게 함으로써 군중들의 소요를 무마시키고 예수를 풀어주려는 의도 때문이었다(눅 23:13-16). 빌라도는 매를 맞아 초라한 예수님의 모습을 통해 그가 유대인의 왕으로 로마에 대한 반역을 꾀할 수 있는 인물이 아님을 보이려 했던 것 같다(5절). 그는 예수님의 무죄를 알았고 그래서 풀어주려는 의도도 있었으나, 군중이 두려워 행동으로 옮기지 못했다. 아는 것은 귀한 것이다. 그러나 그것이 행동으로 따르지 못한다면 모르고 실수한 것보다 그 책임이 더 크다.

2-3 유대인의 왕이여 평안할지어다 하며 손으로 때리더라 군인들이 예수님을 모욕하는 장면이다. 본문은 군인들이 예수님을 어떻게 능멸했는지 상세하게 보여주는데, 이는 빌라도의 명령에 따른 것이라기보다는 군인들 스스로 취한 행동이었을 것이다. 그들은 예수가 왕이라는 사실을 부각시키며 경멸했다. 실제로 예수님은 유대인뿐만 아니라 온 인류의 왕이셨지만, 그것을 몰랐던 군인들은 예수님을 모욕하며 때렸다. 이렇게 모르면 진짜 왕을 능멸하는 존재가 인간이다. 하나님을 모르면 하나님이 안 계신 것처럼 사는 존재가 인간이다. 사실은 계시는데 그들이 모르고 있을 뿐이다. 그러므로 세상에 하나님을 알려야 하는 책임이 성도에게 있다.

5-6 보라 이 사람이로다 매를 맞고 가시관과 자색 옷의 우스꽝스러운 차림새를 한 예수님의 초라한 모습을 보임으로써 백성들의 요구를 멈추게 하려는 빌라도의 의도가 담긴 말이다. 그러나 백성들은 그만두지 않고 계속 십자가 형벌을 요구했다. 인간의 악행은 끝이 없다. 죄 없는 예수님을 이 지경으로까지 만들고서도 더 흉악한 결말을 요구했다. 죄는 늘 끝을 보려 한다. 이 사실을 깨닫고 중간에라도 그만두고 회개한다면 훌륭한 일이다.

8 더욱 두려워하여 빌라도는 예수님에게 죄가 없다는 사실을 이미 알고 있었다. 게다가 백성들이 예수님이 자신을 하나님의 아들이라 주장했다고 말하자 막연한 두려움에 휩싸인다. 그렇지 않아도 그는 예수님을 재판하는 과정에서 그분의 신비스러움을 느끼고 있던 터였다(18:36-37). 그러나 그 두려움은 진리를 향한 결단을 낳지는 못했다.

10-11 위에서 주지 아니하셨더라면 나를 해할 권한이 없었으리니 진정한 권세는 하나님께 있다. 인간이 무엇을 결정할 능력이 있어 보일 때에도 그것이 하늘에서 결정한 것이 아니면 안 된다. 비록 불행이라 할지라도 우연히 찾아오는 것이 아니다. 지금은 다 이해되지 않아도 자신의 아들을 죽기까지 내어 주신 분이 결정하신 것을 믿고 따라야 한다. 모든 일에는 그분의 뜻이 담겨 있다.

쉬운성경

1 그래서 빌라도가 예수님을 데리고 가서 채찍질하게 했습니다.

2 군인들은 가시나무로 왕관을 만들어 예수님의 머리에 씌우고 자줏빛 옷을 입혔습니다.

3 그런 다음 그들은 여러 차례 예수님께 와서 "유대인의 왕 만세!"라고 말하며 얼굴을 때렸습니다.

4 빌라도가 또다시 관저 밖으로 나와서 사람들에게 말했습니다. "자, 내가 예수를 당신들에게 데리고 나오겠소. 내가 그를 고소할 아무런 죄도 발견하지 못한 것을 당신들은 알게 될 것이오."

5 예수님께서 가시관을 쓰고 자줏빛 옷을 입고 나오시자, 빌라도가 유대인들에게 말하였습니다. "보시오, 이 사람이오!"

6 대제사장들과 성전 경비병들이 예수님을 보고 목소리를 높여 외쳤습니다. "십자가에 못 박으시오! 십자가에 못 박으시오!" 빌라도가 그들을 향해 이렇게 말했습니다. "당신들이 이 사람을 데리고 가서 십자가에 못 박으시오. 나는 그에게서 아무 죄도 찾지 못했소."

7 유대인들은 "우리의 법대로 하면 그는 당연히 죽어야 합니다. 자기를 하나님의 아들이라고 주장하니 말입니다"라고 우겼습니다.

8 빌라도는 이 말을 듣자, 더욱 두려워하였습니다.

9 그래서 그는 다시 관저로 들어가 예수님께 "당신은 어디서 왔소?"라고 물었습니다. 그러나 예수님께서는 그에게 대답하지 않으셨습니다.

10 빌라도가 예수님께 말했습니다. "나에게 대답을 하지 않을 작정이오? 나에게는 당신을 놓아줄 권한도 있고, 십자가에 못 박을 권한도 있다는 것을 알지 못하오?"

11 예수님께서 대답하셨습니다. "그 권세가 위에서 주어진 것이 아니라면, 네게는 나를 해할 어떤 권한도 없다. 그러므로 나를 너에게 넘겨준 그 사람의 죄는 더 크다."

저자의 메시지

빌라도는 예수님이 무죄인 것을 알고 있었다. 그래서 세 번이나 그분의 무죄를 언급했다(18:38;19:4,6). 게다가 그는 예수님이 자신을 하나님의 아들이라고 주장했다는 군중의 외침을 듣고 막연하게나마 두려움에 휩싸인다. 그것은 이미 그간 예수님의 행적(가르침과 기적)을 총독으로서 보고받았을 것이고, 직접 만나면서 그분의 신비스러움을 경험했기 때문이다(18:36-37). 게다가 다른 복음서에 보면, 빌라도는 아내의 꿈을 통해서도 심상치 않은 기운을 느끼고 있었다. 그는 예수님이 보통 분이 아니심을 충분히 알고 있었다. 그럼에도 그의 두려움은 진리를 향한 결심과 행동을 낳지 못했다. 예수 그리스도를 받아들이는 회개에 이르지 못했다. 성경은 구원에 이르는 두려움을 가르치며(참고. 행 9:31), 두려움으로 하나님을 예배하라고 권면한다(히 12:28). 이것은 겁에 질린 두려움이 아니다. 평안함이 있는 두려움이다. 하나님 앞에서 느끼는 거룩한 두려움이다. 그런데 현대 교회는 이런 두려움을 잃어가고 있다. 기쁨과 행복을 추구하고 성공을 추구한다. 그러나 진정한 두려움에 관해서는 묵상하지 않는다. 당신은 하나님을 향한 거룩한 두려움이 있는가?

모든 고난에는 하나님의 숨겨진 의도가 있다. 하늘에서 허용하지 않으시면 어떤 일도 우연히 성도의 삶에 일어날 수 없다. 때론 이해가 가지 않는 것도 사실이다. 하지만 자신의 아들을 죽기까지 내어 주신 그분의 깊은 뜻을 믿어야 한다. 언젠가는 반드시 알게 되어 찬양과 감사가 흘러나올 것이다. 이것이 우리의 믿음이다.

무릎 기도 주님, 당신을 향한 거룩한 두려움을 회복하기 원합니다. 아는 것에 그치지 않고 행동으로 나타나는 두려움이 되길 원합니다. 늘 당신을 경외하며 살게 하소서.

NLT

1 Then Pilate had Jesus flogged with a lead-tipped whip.
2 The soldiers wove a crown of thorns and put it on his head, and they put a purple robe on him.
3 "Hail! King of the Jews!" they mocked, as they slapped him across the face.
4 Pilate went outside again and said to the people, "I am going to bring him out to you now, but understand clearly that I find him not guilty."
5 Then Jesus came out wearing the crown of thorns and the purple robe. And Pilate said, "Look, here is the man!"
6 When they saw him, the leading priests and Temple guards began shouting, "Crucify him! Crucify him!" "Take him yourselves and crucify him," Pilate said. "I find him not guilty."
7 The Jewish leaders replied, "By our law he ought to die because he called himself the Son of God."
8 When Pilate heard this, he was more frightened than ever.
9 He took Jesus back into the headquarters* again and asked him, "Where are you from?" But Jesus gave no answer.
10 "Why don't you talk to me?" Pilate demanded. "Don't you realize that I have the power to release you or crucify you?"
11 Then Jesus said, "You would have no power over me at all unless it were given to you from above. So the one who handed me over to you has the greater sin."

* 19:9 Greek *the Praetorium.*

1 flog 채찍질하다 2 weave 엮다, 짜다 3 mock 조롱하다 slap ~ across the face : ~의 얼굴을 치다, 뺨을 때리다
4 bring out : 데리고 가다 clearly 명확하게, 뚜렷이 6 crucify 십자가에 못 박다 8 frightened 겁먹은
11 have power over ~ : ~을 지배하다

81

월 일

십자가에 달리신 예수님

요한복음 19:12-22

새찬송 303장 | 통일 403장

• 먼저 묵상을 위한 기도를 드린 후, 성경 본문을 2번 이상 읽고 묵상하십시오.

본문요약 | 빌라도가 예수님을 놓아주려고 애를 쓰자 유대인들은 '가이사만이 왕'이라고 외치며 빌라도를 압박한다. 결국 빌라도는 예수님을 십자가에 못 박도록 내어 준다. 예수님은 골고다에서 죄수 두 사람과 함께 십자가에 못 박히시고, 거기에는 '유대인의 왕'이라는 명패가 붙는다. 주님은 인류를 위해 죄인의 모습으로 죽으셨다.

개역개정

12 이러하므로 빌라도가 예수를 놓으려고 힘썼으나 유대인들이 소리 질러 이르되 이 사람을 놓으면 가이사의 충신이 아니니이다 무릇 자기를 왕이라 하는 자는 가이사를 반역하는 것이니이다

13 빌라도가 이 말을 듣고 예수를 끌고 나가서 돌을 깐 뜰(히브리 말로 가바다)에 있는 재판석에 앉아 있더라

14 이날은 유월절의 준비일이요 때는 [1)]제 육시라 빌라도가 유대인들에게 이르되 보라 너희 왕이로다

15 그들이 소리 지르되 없이하소서 없이하소서 그를 십자가에 못 박게 하소서 빌라도가 이르되 내가 너희 왕을 십자가에 못 박으랴 대제사장들이 대답하되 가이사 외에는 우리에게 왕이 없나이다 하니

16 이에 예수를 십자가에 못 박도록 그들에게 넘겨주니라

17 그들이 예수를 맡으매 예수께서 자기의 십자가를 지시고 해골(히브리 말로 골고다)이라 하는 곳에 나가시니

18 그들이 거기서 예수를 십자가에 못 박을새 다른 두 사람도 그와 함께 좌우편에 못 박으니 예수는 가운데 있더라

19 빌라도가 패를 써서 십자가 위에 붙이니 나사렛 예수 유대인의 왕이라 기록되었더라

20 예수께서 못 박히신 곳이 성에서 가까운 고로 많은 유대인이 이 패를 읽는데 히브리와 로마와 헬라 말로 기록되었더라

1) 낮 열두 시

21 유대인의 대제사장들이 빌라도에게 이르되 유대인의 왕이라 쓰지 말고 자칭 유대인의 왕이라 쓰라 하니

22 빌라도가 대답하되 내가 쓸 것을 썼다 하니라

1. 본문에 나타난 예수님은 어떤 분이십니까?

2. 오늘 하나님께서 나에게 주신 깨달음은 무엇입니까?

3. 말씀을 어떻게 내 삶에 구체적으로 적용해야 합니까?

절별 해설

14 이날은 유월절의 준비일이요 때는 제 육시라 본 절에는 빌라도가 예수님을 십자가에 못 박게 내어 준 시간이 제 육시(낮 12시)로 기록되어 있으나, 마가복음에는 예수님이 금요일 새벽에 잡히셔서 빠른 재판을 거친 후, 그날 제 삼시(아침 9시)경에 십자가에 달리시고, 제 구시(오후 3시)에 운명하신 것으로 나와 있다(15:25,34). 이러한 시간 차이(약 3시간)에 관해서는 많은 설이 있으나, 복음서 기자들이 관점에 따라 9-12시 사이를 대략적으로 같은 시간대로 보고 썼을 것으로 본다(칼빈의 해석). 한편, 주님이 죽으신 금요일은 유월절 준비일로, 당일 오후 3시에서 5시 사이에 유월절 어린 양을 잡았다. 즉, 예수님은 '세상 죄를 지시는 하나님의 어린양'으로 유월절에 돌아가신 것이다(고전 5:7).

15 가이사 외에는 우리에게 왕이 없나이다 유대인들은 하나님을 왕으로 섬기는 민족으로 당시 자신들을 압제하던 로마에 대해 우호적인 감정이 없었다. 그러나 이때에는 예수님을 십자가에 못 박기 위해 로마의 통치자인 가이사의 충신인 척한 것이다. 실로 자신들의 목적을 이루기 위해서 수단과 방법을 가리지 않는 모습이다.

16 이에 예수를 십자가에 못 박도록 그들에게 넘겨주니라 빌라도는 실제로 예수님이 무죄하다고 보았고 풀어줄 마음도 있었다. 그러나 백성들이 예수님을 정치범으로 몰며 그를 처형하지 않으면 가이사에게 반역하는 것이라고 압박하자(12절) 정치적인 결단을 내린다. 빌라도의 선택은 진실에 입각한 것이 아니라 정치적인 선택이었다. 세상을 움직이는 기준은 진리이기보다는 자신의 이권인 경우가 훨씬 많다.

17-18 예수를 십자가에 못 박을새 예수님의 십자가 고통은 이중적이었다. 첫째, 육체적 고통이다. 이 형벌은 양손에 못을 박아 십자가에 매달아 피를 다 쏟고 죽게 만드는 것으로 죽기까지 보통은 며칠씩 걸리기도 했다. 또한 로마 시민에게는 행해지지 않고, 식민지 죄수들에게만 행해지던 무서운 형벌이었다. 둘째, 영적 고통이다. 예수님 주변의 군중과 심지어는 함께 달린 죄수까지도 예수님이 하나님의 아들이면 자신을 구원해 보라는 조롱을 했다(마 27:39-43;눅 23:39-41). 주님이 겪으신 것처럼 보통 시련은 이중으로 찾아오는 경우가 많다. 성도에게는 육신적 어려움과 함께 영적인 시험도 찾아든다는 사실을 기억하자. 한편, 예수님 양편에 매달린 사람들은 흉악한 강도들이었다(마 27:38). 주님은 인류의 죄를 지시고 흉악한 강도들과 같은 처벌을 받으신 것이다(참고. 사 53:5). 그러므로 성도는 죄를 짓지 않는 것만으로는 부족하다. 적극적으로 죄를 미워해야 한다.

쉬운성경

12 그때부터 빌라도는 예수님을 놓아주려고 애를 썼습니다. 그러나 유대인들은 소리를 지르며 "만일 당신이 이 사람을 풀어 주면, 당신은 가이사의 지지자가 아닙니다. 자신을 왕이라고 하는 사람은 가이사를 반역하는 자입니다"라고 외쳤습니다.

13 빌라도는 이 말을 듣자, 예수님을 데리고 나와 '돌로 포장된 바닥'(아람어로는 '가바다')에 마련된 재판석에 앉았습니다.

14 때는 유월절 주간의 예비일이었고 낮 12시쯤이었습니다. 빌라도가 유대인들에게 말했습니다. "보시오, 당신들의 왕이오!"

15 그 사람들은 소리를 질렀습니다. "없애 버려라! 없애 버려라! 그를 십자가에 못 박아라!" 빌라도가 그들에게 물었습니다. "당신들의 왕을 나더러 십자가에 못 박으란 말이오?" 대제사장들이 대답하였습니다. "우리에게 가이사 외에는 왕이 없소!"

16 그래서 빌라도는 예수님을 십자가에 못 박도록 그들에게 넘겨주었습니다. 군인들이 예수님을 데리고 갔습니다.

17 예수님께서 자신이 매달릴 십자가를 직접 지고 '해골의 터'(아람어로는 골고다)라는 곳으로 가셨습니다.

18 그곳에서 사람들은 예수님을 십자가에 못 박았습니다. 또한 예수님과 함께 다른 두 사람도 예수님을 가운데 두고 양편에 한 사람씩 십자가에 못 박혔습니다.

19 빌라도는 명패를 써서 십자가 위에 붙였습니다. 거기에는 '유대인의 왕, 나사렛 예수'라고 쓰여 있었습니다.

20 많은 유대인들이 그 명패를 읽을 수 있었던 것은 예수님께서 죽으신 곳이 예루살렘 성에서 가깝고, 그 명패는 아람어, 라틴어, 그리스어로 씌어 있었기 때문입니다.

21 유대인의 대제사장들이 빌라도에게 "'유대인의 왕'이라 쓰지 말고, '나는 유대인의 왕이다'라고 쓰십시오" 하면서 억지를 부렸습니다.

22 빌라도는 "나는 내가 쓸 것을 썼을 뿐이다!"라고 대답했습니다.

저자의 메시지

주님이 십자가에 달리신다. 당시 십자가는 로마 식민지의 아주 극악무도한 죄수들에게만 주어지는 형벌이었다. 그 고통은 실로 말로 다할 수 없고, 결국엔 피를 다 흘리고 갈증을 느끼다가 호흡이 멈추는 형벌이었다. 주님이 당하신 이 형벌은 인간의 입으로 다 표현하기 어려운 육체적 고통을 수반했다. 동시에 주님은 십자가에서 영적인 시험도 받으셨다. 처음 사역을 시작하실 때 40일을 금식하신 후에 마귀의 시험을 받으셨던 것처럼(마 4:1-11), 마지막에도 하나님의 아들이라면 자신을 구원하라는 유대인들의 조롱 섞인 말, 즉, 그들의 배후에 있는 사탄이 주는 영적인 시련을 이겨내셔야 했다(마 27:39-43). 주님은 사역의 시작과 마지막에 육체적 · 영적 고통을 겪으신 셈이다. 주인 되신 예수님을 믿는 우리에게도 시련은 종종 이렇게 이중적으로 찾아온다는 사실을 기억하자. 그것이 사업이든 자녀의 문제이든 건강의 문제이든, 당신에게 눈에 보이는 육신적인 어려움이 찾아오면 당장 주변 사람들이 이렇게 말할 것이다. "하나님이 계시다면 당신에게 어떻게 그런 일이 벌어질 수 있는가?", "당신을 구원해 주시면 나도 하나님을 믿겠다." 욥도 동일한 시련을 겪었다. 그리고 이럴 때 우리는 신앙을 버리고 싶은 충동과 함께 무기력감을 느낀다. 이렇게 시험은 보통 이중적으로 온다. 그러므로 준비하고 있어야 한다. 어려울 때 주변 사람들의 수군거림에 귀 기울일 필요 없다. 그들은 내키는 대로 말할 뿐이다. 당신이 겪는 일을 주님이 먼저 겪으셨다는 사실을 기억한다면 이겨낼 힘이 생길 것이다.

무릎 기도 | 주님, 창조주이신 주님이 당하신 말로 다 할 수 없는 육신적 · 영적 고통을 묵상합니다. 제게도 동일한 시련이 찾아올 때 그 주님을 묵상하며 이겨낼 수 있는 힘을 주소서.

NLT

12 Then Pilate tried to release him, but the Jewish leaders shouted, "If you release this man, you are no 'friend of Caesar.'* Anyone who declares himself a king is a rebel against Caesar."
13 When they said this, Pilate brought Jesus out to them again. Then Pilate sat down on the judgment seat on the platform that is called the Stone Pavement (in Hebrew, *Gabbatha*).
14 It was now about noon on the day of preparation for the Passover. And Pilate said to the people,* "Look, here is your king!"
15 "Away with him," they yelled. "Away with him! Crucify him!" "What? Crucify your king?" Pilate asked. "We have no king but Caesar," the leading priests shouted back.
16 Then Pilate turned Jesus over to them to be crucified. So they took Jesus away.
17 Carrying the cross by himself, he went to the place called Place of the Skull (in Hebrew, *Golgotha*).
18 There they nailed him to the cross. Two others were crucified with him, one on either side, with Jesus between them.
19 And Pilate posted a sign on the cross that read, "Jesus of Nazareth,* the King of the Jews."
20 The place where Jesus was crucified was near the city, and the sign was written in Hebrew, Latin, and Greek, so that many people could read it.
21 Then the leading priests objected and said to Pilate, "Change it from 'The King of the Jews' to 'He said, I am King of the Jews.'"
22 Pilate replied, "No, what I have written, I have written."

* 19:12 "Friend of Caesar" is a technical term that refers to an ally of the emperor.
* 19:14 Greek *Jewish people*; also in 19:20.
* 19:19 Or *Jesus the Nazarene*.

12 declare oneself : 자기의 신분을 밝히다 rebel 반역자 13 platform 연단 pavement 포장 도로
14 preparation 준비 15 away with ~ : (명령형) ~을 쫓아버려라! yell 소리치다, 고함치다
16 turn over : 넘겨주다 18 nail 못을 박다

82

월 일

예수님의 죽음

요한복음 19:23-30

새찬송 151장 | 통일 138장

• 먼저 묵상을 위한 기도를 드린 후, 성경 본문을 2번 이상 읽고 묵상하십시오.

본문요약 | 예수님을 십자가에 못 박은 군인들은 그분의 옷을 나누어 가지는데, 이는 예언의 성취였다. 주님은 마지막에 어머니를 요한에게 부탁하셨고, '목마르다'는 말씀과 '다 이루었다'는 말씀을 하신 후 십자가 위에서 죽으셨다. 십자가의 예수님은 누구를 원망하거나 비난하는 대신 사랑을 보이셨으며, 하나님의 일을 다 이루셨다.

개역개정

23 군인들이 예수를 십자가에 못 박고 그의
옷을 취하여 네 깃에 나눠 각각 한 깃씩 얻
고 속옷도 취하니 이 속옷은 호지 아니하
고 위에서부터 통으로 짠 것이라
24 군인들이 서로 말하되 이것을 찢지 말고
누가 얻나 제비뽑자 하니 이는 성경에 ㄱ그
들이 내 옷을 나누고 내 옷을 제비뽑나이
다 한 것을 응하게 하려 함이러라 군인들
은 이런 일을 하고
25 예수의 십자가 곁에는 그 어머니와 이모
와 글로바의 아내 마리아와 막달라 마리
아가 섰는지라
26 예수께서 자기의 어머니와 사랑하시는 제
자가 곁에 서 있는 것을 보시고 자기 어머
니께 말씀하시되 여자여 보소서 아들이니
이다 하시고
27 또 그 제자에게 이르시되 보라 네 어머니
라 하신대 그때부터 그 제자가 자기 집에
모시니라
28 그 후에 예수께서 모든 일이 이미 이루어
진 줄 아시고 성경을 응하게 하려 하사 이
르시되 ㄴ내가 목마르다 하시니
29 거기 신 포도주가 가득히 담긴 그릇이 있
는지라 사람들이 신 포도주를 적신 해면을
우슬초에 매어 예수의 입에 대니
30 예수께서 신 포도주를 받으신 후에 이르시
되 다 이루었다 하시고 머리를 숙이니 영
혼이 떠나가시니라

ㄱ. 시 22:18 ㄴ. 시 69:21

1. 본문에 나타난 예수님은 어떤 분이십니까?

2. 오늘 하나님께서 나에게 주신 깨달음은 무엇입니까?

3. 말씀을 어떻게 내 삶에 구체적으로 적용해야 합니까?

절별 해설

23-24 그들이 내 옷을 나누고 내 옷을 제비뽑나이다 예수님을 처형한 군인들은 네 명으로, 그들은 당시 풍습을 따라 처형당하신 예수님의 옷을 나누어 가졌고, 속옷은 제비뽑아 가졌다. 그러나 이러한 그들의 모습은 성경이 예언한 것이었다(시 22:18). 예수님에 관한 작은 것까지도 성경이 예언하는 것은 그분이 하나님이 보내신 인류를 구원할 메시아라는 사실을 드러내기 위함이다. 한편, 군인들은 하나님의 뜻이 이루어지는 것도 모르는 채, 십자가에 못 박히신 예수님 앞에서 그분의 옷을 나누어 가지는 것에만 혈안이 되어 있었다. 어리석은 인간의 모습을 잘 보여준다. 무엇이 중요한지도 모르는 채, 자신의 욕심만을 위해 살아가는 것이 인간이다.

25-27 여자여 보소서 아들이니이다, 또 그 제자에게 이르시되 보라 네 어머니라 예수님이 어머니를 '여자여'라고 부르신 것은 무례한 말이 아니다. 어머니를 좀 더 공식적으로 높여 부르는 존칭어로 이해하면 된다. 왜냐하면 바로 이어서 자신의 어머니를 그의 사랑하는 제자 요한에게 부탁하시기 때문이다. 인성을 가지신 예수님이 마지막 순간까지 보이신 것은 어머니에 대한 사랑이었다. 주님은 십자가의 극심한 고통 속에서도 인간을 원망하거나 비난하는 대신 사랑과 배려의 모습을 보이셨다. 그러므로 어려움의 순간에도 남을 원망하기보다는 사랑과 선으로 악을 이기는 것이 우리의 자세여야 한다(참고. 롬 12:17,21).

28 내가 목마르다 주님이 십자가 위에서 말씀하신 가상칠언(架上七言) 중 한 구절이다(참고. 눅 23:34,43;요 19:26-27;마 27:46;요 19:28,30;눅 23:46). 인성을 가지신 주님은 십자가의 형벌이 가져다주는 목마름을 느끼실 수밖에 없었다. 인류를 향해 '누구든지 목마르거든 내게로 와서 마시라'고 초청하신 분이(7:37-39) 이제 십자가 위에서 육신적 갈증을 경험하셨다. 우리에게 목마르지 않는 생명을 주시고자 자신은 친히 목마름을 겪으셨다. 주님이 당신의 생명을 위해 고통당하셨음을 잊어서는 안 된다.

30 다 이루었다 예수님은 십자가에서 죽으심으로 인류의 구원을 이루셨다. 그러나 세상 쪽에서는 이것이 미련한 것에 불과하다(고전 1:18). 그 이유는 인간의 이성으로 볼 때 십자가를 통한 구원 이야기는 나약하기 그지없기 때문이다. 하나님이시라면 더 대단한 방법을 쓰셔야 한다고 생각하기 때문이다(참고. 고전 1:19-25). 그러나 십자가가 바로 인류의 죄를 구원하시는 하나님의 방법이었다. 자신의 생각으로 하나님의 일을 판단하기보다는 주어진 상황에서 하나님의 뜻을 발견하려고 애쓰는 자세가 필요하다.

쉬운성경

23 군인들은 예수님을 십자가에 못 박은 뒤에, 그의 옷을 네 조각으로 나누었습니다. 그리고는 저마다 한 조각씩 나누어 가졌습니다. 그들은 속옷도 가져갔는데, 그 옷은 위로부터 아래까지 완전히 통으로 짠 것이었습니다.

24 그래서 군인들은 "이것은 찢지 말고 제비를 뽑아 누가 가질지 정하자"라고 말하였습니다. 이런 일이 일어난 것은 그렇게 되리라고 말한 성경 말씀을 이루기 위해서였습니다. "그들이 자기들끼리 내 옷을 나누고 내 옷을 가지려고 제비뽑나이다."*

25 예수님의 십자가 곁에는, 예수님의 어머니와 예수님의 이모와 글로바의 아내 마리아와 막달라 마리아가 서 있었습니다.

26 예수님께서 그의 어머니와 그 곁에 사랑하는 제자가 서 있는 것을 보시고, 어머니를 향해 말씀하셨습니다. "여자여, 보십시오! 어머님의 아들입니다."

27 그리고 그 제자에게는 "보아라, 네 어머니이시다"라고 말씀하셨습니다. 그때부터 이 제자는 예수님의 어머니를 자기 집에 모셨습니다.

28 이후에 예수님께서는 이미 모든 것이 이루어진 줄 아시고 성경이 성취되도록 하기 위하여 "내가 목마르다"라고 말씀하셨습니다.

29 그곳에 신 포도주가 담긴 항아리가 있었습니다. 군인들이 해면을 신 포도주에 흠뻑 적셔서, 우슬초 막대기에 매달아 예수님의 입으로 가져갔습니다.

30 예수님께서는 신 포도주를 맛보신 다음 "다 이루었다"라고 말씀하셨습니다. 이 말씀을 하신 후 고개를 아래로 떨구시고 운명하셨습니다.

* 19:24 시 22:18에 기록되어 있다.

저자의 메시지

주님은 유월절 어린양의 모습으로 당시 가장 극형이었던 십자가 형벌을 받고 죽으셨다. 세상은 그렇게 무능해 보이는 주님을 여러 나라 말로 '유대인의 왕'이라고 쓰고 조롱했으나(19-20절), 주님은 그 모습으로 하나님의 일을 다 이루셨다. 외형적으로만 보면 무슨 하나님의 일의 이루심이 이러한가 싶을 수도 있다. 그러나 그들이 주님을 조롱하기 위해 여러 나라 말로 쓴 글은 사실이 되었고, 주님의 왕 되심은 전 세계 언어로 기록돼 역사 속에서 퍼져 나갔다. 또한 십자가는 죽음의 형틀을 넘어 소망과 구원을 상징하는 목걸이가 되었다. 하나님의 일하심은 우리 기준으로 말할 수 없다. 하나님의 뜻이 고난의 극치인 십자가를 통해 성취되고 있기 때문이다. 하나님의 뜻이 이루어지는 상황은 정해진 것이 아니다. 그러므로 우리가 보기에는 말도 안 되는 미천한 존재와 보잘것없는 상황이라 해도 하나님이 쓰시면 엄청난 일을 이룰 수 있음을 믿어야 한다. 혹 하나님 앞에 이런 기도를 드린 적은 없는가? "하나님, 이게 뭡니까? 제가 그래도 하나님을 믿는 사람인데, 이렇게 하시면 안 되지 않습니까?" 그러나 당신의 눈으로 하나님의 일하심을 평가하지 마라.

중국에서 문화 혁명이 일어났을 때 모든 선교사가 쫓겨나오면서 중국의 미래를 걱정했다고 한다. 그러나 하나님은 그 혁명을 통해 중국의 수많은 미신들을 척결하셨고, 그런 이후에 다시 선교의 문이 열리게 하셨다. 만약 선교사들이 했다면 얼마의 시간이 걸렸을지도 모르는 그 일을 하나님이 친히 하신 것이다. 그러므로 하나님의 일하심을 함부로 판단하거나 성급하게 결론 내리는 것은 언제나 어리석다.

무릎 기도 | 주님, 십자가로 다 이루신 주님을 믿게 하소서. 상황이 형편없어 보이고 믿음이 보잘것없어 보여도 주님만을 의지하며 결국엔 승리하는 인내를 갖게 하소서.

NLT

23 When the soldiers had crucified Jesus, they divided his clothes among the four of them. They also took his robe, but it was seamless, woven in one piece from top to bottom.

24 So they said, "Rather than tearing it apart, let's throw dice* for it." This fulfilled the Scripture that says, "They divided my garments among themselves and threw dice for my clothing."* So that is what they did.

25 Standing near the cross were Jesus' mother, and his mother's sister, Mary (the wife of Clopas), and Mary Magdalene.

26 When Jesus saw his mother standing there beside the disciple he loved, he said to her, "Dear woman, here is your son."

27 And he said to this disciple, "Here is your mother." And from then on this disciple took her into his home.

28 Jesus knew that his mission was now finished, and to fulfill Scripture he said, "I am thirsty."*

29 A jar of sour wine was sitting there, so they soaked a sponge in it, put it on a hyssop branch, and held it up to his lips.

30 When Jesus had tasted it, he said, "It is finished!" Then he bowed his head and released his spirit.

* 19:24a Greek *cast lots.*
* 19:24b Ps 22:18.
* 19:28 See Ps 22:15; 69:21.

23 seamless 솔기가 없는 24 tear apart : 해체하다, 찢다 throw dice for ~ : ~를 위해 주사위를 던져(제비를 뽑아)서 정하다 fulfill 성취하다 garment 의복 29 sour 신, 시큼한 soak 적시다 hyssop 우슬초 30 bow 고개를 숙이다

83

월 일

예수님의 죽음 확인

요한복음 19:31-37

새찬송 160장 | 통일 150장

• 먼저 묵상을 위한 기도를 드린 후, 성경 본문을 2번 이상 읽고 묵상하십시오.

본문요약 | 유대인들은 안식일까지 시체를 십자가에 방치하고 싶지 않아서 빌라도에게 시체 다리를 꺾어서 빨리 치워달라고 요구한다. 이에 군인들은 예수님과 함께 못 박힌 두 사람의 다리를 꺾으나, 예수님은 이미 죽으셨기에 창으로 옆구리를 찔러 죽음을 확인한다. 이를 통해 요한은 예수님의 죽음이 진정한 죽음이었음을 강조한다.

개역개정

31 이날은 준비일이라 유대인들은 그 안식일이 큰 날이므로 그 안식일에 시체들을 십자가에 두지 아니하려 하여 빌라도에게 그들의 다리를 꺾어 시체를 치워 달라 하니
32 군인들이 가서 예수와 함께 못 박힌 첫째 사람과 또 그 다른 사람의 다리를 꺾고
33 예수께 이르러서는 이미 죽으신 것을 보고 다리를 꺾지 아니하고
34 그중 한 군인이 창으로 옆구리를 찌르니 곧 피와 물이 나오더라
35 이를 본 자가 증언하였으니 그 증언이 참이라 그가 자기의 말하는 것이 참인 줄 알고 너희로 믿게 하려 함이니라
36 이 일이 일어난 것은 ㄱ그 뼈가 하나도 꺾이지 아니하리라 한 성경을 응하게 하려 함이라
37 또 다른 성경에 ㄴ그들이 그 찌른 자를 보리라 하였느니라

ㄱ. 출 12:46; 민 9:12; 시 34:20 ㄴ. 슥 12:10

1. 오늘 하나님께서 나에게 주신 깨달음은 무엇입니까?

2. 말씀을 어떻게 내 삶에 구체적으로 적용해야 합니까?

절별 해설

31 유대인들은 그 안식일이 큰 날이므로 그 안식일에 시체들을 십자가에 두지 아니하려 하여 예수님은 금요일 제 삼시(오전 9시)에 못 박히셔서 그날 제 구시(오후 3시경)에 운명하셨다(막 15:25,34). 그리고 금요일 저녁부터는 안식일이자 그해 유대인의 유월절이 시작되었다(그해의 유월절은 안식일과 겹쳐 있었다). 그 때문에 유대인들은 안식일 전에 시체를 처리하고 명절을 지키길 원했던 것이다(참고. 신 21:23). 한편, 예수님은 십자가에 달리신 지 6시간 만에 운명하셨다. 그런데, 원래 십자가 형벌은 빠른 사망에 이르기보다는 극도의 고통 속에 서서히 죽게 만드는 형벌이기에 때로는 며칠씩 걸려서 사망에 이르기도 했다고 한다. 주님이 이렇게 빨리 돌아가신 것에는 여러 추측들이 있으나, 아마도 예수님의 육신 상태가 그다지 양호하지 않았기 때문인 것으로 생각된다.

32-34 첫째 사람과 또 그 다른 사람의 다리를 꺾고 예수께 이르러서는 이미 죽으신 것을 보고 다리를 꺾지 아니하고 그중 한 군인이 창으로 옆구리를 찌르니 십자가에 달린 죄수들은 그 몸을 지탱하기 위해 발밑에 지지대를 만들어 체중을 이겨내게 했다. 그런 그들의 다리를 부러뜨리면 체중을 다리로 떠받칠 수 없게 되어 호흡곤란으로 빨리 죽음에 이르게 되는 것이다. 군인들은 두 사람의 죄수가 아직 죽지 않았기에 다리를 부러뜨렸고, 예수님은 이미 죽으셨기에 다리를 부러뜨리는 대신 창으로 옆구리를 찔렀다. 이처럼 예수님의 죽음은 당시 사형을 집행한 군인들에 의해서도 확실하게 확인된 것이다.

35 그 증언이 참이라 요한이 예수님의 죽음을 이토록 자세히 기록한 이유는 예수님의 죽음이 진정한 죽음이었음을 증명하기 위해서였다. 제자들의 증언은 우리로 하여금 예수 그리스도를 믿도록 하기 위한 것이었다. 나중에 제자들은 예수님의 죽으심과 부활에 대해 증언하게 되며 목숨을 걸고 그것을 보증했다. 그래서 '증인'이란 말에서 '순교자'란 단어가 파생했다. 주님의 죽으심과 부활은 진짜였다.

36-37 성경을 응하게 하려 함이라 예수님의 다리가 부러지지 않은 것이나 창에 찔림을 받으신 것도 성경 예언의 성취였다. 이것은 두 가지 사실을 강조한다. 예수 그리스도는 참 메시아이시며, 하나님의 말씀은 작은 것까지도 모두 성취된다는 사실이다. 경이롭지 않은가! 하나님의 말씀은 작은 것까지도 모두 이루어진다(마 5:18).

쉬운성경

31 이날은 예비일이었고, 다음 날은 안식일이었습니다. 유대인들은 안식일에 시신을 십자가에 그대로 두고 싶지 않았습니다. 그래서 빌라도에게 시신의 다리를 부러뜨리고, 그 시신을 십자가에서 내려 달라고 부탁했습니다.

32 군인들이 가서 예수님과 함께 못 박힌 첫 번째 사람의 다리와 또 다른 사람의 다리를 부러뜨렸습니다.

33 그러나 군인들이 예수님께 갔을 때에 그들은 예수님께서 이미 돌아가신 것을 알고는 그분의 다리를 부러뜨리지 않고,

34 창으로 예수님의 옆구리를 찔렀습니다. 바로 피와 물이 쏟아져 나왔습니다.

35 이것을 본 사람이 증언한 것이니, 그의 증언은 참됩니다. 그는 자기가 진리를 말하고 있다는 것을 알았습니다. 그가 이렇게 말한 것은 여러분들도 믿게 하려는 것입니다.

36 이런 일이 일어난 것은 "그의 뼈가 하나도 부러지지 않을 것이다"*라고 쓰여진 성경 말씀을 이루기 위해서입니다.

37 또 다른 성경에는 "그들은 자기들이 찌른 사람을 볼 것이다"*라는 말씀이 있습니다.

* 19:36 시 34:20에 기록되어 있다.
* 19:37 슥 12:10에 기록되어 있다.

저자의 메시지

본문에서 요한은 예수님의 죽음을 자세히 기록한다. 이는 예수님의 죽음과 부활이 진정한 것임을 나타내기 위한 의도에서다. 초대교회 때부터 예수님의 죽음과 부활을 부정하는 이단들은 계속 있었다. 예수님은 죽으신 것이 아니라 잠시 기절하셨다가 선선한 무덤에서 깨어나셨다고 주장하거나, 심지어는 예수님이 실제로 육신의 부활을 하신 것이 아니라 다만 사람들이 환상을 본 것이라고 주장했다. 이들의 공통점은 예수님의 죽음과 부활을 실제로 일어난 일로 보지 않는다는 것이다. 그러나 예수님의 죽음을 가장 가까이에서 목격하고 기록한 요한은 예수님의 죽음의 진실성을 강조한다(35절). 주님의 죽음은 당시 사형을 집행한 군인들에 의해서도 분명히 확인되었다. 우리는 사도들의 증언을 믿을 수밖에 없다. 사람은 절대로 죽었다가 다시 살아날 수 없다. 오직 참 하나님이신 예수님만이 죽음과 부활을 이루셨다. 기독교는 바로 이 주님을 믿는 신앙이다. 우리도 육신은 죽지만 영원한 천국에서 반드시 다시 살 것이다. 믿음이 없는 사람들은 죽으면 그만이라고 한다. 사후 세계가 없다고 한다. 그래서 그들은 죄를 지으며 자기 마음대로 산다. 그러나 주님의 죽으심과 부활은 영원한 천국이 존재한다는 가장 분명한 증거다(고전 15:12-22). 당신은 부활을 믿는가? 그것을 믿기에 이 세상에서 죄짓지 않고, 조심하며, 하나님을 두려워하는 삶을 살고 있는가?

무릎 기도 주님, 주님의 죽으심과 부활의 진정성을 믿습니다. 또한 저도 주님처럼 죽지만 다시 영원히 살 것을 믿습니다. 이 믿음으로 이 세상 죄의 유혹을 물리치게 도와주소서.

NLT

31 It was the day of preparation, and the Jewish leaders didn't want the bodies hanging there the next day, which was the Sabbath (and a very special Sabbath, because it was the Passover). So they asked Pilate to hasten their deaths by ordering that their legs be broken. Then their bodies could be taken down.

32 So the soldiers came and broke the legs of the two men crucified with Jesus.

33 But when they came to Jesus, they saw that he was already dead, so they didn't break his legs.

34 One of the soldiers, however, pierced his side with a spear, and immediately blood and water flowed out.

35 (This report is from an eyewitness giving an accurate account. He speaks the truth so that you also can believe.*)

36 These things happened in fulfillment of the Scriptures that say, "Not one of his bones will be broken,"*

37 and "They will look on the one they pierced."*

* 19:35 Some manuscripts read *can continue to believe.*
* 19:36 Exod 12:46; Num 9:12; Ps 34:20.
* 19:37 Zech 12:10.

31 Sabbath 안식일 hasten 재촉하다 32 crucify 십자가에 못 박다 34 pierce 찌르다 flow out : 흘러나가다
35 eyewitness 목격자 give an account : 설명하다 36 fulfillment 성취, 달성 37 look on : 바라보다

84

월 일

예수님을 장사 지내는 요셉과 니고데모

요한복음 19:38-42

새찬송 457장 | 통일 510장

• 먼저 묵상을 위한 기도를 드린 후, 성경 본문을 2번 이상 읽고 묵상하십시오.

본문요약 | 아리마대 사람 요셉이 빌라도에게 예수님의 시신을 가져가겠다고 요청한다. 빌라도의 허락이 있은 후, 요셉은 많은 양의 향료를 가져온 니고데모와 함께 정성껏 예수님을 새 무덤에 장사 지낸다. 그들은 자신의 신분과 사람들의 눈을 개의치 않고 예수님을 따랐다.

개역개정

38 아리마대 사람 요셉은 예수의 제자이나 유대인이 두려워 그것을 숨기더니 이 일 후에 빌라도에게 예수의 시체를 가져가기를 구하매 빌라도가 허락하는지라 이에 가서 예수의 시체를 가져가니라

39 일찍이 예수께 밤에 찾아왔던 니고데모도 몰약과 침향 섞은 것을 백 [1)]리트라쯤 가지고 온지라

40 이에 예수의 시체를 가져다가 유대인의 장례 법대로 그 향품과 함께 세마포로 쌌더라

41 예수께서 십자가에 못 박히신 곳에 동산이 있고 동산 안에 아직 사람을 장사한 일이 없는 새 무덤이 있는지라

42 이날은 유대인의 준비일이요 또 무덤이 가까운 고로 예수를 거기 두니라

1) 1리트라는 약 327그램임

1. 오늘 하나님께서 나에게 주신 깨달음은 무엇입니까?

2. 말씀을 어떻게 내 삶에 구체적으로 적용해야 합니까?

절별 해설

38 아리마대 사람 요셉 요셉은 아리마대 출신의 부자로 예수님을 따르던 제자였다(마 27:57). 그는 존경받는 유대 공회원이었고, 하나님의 나라를 기다리는 참된 신앙의 소유자였다(막 15:43). 그는 자신의 새 무덤에 예수님을 장사 지냈다(마 27:60). 대개 이 세상에서 부와 권력을 누리면 그것에 안주하기 마련인데 요셉은 그렇지 않았으며, 늘 하나님 나라를 소망하며 사는 거룩한 사람이었다.

요셉은 예수의 제자이나 유대인이 두려워 그것을 숨기더니, 예수의 시체를 가져가니라 요셉이 비겁했다는 말이 아니다. 단지 그는 조용히 예수님을 따랐을 뿐이다. 그러나 유대인의 공회가 예수님을 죽이려고 결의했을 때, 그는 그 결의에 찬성하지 않았으며(눅 23:51), 제자들도 모두 도망친 상황에서 자신에게 해가 될 수도 있는 예수님의 시신을 수습하는 일을 했다. 태풍이 지나가야 뿌리 깊은 나무를 알 수 있듯이 진정한 제자는 어려울 때 그 빛을 발한다. 평안할 때보다 어려울 때 드러나는 것이 참 신앙이다.

39 니고데모도 몰약과 침향 섞은 것을 백 리트라쯤 가지고 온지라 니고데모는 예수님을 찾아와 중생에 대하여 묻던 사람으로 그도 유대 공의회 회원 중 한 사람이었다(3:1-8). 그는 유대 지도자들이 예수님을 붙잡으려 했을 때, 예수님에 대한 애정을 숨기지 않았다(7:45-53). 그리고 그가 가지고 온 몰약과 침향 섞은 향료는 사람의 장례에 사용되는 것으로 매우 비쌌으며, 백 리트라(33킬로그램)의 양은 한 사람의 장례용으로는 상당히 많은 것이었다. 이처럼 니고데모도 요셉과 함께 넘치도록 주님에 대한 사랑을 표현했다. 물질은 하나님이 주신 선물이다. 요셉이나 니고데모처럼 잘 사용하면 주님을 섬기는 일에 매우 요긴하게 쓰일 수 있다. 한편, 예수님 주변에는 늘 가난한 사람, 병자, 죄인들이 들끓었고 주님도 그들을 가까이 하셨지만, 이렇게 요셉과 니고데모와 같은 부자들과도 함께하셨다. 누구도 차별 없이 대하시는 주님의 사랑을 깨달을 수 있는 대목이다.

41-42 이날은 유대인의 준비일이요 또 무덤이 가까운 고로 예수를 거기 두니라 예수님이 돌아가신 날은 유월절과 안식일의 준비일이 되는 날로 금요일이었다. 주님이 제 구시(오후 3시)에 운명하셨기 때문에 안식일이 시작되는 저녁 무렵까지는 시간이 별로 남아 있지 않았다. 유대인들은 안식일에 장사를 지내지 않기 때문이다. 그래서 요셉과 니고데모는 서둘러 예수님의 시신을 십자가 처형 장소와 가까웠던 요셉의 새 무덤에 장사한 것이다. 그러나 이것도 구약 예언의 성취였다(사 53:9).

쉬운성경

38 이 일이 일어난 후, 아리마대 사람 요셉이 빌라도에게 예수님의 시신을 가져가겠다고 요청하였습니다. 요셉은 예수님의 제자였지만, 유대인들이 두려워 그 사실을 감춰 왔습니다. 빌라도가 허락하자, 요셉이 와서 예수님의 시신을 가져갔습니다.

39 니고데모도 요셉과 함께 왔습니다. 니고데모는 일찍이 밤에 예수님을 찾아왔던 사람이었습니다. 그는 몰약과 알로에를 섞어 만든 향료*를 약 33킬로그램 정도 가져왔습니다.

40 이 두 사람은 유대인들의 장례 풍습에 따라 예수님의 시신을 가져다가, 향료와 함께 고운 베로 쌌습니다.

41 예수님께서 십자가에 못 박히신 곳에는 동산이 있었습니다. 그 동산에는 아직까지 한 사람도 그 안에 안치한 적이 없는 새 무덤이 있었습니다.

42 무덤도 가까이 있고 유대인들의 예비일이기도 해서, 요셉과 니고데모는 예수님의 시신을 그 무덤에 넣어 두었습니다.

* 19:39 개역개정에는 '침향 섞은 것'이라고 표기되어 있다.

저자의 메시지

예수님의 장례와 관련하여 요한복음은 요셉과 니고데모 두 사람의 헌신을 자세히 기록한다. 이들은 모두 유대 공의회 회원이며 부자라는 공통점을 가졌는데, 아리마대 요셉은 자신의 새 무덤을 주님께 드렸고, 니고데모는 장례에 필요한 향료를 넘치게 준비하여 주님의 장례를 치렀다. 그리고 이들의 헌신 속에는 생각할 만한 몇 가지 사실이 들어 있다. 첫째, 불이익 당하는 것을 두려워하지 않는 헌신이었다. 예수님은 다름 아닌 유대 공의회에 의해 모함을 받고 죽임을 당하셨기 때문에 그 공의회의 구성원인 그들이 예수님의 장례를 치른다는 것은 사실 매우 위험한 일이었다. 자칫 그들의 생명까지도 위협받을 수 있는 상황이었다. 그러나 이들은 때가 되었을 때 두려워하지 않고 주님의 제자인 것을 드러냈다. 진정한 믿음은 어려울 때 드러나는 것이다.

둘째, 물질은 하나님이 주신 것이며, 그것에 매이지 않고 잘 사용하면 매우 귀하게 하나님의 영광을 드러낸다. 요셉은 자신의 새 무덤을 드렸고, 니고데모는 많은 양의 귀한 향료를 준비했다. 이들은 매우 구체적으로 헌신했다. 이처럼 헌신은 말로만 하는 것이 아니라 자신의 물질과 시간을 드려 행하는 것이다. 부에 대해 부정적인 시각을 천명(闡明)하는 사람들이 기독교 안에도 있다. 그러나 그렇지 않다. 부도 하나님께서 주신 것이고, 잘 사용하면 결코 나쁜 것이 아니다. 마지막으로 주님은 부자와 가난한 자 모두 그분의 제자 삼으셨다. 그러므로 가난한 자를 차별하지도 부자를 역차별하지도 말아야 한다. 교회는 모두가 하나 되는 장소여야 한다.

무릎 기도 | 주님, 평안할 때만이 아니라 힘들고 어려울 때도 주님을 따르는 용기를 주소서. 이 세상에서 열심히 일해서 주신 물질로 주님을 섬길 수 있는 자리에 이르게 하소서.

NLT

38 Afterward Joseph of Arimathea, who had been a secret disciple of Jesus (because he feared the Jewish leaders), asked Pilate for permission to take down Jesus' body. When Pilate gave permission, Joseph came and took the body away.
39 With him came Nicodemus, the man who had come to Jesus at night. He brought seventy-five pounds* of perfumed ointment made from myrrh and aloes.
40 Following Jewish burial custom, they wrapped Jesus' body with the spices in long sheets of linen cloth.
41 The place of crucifixion was near a garden, where there was a new tomb, never used before.
42 And so, because it was the day of preparation for the Jewish Passover* and since the tomb was close at hand, they laid Jesus there.

* 19:39 Greek *100 litras* [32.7 kilograms].
* 19:42 Greek *because of the Jewish day of preparation.*

38 permission 허가, 허용 39 perfumed 향기로운 ointment 연고 myrrh 몰약 40 burial 매장 wrap 감싸다 spice 향신료 41 crucifixion 십자가에 못 박음 42 close at hand : (공간적으로) 바로 가까이에

85

월 일

부활하신 예수님

요한복음 20:1-10

새찬송 167장 | 통일 157장

• 먼저 묵상을 위한 기도를 드린 후, 성경 본문을 2번 이상 읽고 묵상하십시오.

본문요약 | 안식 후 첫날, 이른 아침에 막달라 마리아가 예수님을 뵈러 갔다가 무덤이 빈 사실을 발견한다. 이 소식을 들은 베드로와 요한도 달려가 이를 확인하지만, 예수님의 부활을 아직 깨닫지 못한다. 이전에 예수님은 여러 차례 자신의 부활에 대해 언급하셨지만, 정작 제자들은 예수님의 부활을 깨닫지 못했다.

개역개정

1 [1]안식 후 첫날 일찍이 아직 어두울 때에 막달라 마리아가 무덤에 와서 돌이 무덤에서 옮겨진 것을 보고

2 시몬 베드로와 예수께서 사랑하시던 그 다른 제자에게 달려가서 말하되 사람들이 주님을 무덤에서 가져다가 어디 두었는지 우리가 알지 못하겠다 하니

3 베드로와 그 다른 제자가 나가서 무덤으로 갈새

4 둘이 같이 달음질하더니 그 다른 제자가 베드로보다 더 빨리 달려가서 먼저 무덤에 이르러

5 구부려 세마포 놓인 것을 보았으나 들어가지는 아니하였더니

6 시몬 베드로는 따라와서 무덤에 들어가 보니 세마포가 놓였고

7 또 머리를 쌌던 수건은 세마포와 함께 놓이지 않고 딴 곳에 쌌던 대로 놓여 있더라

8 그때에야 무덤에 먼저 갔던 그 다른 제자도 들어가 보고 믿더라

9 (그들은 성경에 그가 죽은 자 가운데서 다시 살아나야 하리라 하신 말씀을 아직 알지 못하더라)

10 이에 두 제자가 자기들의 집으로 돌아가니라

1) 헬, 그 주간의

1. 오늘 하나님께서 나에게 주신 깨달음은 무엇입니까?

2. 말씀을 어떻게 내 삶에 구체적으로 적용해야 합니까?

절별 해설

1-2 안식 후 첫날 오늘날 주일에 해당한다. 유대인들은 토요일을 안식일로 지켰으나, 기독교 전통은 주님의 부활을 기점으로 일요일을 새롭게 주일(the Lord's day)로 지키게 된다(행 20:7). 원래 안식일은 구약에서 두 가지 의미를 가졌다. 그것은 '하나님의 창조적 관점에서의 쉼'(출 20:11)과 '구원의 관점에서의 쉼'(신 5:15-'안식일 준수가 이스라엘의 출애굽 구원과 관련하여 명해지고 있다')이다. 이처럼 안식일이 구원과 관련되어 있으므로 성도들은 자연스럽게 예수님이 우리를 구원하시고 부활하신 주일을 새로운 안식일로 받아들이게 된 것이다.

막달라 마리아 막달라 지방 출신의 여인으로 악한 영에 의해 고생하다가 주님께 고침 받고(눅 8:2), 줄곧 예수님을 따랐던 인물이다. 한편, 이때 다른 여인들도 마리아와 함께 있었다(마 28:1). 성경은 예수님의 죽음과 장례에 여자들의 역할이 두드러졌음을 숨기지 않는다(19:25-26;눅 23:55). 여인들은 제자들조차 다 도망간 후에도 계속해서 주님을 따랐다. 신실한 여성들의 헌신은 오늘날도 교회를 복되게 하고 있다.

6-8 그 다른 제자도 들어가 보고 믿더라 요한이 예수님의 부활을 믿었다는 말이 아니다(9절). 단지 무덤을 확인하고 나서 예수님이 없어지셨다는 마리아의 말을 믿었다는 말이다. 다른 복음서를 종합하면 시체가 없어지고 무덤이 빈 사실은 예수님의 제자들과 당시 예수님을 죽인 사람들 모두가 확인한 사항이었다(마 28:11-15). 그래서 유대 지도자들은 경비병에게 많은 돈을 주고 제자들이 밤사이에 예수님의 시체를 훔쳐갔다는 헛소문을 퍼뜨리게 했다. 그러나 당시 종교지도자들의 주장처럼 예수님의 시체를 훔치는 것은 불가능했다. 예수님을 죽이는 데 결정적 역할을 했던 유대 지도자들이 빌라도를 설득하여 무덤을 굳게 지키게 했기 때문이다. 예수님이 사흘 만에 부활하신다고 미리 공언하셨기에, 그들은 철통같이 무덤을 지키며 제자들이 시체를 훔쳐 갈 가능성에 대해 미리 대비하고 있었던 것이다(마 27:62-66). 그러므로 초자연적인 부활 외에는 무덤에서 시체가 없어진 이 사실을 설명할 다른 방법이 없다. 아이러니하게도 부활은 당시 예수님을 죽인 사람들에 의해서도 확인된 진리이다. 부활은 사실이다.

9-10 그들은 성경에 그가 죽은 자 가운데서 다시 살아나야 하리라 하신 말씀을 아직 알지 못하더라 성경의 예언(시 16:10)과 여러 차례 부활과 죽음에 대한 주님의 말씀이 있었지만(참고. 16:16;마 16:21), 예수님과 가장 가까웠던 베드로와 요한조차도 부활을 깨닫지 못했다. 그러므로 성도는 인간의 부족함을 알고 늘 깨어서 하나님의 말씀을 제대로 깨닫게 해 달라고 간구하는 삶을 살아야 한다.

쉬운성경

1 안식일 다음 날, 이른 아침에 막달라 마리아가 무덤으로 갔습니다. 날은 아직 어두웠습니다. 마리아는 무덤 입구를 막았던 커다란 돌이 무덤에서 옮겨진 것을 보았습니다.

2 그래서 마리아는 시몬 베드로와 예수님께서 사랑하시던 다른 제자에게 달려가서 말했습니다. "사람들이 주님을 무덤에서 빼갔나 봐요. 그런데 그들이 주님을 가져다 어디에 두었는지 모르겠어요."

3 그 말을 들은 베드로와 다른 제자는 무덤 쪽으로 향했습니다.

4 두 사람 모두 달려갔습니다. 다른 제자가 베드로보다 더 빨리 달려 무덤에 먼저 도착했습니다.

5 그 제자는 몸을 굽혀 고운 베가 거기에 놓여 있는 것을 보았지만, 무덤 안으로는 들어가지 않았습니다.

6 뒤따라온 시몬 베드로는 무덤에 도착하자, 바로 무덤 안으로 들어갔습니다. 베드로는 고운 베가 거기에 놓여 있는 것을 보았습니다.

7 그는 예수님의 머리를 감았던 천도 보았습니다. 그 천은 고운 베와 겹쳐 있지 않고 조금 떨어진 곳에 잘 개켜져 있었습니다.

8 그제서야 무덤에 먼저 왔던 다른 제자도 무덤 안으로 들어와 보고 믿었습니다.

9 이때까지만 해도 제자들은 예수님께서 죽음에서 살아나야 한다는 성경 말씀을 깨닫지 못했습니다.

10 그리고서 두 제자는 자기 집으로 돌아갔습니다.

저자의 메시지

본문에서 살펴본 대로 베드로와 요한은 예수님을 가장 가까이에서 섬기며 주님의 말씀을 들은 제자들이었지만, 예수님의 시신이 없어지고 무덤이 빈 사실을 발견하고도 여전히 예수님의 부활 사실을 깨닫지 못했다. 여기서 두 가지 사실에 주목하자. 첫째, 진정한 믿음과 헌신은 우리 자신의 힘으로 만들어 내는 것이 아니라는 사실이다. 우리 삶의 모든 원인은 하나님께 있다. 주님이 믿게 해주셔서 믿은 것이고, 헌신할 수 있는 물질과 건강을 주셔서 교회를 섬기는 것이다. 제자들이 빈 무덤을 보고 나서도 주님의 부활을 깨닫지 못했다면 우리는 더 말할 나위가 없다. 내 능력으로 신앙생활을 하는 것이 아니다. 하나님의 은혜이다. 이 사실을 깨닫는 성도마다 한없는 겸손과 남을 대하는 넉넉함을 경험하게 된다. 둘째, 우리도 하나님의 말씀을 제대로 깨닫기 위해서 늘 깨어 간구하는 삶을 살아야 한다는 것이다. 하나님의 말씀을 읽고 들으면서도 정작 그 말씀의 진정한 의미를 깨닫지 못할 가능성이 있다. 그러므로 성령님이 늘 함께하셔서 하나님의 말씀의 깊이와 높이와 넓이를 깨닫게 해 달라고 구해야 한다. 아울러 말씀을 이해하려는 진지한 노력도 병행되어야 한다. 주님의 부활은 사실이다. 누구도 부인할 수 없는 증거들을 통해 확인되고 있다. 그러므로 확고한 부활 신앙으로 불신앙이 넘쳐나는 이 세대를 이기는 성도가 되자. 누가 뭐라고 해도 이 세상에 부활만큼 확실한 사실은 없다.

무릎 기도 주님, 당신의 말씀의 진정한 의미를 깨닫도록 도와주소서. 확고한 부활 신앙으로 불신앙이 넘쳐나는 이 세대와 세상을 이기도록 해주소서.

NLT

1 Early on Sunday morning,* while it was still dark, Mary Magdalene came to the tomb and found that the stone had been rolled away from the entrance.
2 She ran and found Simon Peter and the other disciple, the one whom Jesus loved. She said, "They have taken the Lord's body out of the tomb, and we don't know where they have put him!"
3 Peter and the other disciple started out for the tomb.
4 They were both running, but the other disciple outran Peter and reached the tomb first.
5 He stooped and looked in and saw the linen wrappings lying there, but he didn't go in.
6 Then Simon Peter arrived and went inside. He also noticed the linen wrappings lying there,
7 while the cloth that had covered Jesus' head was folded up and lying apart from the other wrappings.
8 Then the disciple who had reached the tomb first also went in, and he saw and believed—
9 for until then they still hadn't understood the Scriptures that said Jesus must rise from the dead.
10 Then they went home.

* 20:1 Greek *On the first day of the week.*

1 tomb 무덤 roll 굴리다 entrance 입구 4 outrun 달려서 앞서다 5 stoop 몸을 굽히다 wrapping 싸개
6 notice 주목하다, 알아채다 7 fold up : 싸다, 접다 9 rise from the dead : 살아나다

86

월 일

막달라 마리아에게 나타나신 예수님

요한복음 20:11-18

새찬송 366장 | 통일 485장

• 먼저 묵상을 위한 기도를 드린 후, 성경 본문을 2번 이상 읽고 묵상하십시오.

본문요약 | 본문은 부활하신 예수님이 막달라 마리아를 만나시는 장면이다. 제자들이 돌아간 후, 막달라 마리아는 여전히 무덤 밖에 서서 울고 있다가 천사들과 부활하신 예수님을 만난다. 예수님은 마리아에게 '어찌하여 울며 누구를 찾느냐'고 물으시고는 자신이 주님이심을 드러내신다. 또한 제자들에게 가서 이 사실을 알리라고 말씀하신다.

개역개정

11 마리아는 무덤 밖에 서서 울고 있더니 울면서 구부려 무덤 안을 들여다보니

12 흰옷 입은 두 천사가 예수의 시체 뉘었던 곳에 하나는 머리 편에, 하나는 발 편에 앉았더라

13 천사들이 이르되 여자여 어찌하여 우느냐 이르되 사람들이 내 주님을 옮겨다가 어디 두었는지 내가 알지 못함이니이다

14 이 말을 하고 뒤로 돌이켜 예수께서 서 계신 것을 보았으나 예수이신 줄은 알지 못하더라

15 예수께서 이르시되 여자여 어찌하여 울며 누구를 찾느냐 하시니 마리아는 그가 동산지기인 줄 알고 이르되 주여 당신이 옮겼거든 어디 두었는지 내게 이르소서 그리하면 내가 가져가리이다

16 예수께서 마리아야 하시거늘 마리아가 돌이켜 히브리 말로 랍오니 하니 (이는 선생님이라는 말이라)

17 예수께서 이르시되 나를 붙들지 말라 내가 아직 아버지께로 올라가지 아니하였노라 너는 내 형제들에게 가서 이르되 내가 내 아버지 곧 너희 아버지, 내 하나님 곧 너희 하나님께로 올라간다 하라 하시니

18 막달라 마리아가 가서 제자들에게 내가 주를 보았다 하고 또 주께서 자기에게 이렇게 말씀하셨다 이르니라

1. 본문에 나타난 예수님은 어떤 분이십니까?

2. 오늘 하나님께서 나에게 주신 깨달음은 무엇입니까?

3. 말씀을 어떻게 내 삶에 구체적으로 적용해야 합니까?

절별 해설

11 서서 울고 있더니 베드로와 요한이 돌아간 후에도 막달라 마리아는 여전히 무덤 밖에 서서 울고 있다가 부활하신 예수님을 가장 먼저 만나게 된다. 마가복음도 예수님을 가장 먼저 만난 사람이 막달라 마리아였다고 기록한다(막 16:9). 주님을 걱정하며 안타까운 마음에 울며 서성이던 한 영혼이 가장 먼저 부활하신 주님을 만나는 특권을 누렸던 것이다. 우리가 주님을 찾으면 주님은 언제나 우리를 만나 주신다.

13 사람들이 내 주님을 옮겨다가 마리아는 사람들이 주님의 시신을 가져갔다고 생각했다. 사실 예수님의 부활 이후 이런 의견은 끊임없이 제기되어 왔다. 유대인들이 시체를 훔쳐서 손상했다느니, 제자들이 부활을 가장하기 위해 시체를 훔쳤다느니 하는 설들이 그것들이다. 그러나 '유대인들에 의한 도적설'은 그것이 평소 예수님의 부활 주장을 도와주는 격이 되므로 가능한 의견이 아니며, '제자들에 의한 조작설'은 아이러니하게도 제자들도 생각지 못한 부활을 경계하던 유대 지도자들에 의해 무덤이 굳게 지켜졌으므로 역시 불가능한 일이었다(마 27:62-66).

15 여자여 어찌하여 울며 누구를 찾느냐 앞에서 천사가 물었던 동일한 질문(13절)을 예수님도 마리아에게 하셨다. 물론 그 질문은 우는 이유를 모르셔서가 아니라 마리아를 깨우치시기 위해서였다. 예수님의 부활에 대해 생각조차 하지 못한 마리아였기에 그녀는 울 수밖에 없었다. 잘 모르면 울 수밖에 없다. 이미 주님은 죽음에서 부활하신 승리의 주님이시지만, 이 사실을 모르면 슬픔 가운데 있을 수밖에 없는 것이다(눅 24:5). 온전한 지식과 내용이 결여된 신앙은 성도가 누려야 할 마땅한 평안과 기쁨을 빼앗아간다. 그 때문에 승리 가운데 있으면서도 슬퍼할 수밖에 없다.

17 나를 붙들지 말라 내가 아직 아버지께로 올라가지 아니하였노라 너는 내 형제들에게 가서 이르되 부활하신 예수님을 만나 반가운 나머지 주님을 붙들었던 마리아에게 '자신이 아버지께로 올라가지 않았기에 붙들지 마라'는 예수님의 말씀은 언뜻 보면 잘 이해가 되지 않는다. 이 말은 승천해야 하니 자신을 붙든 손을 놓으라는 의미가 아니다. 주님을 다시 만난 인간적인 기쁨에만 머무르지 말고, 승천하실 영원한 주님과의 새로운 관계에 마음을 두라는 말씀이다. 예전처럼 지상에서의 주님과의 교제가 전부라고 생각하지 말라는 말씀이다. 더 나아가 제자들에게 부활의 소식과 주님의 말씀을 전하라는 의미도 담겨 있다. 현재에 안주하려는 것은 인간의 본성이다(참고. 마 17:4). 그러나 그리스도인들에게는 계속되어야 할 사명이 있다.

쉬운성경

11 그러나 마리아는 무덤 밖에 서서 울고 있었습니다. 마리아는 울면서 몸을 굽혀 무덤 안을 들여다보았습니다.

12 마리아는 흰옷 입은 두 천사를 보았습니다. 두 천사는 예수님의 시신이 있던 곳에 앉아 있었습니다. 한 천사는 머리 쪽에, 다른 천사는 발 쪽에 있었습니다.

13 천사가 마리아에게 물었습니다. "여자여, 왜 울고 있소?" 마리아가 대답했습니다. "사람들이 우리 주님을 어디론가 가져갔는데, 주님을 어디에 두었는지를 알지 못하겠습니다."

14 마리아가 이 말을 하고 뒤를 돌아보자, 거기 예수님께서 서 계셨습니다. 그러나 마리아는 그분이 예수님이신 줄 알지 못했습니다.

15 예수님께서 마리아에게 물으셨습니다. "여자여, 왜 울고 있느냐? 누구를 찾고 있느냐?" 마리아는 그분이 동산 관리인인 줄로 생각하고 "저, 당신이 그분을 다른 곳으로 옮겨 놓았다면, 어디로 옮겨 놓았는지 말씀해 주세요. 그러면 제가 모셔 갈게요"라고 말했습니다.

16 예수님께서 마리아에게 "마리아야!"라고 말씀하셨습니다. 마리아는 예수님께 몸을 돌려 아람어로 "랍오니"라고 외쳤습니다(이 말은 '선생님'이란 뜻입니다).

17 예수님께서 마리아에게 말씀하셨습니다. "나를 계속 붙잡고 있지 마라. 내가 아직 아버지께로 올라가지 않았다. 다만 너는 나의 형제들에게 가서 이렇게 말하여라. '나는 내 아버지 곧 너희 아버지, 내 하나님 곧 너희 하나님께로 돌아갈 것이다.'"

18 막달라 마리아가 제자들에게 가서 "내가 주님을 보았어요!"라고 말했습니다. 그리고 예수님께서 자기에게 하신 말씀을 전하였습니다.

저자의 메시지

마리아는 '어찌하여 우느냐'는 질문을 거듭해서 천사들과 예수님에게 받았다. 이 질문 속에는 우리가 깨달아야 하는 영적인 진리가 담겨 있다. 마리아가 울 수밖에 없었던 이유는 주님이 이미 부활하신 사실을 몰랐기 때문이었다. 만약 알았다면 기쁨을 이기지 못했을 것이다. 이처럼 성도들이 하나님 자녀로서의 자신의 신분과 상태를 올바로 이해하지 못하면 이 세상에서 기쁨 없는 신앙생활을 하기 쉽다. 성경이 이미 약속했고 승리를 보장하는 것들에 관해 잘 모르면 여전히 어둠 가운데서 헤맬 수밖에 없다. 그러므로 성도의 특권에 관해 올바른 이해를 가져야 한다. 예를 들어, 주님이 우리에게 원하시는 마음은 두려워하는 마음이 아니라 능력과 사랑과 절제의 마음이다(딤후 1:7). 그 때문에 소극적인 두려움이 아니라 적극적인 능력과 사랑을 행사하며 살아감이 마땅하다. 당신의 요즘은 어떠한가? 두려운가? 슬픈가? 당신이 누구이며, 어떤 삶을 살 사람으로 부르심을 받았는지 다시 묵상해 보라.

이어 예수님은 자신을 계속 붙들며 현재 상태에만 머무르려 하는 마리아에게 더 진전된 관계와 사명을 주문하셨다. 성도는 예수 그리스도와 더 진전된 관계를 향해서 나아가는 가운데 사명을 수행하는 사람이다. 모든 것이 편하다고 현재의 상태에만 머무르려 하면 안 된다. 더 발전적인 신앙을 향해 나아가야 한다. 발전적인 신앙의 모습은 어떤 것인가? 늘 이것을 생각하고 있어야 한다.

무릎 기도 주님, 마땅히 누려야 할 성도로서의 기쁨과 평안을 빼앗기지 않게 하소서. 현재의 만족과 기쁨에만 안주하려는 것이 아니라 날마다 성장하는 신앙이 되게 하소서.

NLT

11 Mary was standing outside the tomb crying, and as she wept, she stooped and looked in.
12 She saw two white-robed angels, one sitting at the head and the other at the foot of the place where the body of Jesus had been lying.
13 "Dear woman, why are you crying?" the angels asked her. "Because they have taken away my Lord," she replied, "and I don't know where they have put him."
14 She turned to leave and saw someone standing there. It was Jesus, but she didn't recognize him.
15 "Dear woman, why are you crying?" Jesus asked her. "Who are you looking for?"
She thought he was the gardener. "Sir," she said, "if you have taken him away, tell me where you have put him, and I will go and get him."
16 "Mary!" Jesus said.
She turned to him and cried out, "Rabboni!" (which is Hebrew for "Teacher").
17 "Don't cling to me," Jesus said, "for I haven't yet ascended to the Father. But go find my brothers and tell them, 'I am ascending to my Father and your Father, to my God and your God.'"
18 Mary Magdalene found the disciples and told them, "I have seen the Lord!" Then she gave them his message.

11 stoop 몸을 굽히다　14 recognize 알아보다　15 gardener 정원지기　16 cry out : 외치다
17 cling to ~ : ~을 붙잡다　ascend 올라가다

87

월 일

제자들에게 나타나신 예수님

요한복음 20:19-29

새찬송 351장 | 통일 389장

• 먼저 묵상을 위한 기도를 드린 후, 성경 본문을 2번 이상 읽고 묵상하십시오.

본문요약 | 부활하신 예수님이 제자들에게 나타나신다. 유대인들이 두려워 문을 닫은 채 모여 있는 제자들에게 나타나신 주님은 평강의 인사를 하시고, 부활하신 몸을 보이시고 나서 성령을 받으라고 말씀하셨다. 한편, 그 자리에 함께 있지 않았던 도마는 나중에 다시 예수님을 만나 주님의 부활을 믿게 된다. 부활의 주님은 증인이 될 제자들에게 확실한 부활의 증거를 주셨다.

개역개정

19 이날 곧 안식 후 첫날 저녁 때에 제자들이
유대인들을 두려워하여 모인 곳의 문들을
닫았더니 예수께서 오사 가운데 서서 이르
시되 너희에게 평강이 있을지어다
20 이 말씀을 하시고 손과 옆구리를 보이시니
제자들이 주를 보고 기뻐하더라
21 예수께서 또 이르시되 너희에게 평강이 있
을지어다 아버지께서 나를 보내신 것같이
나도 너희를 보내노라
22 이 말씀을 하시고 그들을 향하사 숨을 내
쉬며 이르시되 성령을 받으라
23 너희가 누구의 죄든지 사하면 사하여질 것
이요 누구의 죄든지 그대로 두면 그대로
있으리라 하시니라
24 열두 제자 중의 하나로서 디두모라 불리
는 도마는 예수께서 오셨을 때에 함께 있
지 아니한지라
25 다른 제자들이 그에게 이르되 우리가 주
를 보았노라 하니 도마가 이르되 내가 그
의 손의 못 자국을 보며 내 손가락을 그
못 자국에 넣으며 내 손을 그 옆구리에 넣
어 보지 않고는 믿지 아니하겠노라 하니라
26 여드레를 지나서 제자들이 다시 집 안에
있을 때에 도마도 함께 있고 문들이 닫혔
는데 예수께서 오사 가운데 서서 이르시되
너희에게 평강이 있을지어다 하시고
27 도마에게 이르시되 네 손가락을 이리 내밀
어 내 손을 보고 네 손을 내밀어 내 옆구리
에 넣어 보라 그리하여 믿음 없는 자가 되
지 말고 믿는 자가 되라
28 도마가 대답하여 이르되 나의 주님이시요
나의 하나님이시니이다
29 예수께서 이르시되 너는 나를 본 고로 믿
느냐 보지 못하고 믿는 자들은 복되도다
하시니라

1. 본문에 나타난 예수님은 어떤 분이십니까?

2. 오늘 하나님께서 나에게 주신 깨달음은 무엇입니까?

3. 말씀을 어떻게 내 삶에 구체적으로 적용해야 합니까?

절별 해설

19 너희에게 평강이 있을지어다 유대인들이 두려워 문을 닫은 채 모여 있는 제자들에게 나타나신 주님은 그들에게 평강의 인사를 하셨다. 주님은 이전에도 두려움 가운데 있는 제자들에게 진정한 평화를 약속하셨었다(14:27–평강, 평화, 평안은 같은 뜻이다). 죽음을 이기시고 부활하신 주님만이 인간에게 진정한 평화를 주실 수 있다는 진리가 이 인사에 담겨 있다.

20 손과 옆구리를 보이시니 초대교회 때부터 예수님의 부활에 관한 많은 의심들이 있어 왔다. 그중 가장 대표적인 것이 예수님이 실제 육체로 부활하신 것이 아니라 영혼의 환상으로 나타나셨다는 주장이다. 그러나 주님은 제자들에게 몸을 보이심으로 육신의 부활이 사실임을 입증하셨다. 제자들조차도 처음엔 놀라 유령을 보는 줄 알았으나(눅 24:37), 주님은 그들 앞에서 음식을 드시기까지 하셨다(눅 24:43).

21 너희에게 평강이 있을지어다 아버지께서 나를 보내신 것 같이 나도 너희를 보내노라 앞에(19절) 이어 예수님이 다시 평강의 인사를 하신 이유는 이제는 확실히 믿고 평화를 얻으라는 의도에서였다. 그러고 나서 주님은 제자들을 세상에 보낸다고 말씀하셨다. 이후에 주님의 부활 증인이 될 제자들에게 자신의 부활의 확실함을 보이시고 나서 선교의 사명을 주신 것이다(행 3:15). 기독교는 사실에 바탕을 둔 믿음을 강조한다. 오늘날 우리가 가진 믿음은 가짜로 지어낸 이야기가 아니라 진실로 존재했던 사실들이다(참고. 벧후 1:16).

22 성령을 받으라 성령님은 예수님이 승천하시고 나서 제자들에게 임하셨다(행 2:1–4). 그러므로 본 절은 이제 곧 임하실 성령님에 관한 약속을 확인하시는 상징적 말씀과 행동으로 이해해야 한다.

25–28 네 손가락을 이리 내밀어 내 손을 보고 네 손을 내밀어 내 옆구리에 넣어 보라 그리하여 믿음 없는 자가 되지 말고 믿는 자가 되라 예수님이 처음 제자들에게 나타나실 때 그 자리에 없었던 도마는 주님의 부활을 믿지 못했다. 그러나 주님은 그런 도마에게 다시 나타나셔서 그 몸을 보이셨을 뿐만 아니라 이번엔 만지게까지 하셨다(참고. 요일 1:1). 더욱 확실한 증거를 통해 믿음을 주신 것이다. 한편, 도마의 태도는 확실한 믿음을 추구한다는 면에서는 긍정적인 부분도 있는 것이 사실이다. 그러므로 주님이 의심 많은 도마에게 관대하셨듯이, 우리도 주변의 의심 많은 사람들을 향하여 인내를 가지면 주님이 반드시 그들에게도 은혜를 주실 것이다.

쉬운성경

19 같은 날 저녁에, 제자들이 함께 모여 있었습니다. 제자들은 유대인들이 두려워 문을 꼭 잠갔습니다. 그곳에 예수님께서 오셔서 그들 가운데 서서 말씀하셨습니다. "너희에게 평강이 있을지어다!"

20 이 말씀을 하시고는 제자들에게 손과 옆구리를 보이셨습니다. 제자들은 주님을 보자 무척 기뻐했습니다.

21 다시, 예수님께서는 "너희에게 평강이 있을지어다! 아버지께서 나를 보내신 것같이 나도 너희를 보낸다"라고 말씀하셨습니다.

22 이 말씀을 하시고, 그들을 향해 숨을 내쉬며 말씀하셨습니다. "성령을 받아라.

23 너희가 누구의 죄든지 용서하면, 그 죄는 사함을 받을 것이다. 너희가 누구의 죄든지 용서하지 않으면, 그 죄는 사함을 받지 못할 것이다."

24 열두 제자 중에서 디두모라는 별명을 가진 도마는 예수님께서 오셨을 때, 다른 제자들이 있던 그 자리에 없었습니다.

25 그래서 다른 제자들이 도마에게 "우리가 주님을 보았다"라고 말했습니다. 그러자 도마는 "내가 직접 예수님 손에 있는 못 자국을 보고, 내 손가락을 그분의 못 박힌 곳에 찔러 보고, 내 손을 그의 옆구리에 넣어 보기 전에는 못 믿겠다"고 말했습니다.

26 일주일 뒤에 예수님의 제자들이 다시 그 집에 있었습니다. 이번에는 도마도 그들과 함께 있었습니다. 이때도 문은 잠겨 있었습니다. 예수님께서는 안으로 들어오셔서 그들 가운데 서서 말씀하셨습니다. "너희에게 평강이 있을지어다!"

27 그리고는 도마에게 말씀하셨습니다. "네 손가락을 여기에 찔러 보아라. 내 손을 보아라. 네 손을 내밀어 내 옆구리에 넣어 보아라. 그리고 믿지 않는 자가 되지 말고 믿는 자가 되어라."

28 도마는 예수님께 "나의 주님, 나의 하나님!"이라고 외쳤습니다.

29 예수님께서 도마에게 말씀하셨습니다. "너는 나를 보았기 때문에 믿느냐? 나를 보지 않고 믿는 사람들은 복이 있다."

저자의 메시지

부활하신 예수님은 제자들에게 나타나셨다. 제자들에게 나타나셔서 부활한 몸을 보이셨고, 이를 믿지 않는 도마에게는 친히 그 몸을 만지게 하심으로써 부활의 확실성을 심어 주셨다. 오늘날에도 소위 신학자라고 하는 사람들 가운데 예수님의 육체 부활을 부인하는 사람들이 있다. 그래서 그 당시나 역사 속에서 이런 일들이 비일비재할 것을 아신 주님은 그 부활의 증인이 될 제자들에게 확실한 증거를 보이신 것이다. 그리고 제자들은 자신들의 증언의 확실성을 순교로 지켜냈다. 부활은 만들어진 이야기가 아니다. 있었던 그대로의 사건이다. 제자들은 그 믿음을 전할 사명을 주님께 받았고, 오늘 우리도 그 사명을 이어갈 책임이 있다. 그러므로 우리의 자녀에게 부활의 확실성을 가르쳐야 한다. 교회는 이 문제에 가장 마음을 쏟아야 한다. 성도 개개인은 부활의 증인다운 삶을 살아야 한다. 제자들은 부활을 전하다가 죽임을 당하기도 했다. 나의 삶은 너무 안일하지는 않은가? 당신의 삶의 어떤 부분이 부활의 증인다운 면모를 지녔는가? 구체적인 고민이 있어야 한다.

복음을 전하다 보면 유독 의심 많고 조심성 많은 사람들을 만나게 된다. 그들의 특징은 쉽게 자신을 기독교에 던지지 않는다는 것이다. 늘 까다로운 질문으로 우리를 괴롭힌다. 기독교의 부정적인 모습을 부각시키려 애쓴다. 그럼에도 그들을 향해 긍정적 마음을 가져야 한다. 제자들도 처음엔 잘 믿지 못하지 않았는가? 인내와 사랑을 보이다 보면 주님이 확실히 그들을 만나 주시는 날이 있을 것이다.

무릎 기도 | 주님, 부활의 증인다운 삶을 살아가도록 도와주소서. 제 삶에는 종종 확신이 부족할 때가 많습니다. 불쌍히 여기시고 확실한 믿음을 갖도록 은혜를 주소서.

NLT

19 That Sunday evening* the disciples were meeting behind locked doors because they were afraid of the Jewish leaders. Suddenly, Jesus was standing there among them! "Peace be with you," he said.
20 As he spoke, he showed them the wounds in his hands and his side. They were filled with joy when they saw the Lord!
21 Again he said, "Peace be with you. As the Father has sent me, so I am sending you."
22 Then he breathed on them and said, "Receive the Holy Spirit.
23 If you forgive anyone's sins, they are forgiven. If you do not forgive them, they are not forgiven."
24 One of the twelve disciples, Thomas (nicknamed the Twin),* was not with the others when Jesus came.
25 They told him, "We have seen the Lord!"
But he replied, "I won't believe it unless I see the nail wounds in his hands, put my fingers into them, and place my hand into the wound in his side."
26 Eight days later the disciples were together again, and this time Thomas was with them. The doors were locked; but suddenly, as before, Jesus was standing among them. "Peace be with you," he said.
27 Then he said to Thomas, "Put your finger here, and look at my hands. Put your hand into the wound in my side. Don't be faithless any longer. Believe!"
28 "My Lord and my God!" Thomas exclaimed.
29 Then Jesus told him, "You believe because you have seen me. Blessed are those who believe without seeing me."

* 20:19 Greek *In the evening of that day, the first day of the week.*
* 20:24 Greek *Thomas, who was called Didymus.*

19 lock 잠그다 20 wound 상처 22 breathe on ~ : ~에 입김을 뿜다 23 forgive 용서하다
24 nickname 애칭으로 부르다 25 nail 못 put ⋯ into ~ : ⋯를 ~에 끼워 넣다 27 faithless 믿음 없는
29 blessed 복된

88

월 일

디베랴 호수에 나타나신 예수님

요한복음 20:30-21:6

새찬송 449장 | 통일 377장

• 먼저 묵상을 위한 기도를 드린 후, 성경 본문을 2번 이상 읽고 묵상하십시오.

본문요약 | 오늘 본문은 요한복음의 기록목적과 디베랴 호수에서의 예수님과 제자들의 만남을 기록한 부분이다. 요한복음은 예수님이 하나님의 아들이심을 드러내려는 의도에서 기록됐다. 한편, 호수에서 제자들은 밤새 물고기 한 마리도 잡지 못하다가 예수님을 만난다. 그리고 예수님의 말씀대로 따르자 많은 고기를 잡게 된다. 순종은 성도로서의 사명을 감당하는 유일한 길이다.

개역개정

30 예수께서 제자들 앞에서 이 책에 기록되
지 아니한 다른 [1]표적도 많이 행하셨으나
31 오직 이것을 기록함은 너희로 예수께서 하
나님의 아들 그리스도이심을 믿게 하려 함
이요 또 너희로 믿고 그 이름을 힘입어 생
명을 얻게 하려 함이니라
1 그 후에 예수께서 디베랴 호수에서 또 제
자들에게 자기를 나타내셨으니 나타내신
일은 이러하니라
2 시몬 베드로와 디두모라 하는 도마와 갈릴
리 가나 사람 나다나엘과 세베대의 아들들
과 또 다른 제자 둘이 함께 있더니
3 시몬 베드로가 나는 물고기 잡으러 가노
라 하니 그들이 우리도 함께 가겠다 하고
나가서 배에 올랐으나 그날 밤에 아무것도
잡지 못하였더니
4 날이 새어갈 때에 예수께서 바닷가에 서
셨으나 제자들이 예수이신 줄 알지 못하
는지라
5 예수께서 이르시되 얘들아 너희에게 고기
가 있느냐 대답하되 없나이다
6 이르시되 그물을 배 오른편에 던지라 그리
하면 잡으리라 하시니 이에 던졌더니 물고
기가 많아 그물을 들 수 없더라

1) 또는 이적

1. 본문에 나타난 예수님은 어떤 분이십니까?

2. 오늘 하나님께서 나에게 주신 깨달음은 무엇입니까?

3. 말씀을 어떻게 내 삶에 구체적으로 적용해야 합니까?

절별 해설

30 다른 표적도 많이 행하셨으나 요한복음에 기록된 표적들 외에 예수님이 하나님의 아들이심을 뒷받침할 기적과 표적은 훨씬 더 많다. 그럼에도 요한은 몇 가지만 기록한다고 밝힌다(31절). 성경은 기본적으로 인간의 모든 호기심과 욕구를 충족시킬 목적으로 기록된 책이 아니다. 인류에게 소개되어야 하는 구원의 복된 소식을 전달하기 위해 쓰인 책이다. 그러므로 성경에서 나의 모든 필요와 호기심을 채우려 하는 것은 매우 어리석은 일이다. 또한 그것이 채워지지 않는다고 성경을 멀리하는 것은 더 어리석다.

31 너희로 예수께서 하나님의 아들 그리스도이심을 믿게 하려 함이요 또 너희로 믿고 그 이름을 힘입어 생명을 얻게 하려 함이니라 성경이 예수님이 행하신 표적들을 기록한 이유는 그분이 하나님의 아들이시라는 믿음을 주기 위함이다. 표적 자체가 중요한 것이 아니라 표적의 궁극적 목적을 이해해야 한다는 말이다. 오늘날에도 믿음 안에서 종종 기적이 일어나기도 한다. 그러나 중요한 것은 기적이 아니라, 그 기적을 통해 주님을 만나는 것이다. 기적 자체를 추구하다가 이단에 빠지거나 신비주의적인 신앙에 사로잡히는 사람들이 많다.

1 디베랴 호수 '갈릴리 바다' 또는 '게네사렛 호숫가'라고도 불린다(6:1;눅 5:1). 이곳은 예수님이 처음 제자들을 부르실 때 사람을 낚는 어부가 되게 하겠다고 말씀하셨던 장소이기도 하다(눅 5:1-11). 주님이 제자들을 처음 부르셨던 장소에서 다시 비슷한 일을 행하신 것이다. 뒤에 나오지만 처음 만났던 이 호수에서 베드로를 회복시키시고 제자들을 다시 세우시려는 주님의 의도가 나타난다(15-24절). 모든 일이 다 그렇지만 신앙도 처음 믿음을 잃어버리지 않고 기억하는 것이 중요하다(참고. 창 35:1-7).

3 나는 물고기 잡으러 가노라 부활하신 예수님을 이미 만난 제자들이지만 바로 복음의 증인이 되지는 못했다. 정확한 이유는 알 수 없으나 그들은 다시 고기 잡는 일을 시작하고 있다. 아마도 당장의 생계를 위한 수단이었거나, 혹은 예수님이 갈릴리에서 만나자고 하신 약속을 기다리면서 취한 행동이었을 것이다(참고. 막 16:7).

6 그물을 배 오른편에 던지라 그리하면 잡으리라 비슷한 사건이 제자들이 처음 예수님께 부름 받을 때도 있었다(눅 5:1-11). 그때도 예수님의 말씀을 따를 때 놀라운 결과가 있었다. 즉, 본 절은 사명 감당의 길은 인간의 경험이나 지식에 근거함으로써가 아니라 오직 예수님의 말씀에 순종하는 것으로 된다는 사실을 말해 준다. 때론 이성적으로 이해되지 않아도 말씀대로 하면 반드시 열매를 보게 될 것이다.

쉬운성경

30 예수님께서는 제자들이 있는 곳에서 이 책에 기록되지 않은 다른 표적도 많이 행하셨습니다.

31 그런데도 이 책에 있는 표적들을 기록한 것은 여러분들로 하여금 예수님께서 하나님의 아들 그리스도이심을 믿게 하고, 그분의 이름을 믿음으로써 생명을 얻게 하기 위해서입니다.

1 이 일이 일어난 후, 예수님께서 디베랴 호수에서 제자들에게 다시 자신을 나타내셨습니다.

2 시몬 베드로, 디두모라는 별명을 가진 도마, 갈릴리 가나 사람 나다나엘, 세베대의 두 아들 그리고 다른 두 제자가 함께 있었습니다.

3 시몬 베드로가 다른 제자들에게 "나는 물고기 잡으러 간다"라고 말했습니다. 다른 제자들이 "우리도 너와 함께 가겠다"라고 말했습니다. 그래서 그들은 밖으로 나가서 배에 올라탔습니다. 그러나 그날 밤에는 한 마리도 잡지 못했습니다.

4 다음 날 아침 일찍, 예수님께서 호숫가에 서 계셨습니다. 그러나 제자들은 그분이 예수님이신 줄 알지 못하였습니다.

5 예수님께서 그들에게 말씀하셨습니다. "친구들이여, 한 마리도 못 잡았느냐?" 제자들이 대답했습니다. "네, 한 마리도 잡지 못했습니다."

6 예수님께서 말씀하셨습니다. "그물을 배 오른편에 던져라. 그러면 고기를 잡을 것이다." 그들은 시키는 대로 했습니다. 그러자 고기가 너무 많아, 그물을 배 안으로 끌어올릴 수가 없었습니다.

저자의 메시지

예수님은 갈릴리 디베랴 호수에서 제자들과 다시 만나셨다. 그곳은 주님이 제자들을 처음 부르신 장소이기도 했다. 그리고 처음 만났던 그 장소에서 제자들에게 다시 비슷한 기적을 체험케 하신다. 본문의 의도는 분명하다. 예수님은 부활하신 자신을 보이시고 나서 제자들이 그 소식을 전할 증인이 될 것을 말씀하셨다(20:21). 이제 그 길을 가야 하는 제자들에게 주님은 무엇이 가장 중요한 것인지 깨닫게 하시고자 디베랴 호수에서 비슷한 기적을 체험토록 하신 것이다. 처음이나 마지막이나 신앙에서 가장 중요한 것은 주님의 말씀에 순종하는 것이다. 있는 그대로 믿고 따르는 것이다. 인간적인 생각이나 사설을 덧붙이면 안 된다. 때로는 상식이나 이성을 뛰어넘는 말씀이라도 그대로 따라야 한다. 그럴 때 사명은 완수되며 증인의 삶을 살 수 있다. 당신의 기질이나 상황에서 가장 따르기 어려운 말씀은 무엇인가? 당신은 최근 열매 없는 신앙생활에 권태로워하고 있지는 않은가? 두 질문은 연결되어 있다. 어떤 이유에서든지 말씀을 거부하면 열매가 나타나지 않는다. 말씀 그대로 믿고 따르자!

주님은 제자들을 처음 부르셨던 장소에서 다시금 제자들의 믿음을 굳게 하시고 회복을 선물하셨다. 처음으로 돌아가는 것이 중요하다. 하다 보면 욕심이 생겨 처음 가졌던 순수함을 잃어버리기 때문에 문제가 생기는 것이다. 당신이 주님을 처음 만났던 상황과 느낌을 회상해 보라. 그 감동이 언제나 당신의 신앙의 뿌리가 되고 있는가?

무릎 기도 주님, 첫사랑의 감격을 회복시켜 주소서. 어떤 말씀이든지 전적으로 순종하며, 주님을 위해서라면 그 무엇도 아깝지 않게 느껴졌던 그 마음으로 늘 충만하게 하소서.

NLT

30 The disciples saw Jesus do many other miraculous signs in addition to the ones recorded in this book.
31 But these are written so that you may continue to believe* that Jesus is the Messiah, the Son of God, and that by believing in him you will have life by the power of his name.
1 Later, Jesus appeared again to the disciples beside the Sea of Galilee.* This is how it happened.
2 Several of the disciples were there—Simon Peter, Thomas (nicknamed the Twin),* Nathanael from Cana in Galilee, the sons of Zebedee, and two other disciples.
3 Simon Peter said, "I'm going fishing." "We'll come, too," they all said. So they went out in the boat, but they caught nothing all night.
4 At dawn Jesus was standing on the beach, but the disciples couldn't see who he was.
5 He called out, "Fellows,* have you caught any fish?" "No," they replied.
6 Then he said, "Throw out your net on the right-hand side of the boat, and you'll get some!" So they did, and they couldn't haul in the net because there were so many fish in it.

* 20:31 Some manuscripts read *that you may believe.*
* 21:1 Greek *Sea of Tiberias*, another name for the Sea of Galilee.
* 21:2 Greek *Thomas, who was called Didymus.*
* 21:5 Greek *Children.*

30 record 기록하다 1 appear 나타나다 2 several 몇몇의 nickname 애칭으로 부르다
3 go out in(into) the boat : 배에 올라타다 4 at dawn : 새벽녘에 5 call out : 큰 소리로 외치다
6 throw out : 내던지다 haul in the net : 그물을 끌어당기다

89

월 일

제자들을 먹이시는 예수님

요한복음 21:7-14

새찬송 461장 | 통일 519장

• 먼저 묵상을 위한 기도를 드린 후, 성경 본문을 2번 이상 읽고 묵상하십시오.

본문요약 | 예수님이 사랑하시는 제자 요한이 예수님을 알아보고 '주님이시라'라고 말하자, 베드로는 겉옷을 두르고 바다로 뛰어든다. 제자들이 모두 육지에 도착했을 때 주님은 숯불을 피우시고 조반을 준비하고 계셨다. 제자들은 아무것도 물을 수 없었다. 주님이 잡히셨을 때 모두 도망간 제자들이었지만, 예수님은 여전히 그들을 먹이셨다.

개역개정

7 예수께서 사랑하시는 그 제자가 베드로에
게 이르되 주님이시라 하니 시몬 베드로가
벗고 있다가 주님이라 하는 말을 듣고 겉
옷을 두른 후에 바다로 뛰어내리더라
8 다른 제자들은 육지에서 거리가 불과 한
[1]오십 칸쯤 되므로 작은 배를 타고 물고기
든 그물을 끌고 와서
9 육지에 올라보니 숯불이 있는데 그 위에
생선이 놓였고 떡도 있더라
10 예수께서 이르시되 지금 잡은 생선을 좀
가져오라 하시니
11 시몬 베드로가 올라가서 그물을 육지에
끌어올리니 가득히 찬 큰 물고기가 백쉰
세 마리라 이같이 많으나 그물이 찢어지
지 아니하였더라
12 예수께서 이르시되 와서 조반을 먹으라 하
시니 제자들이 주님이신 줄 아는 고로 당
신이 누구냐 감히 묻는 자가 없더라
13 예수께서 가셔서 떡을 가져다가 그들에게
주시고 생선도 그와 같이 하시니라
14 이것은 예수께서 죽은 자 가운데서 살아
나신 후에 세 번째로 제자들에게 나타나
신 것이라

1) 200규빗

1. 본문에 나타난 예수님은 어떤 분이십니까?

2. 오늘 하나님께서 나에게 주신 깨달음은 무엇입니까?

3. 말씀을 어떻게 내 삶에 구체적으로 적용해야 합니까?

절별 해설

7 예수께서 사랑하시는 그 제자가 베드로에게 이르되 주님이시라 하니 예수님이 사랑하시는 제자는 요한이었다(13:23;20:2). 요한이 가장 먼저 알아보고 주님이시라고 말하자 베드로는 겉옷을 두른 후에 바다로 뛰어내렸다. 그가 겉옷을 두른 이유는 예수님에 대해 예의를 갖추려 했기 때문이다. 베드로는 늘 앞뒤 가리지 않는 저돌적 신앙의 모습을 보여준다(18:10). 캠벨 몰간은 그런 베드로를 '정직한 열정을 가졌지만 지식 없는 열정의 소유자'라고 평가했다. 지식 없는 열정은 하나님의 뜻을 거스를 수도 있다(참고. 마 16:21-23). 늘 '주님의 제자가 된다'는 의미를 깨우치면서 주님을 따라야 한다(눅 14:27-33).

9 육지에 올라보니 숯불이 있는데 그 위에 생선이 놓였고 떡도 있더라 예수님이 연출하신 상황은 숯불을 피우고 떡과 생선으로 아침식사를 준비하신 것이었다. 유월절 주간에 주님이 잡히셔서 베드로가 부인하던 때에도 이처럼 불이 피워져 있었다(18:18,25). 베드로는 이 불 앞에서 아무 말도 할 수 없었을 것이다. 그러나 주님의 의도는 바로 배반의 그 자리에서 베드로의 실수를 되돌리고 회복시키시려는 것이었다. 잘못은 베드로가 했는데 이처럼 회복은 주님이 연출하신다. 이것이 주님의 사랑이다. 주님은 우리가 잘못할 때에도 먼저 우리를 찾아주신다. 그러므로 우리도 다른 사람들에게 주님께 배운 대로 해야 한다.

12 와서 조반을 먹으라 예수님은 다른 말씀은 하지 않으셨다. 주님을 부인한 베드로나 뿔뿔이 도망갔던 제자들을 책망하지 않으셨다. 인간적인 생각으로는 배은망덕한 제자들에게 아침을 준비해 먹이시는 주님을 이해하기 어렵다. 그러나 이것이 주님의 사랑이다. 사랑은 정죄나 비난보다 훨씬 강력한 힘을 가지고 있다. 남의 잘못을 충고하고 가르치는 것보다 조용히 그 사람을 섬길 때 진정한 변화를 일으킬 수 있다.

13 예수께서 가셔서 떡을 가져다가 그들에게 주시고 생선도 그와 같이 하시니라 사랑은 구체적인 섬김이다. 예수님은 제자들을 위해 친히 떡과 생선을 가져다가 먹이셨다. 사랑은 구체적으로 나타나야 한다. 다른 사람을 말로 가르치고 지적하기는 쉽지만, 구체적으로 사랑하기는 어렵다. 오늘날 말뿐인 사랑이 얼마나 많은가! 주님처럼 밤새 고기 잡느라 피곤했을 제자들을 먹이시는 것이 사랑이다. 사랑은 큰 구호나 외침이 아니라 작은 섬김이다.

쉬운성경

7 예수님께서 사랑하시던 제자가 베드로에게 말했습니다. "주님이시다!" 베드로는 주님이시라는 말을 듣자마자, 벗고 있던 겉옷을 몸에 두르고는 물로 뛰어들었습니다.

8 다른 제자들은 고기가 가득한 그물을 당기며 배를 저어 호숫가에 댔습니다. 그들은 호숫가로부터 약 90미터 정도 떨어진 그리 멀지 않은 곳에 있었기 때문입니다.

9 제자들이 호숫가에 닿아 땅에 내리니 숯불이 피워져 있는 것이 보였습니다. 불 위에는 생선이 놓여 있었고, 빵도 있었습니다.

10 그때, 예수님께서 "너희가 방금 전에 잡은 생선을 가지고 오너라" 하고 말씀하셨습니다.

11 시몬 베드로가 배에 올라가 그물을 호숫가로 끌어당겼습니다. 그물은 큰 물고기로 가득했습니다. 백쉰세 마리나 되었습니다. 고기가 그렇게 많았는데도 그물은 찢어지지 않았습니다.

12 예수님께서 그들에게 "와서 아침 식사를 하여라" 하고 말씀하셨지만, 제자들은 그분이 주님이신 줄 알았기 때문에 제자들 중에 감히 "당신은 누구십니까?"라고 묻는 사람이 없었습니다.

13 예수님께서는 가셔서 빵을 가져다가 제자들에게 주셨고, 생선도 주셨습니다.

14 이것은 예수님께서 죽은 자 가운데서 살아나신 후, 그의 제자들에게 세 번째 나타나신 것이었습니다.

저자의 메시지

본문은 자신을 배반한 제자들의 회복을 위해 주님이 직접 찾아오셔서 사랑을 베푸신 기록이다. 특히 불 앞에서 예수님을 모른다고 부인했던 베드로를 회복시키시려는 것이었다(15-17절). 잘못은 제자들이 했는데 회복은 주님이 시켜 주신다. 사랑은 언제나 성숙에서 미성숙으로 흐른다. 이는 마치 부모가 잘못이 없는데도 늘 먼저 자식과의 관계회복을 시도하는 것과 같다. 사랑하다 보면 그에 대한 당연한 대가가 돌아오지 않아 화가 날 때가 있다. 배은망덕도 경험한다. 그러나 사랑은 그런 것이다. 자식이 부모의 사랑을 모르듯이 미숙한 사람은 아직 그것을 모른다. 그러므로 주님의 이름으로 형제를 사랑하면서 대가를 기대하지 마라. 대접받으려 하지도 마라. 우리 주님이 그러셨듯이 부족한 상대방을 당신이 먼저 사랑하는 것이 참 제자의 모습이다. 주님은 제자들에게 다른 말씀은 하지 않으시고 와서 조반을 먹으라고만 하셨다. 주님이 부활하시고 나서의 행적을 보면 주님은 자신을 부인한 베드로나 자신을 버리고 도망간 제자들을 원망하시는 모습은 전혀 찾아볼 수 없다. 주님은 책망으로 그들을 회복하지 않으셨고, 오늘 본문처럼 조용히 그들을 먹이고 섬기는 것으로 하셨다. 사랑은 정죄나 비난보다 훨씬 강력한 힘을 가지고 있다. 잘못을 충고하는 것으로 진정한 변화가 일어나지 않는다. 말없이 상대에게 사랑을 보여줄 때 그가 감동하고 변하는 것이다. 당신은 보기 싫은 사람에게 밥을 사준 적이 있는가? 당신이 충고하고 싶은 사람에게 어떤 선행을 베풀었는가?

무릎 기도 주님, 주님의 사랑을 배우게 하소서. 백 마디 말로 남을 가르치려는 것이 아니라, 아주 작은 것이라도 말없이 그들의 필요를 섬기게 하소서.

NLT

7 Then the disciple Jesus loved said to Peter, "It's the Lord!" When Simon Peter heard that it was the Lord, he put on his tunic (for he had stripped for work), jumped into the water, and headed to shore.

8 The others stayed with the boat and pulled the loaded net to the shore, for they were only about a hundred yards* from shore.

9 When they got there, they found breakfast waiting for them—fish cooking over a charcoal fire, and some bread.

10 "Bring some of the fish you've just caught," Jesus said.

11 So Simon Peter went aboard and dragged the net to the shore. There were 153 large fish, and yet the net hadn't torn.

12 "Now come and have some breakfast!" Jesus said. None of the disciples dared to ask him, "Who are you?" They knew it was the Lord.

13 Then Jesus served them the bread and the fish.

14 This was the third time Jesus had appeared to his disciples since he had been raised from the dead.

* 21:8 Greek *200 cubits* [90 meters].

7 tunic 겉옷 strip 옷을 벗다 8 loaded 짐을 실은 9 charcoal 숯, 목탄 11 go aboard : 올라타다 drag 끌어당기다 tear 찢어지다 12 dare 감히 ~하다 14 raise from the dead : 살아나다

90 베드로에게 사명을 맡기시는 예수님

월 일

요한복음 21:15-25 새찬송 312장 | 통일 341장

• 먼저 묵상을 위한 기도를 드린 후, 성경 본문을 2번 이상 읽고 묵상하십시오.

본문요약 | 본문은 예수님이 베드로를 회복시키시고 베드로와 요한의 미래를 말씀하시는 내용이다. 주님은 자신을 세 번 부인했던 베드로에게 '나를 사랑하느냐'고 세 번 물으신다. 베드로의 대답을 들으신 주님은 그에게 '내 양을 먹이고 돌보라'고 명하신다. 한편, 베드로는 요한에 대해 물으나 주님은 그것에는 상관 말고 자신을 따르라고 말씀하신다. 이전에 있었던 인간적 자신감이 사라진 베드로는 사명자로 거듭난다.

개역개정

15 그들이 조반 먹은 후에 예수께서 시몬 베드
로에게 이르시되 요한의 아들 시몬아 네가 이
[1]사람들보다 나를 더 사랑하느냐 하시니 이
르되 주님 그러하나이다 내가 주님을 사랑하
는 줄 주님께서 아시나이다 이르시되 내 어
린 양을 먹이라 하시고
16 또 두 번째 이르시되 요한의 아들 시몬아 네
가 나를 사랑하느냐 하시니 이르되 주님 그
러하나이다 내가 주님을 사랑하는 줄 주님께
서 아시나이다 이르시되 내 양을 치라 하시고
17 세 번째 이르시되 요한의 아들 시몬아 네가
나를 사랑하느냐 하시니 주께서 세 번째 네가
나를 사랑하느냐 하시므로 베드로가 근심하
여 이르되 주님 모든 것을 아시오매 내가 주
님을 사랑하는 줄을 주님께서 아시나이다 예
수께서 이르시되 내 양을 먹이라
18 내가 진실로 진실로 네게 이르노니 네가 젊어
서는 스스로 띠 띠고 원하는 곳으로 다녔거니
와 늙어서는 네 팔을 벌리리니 남이 네게 띠
띠우고 원하지 아니하는 곳으로 데려가리라
19 이 말씀을 하심은 베드로가 어떠한 죽음으로
하나님께 영광을 돌릴 것을 가리키심이러라
이 말씀을 하시고 베드로에게 이르시되 나를
따르라 하시니
20 베드로가 돌이켜 예수께서 사랑하시는 그 제
자가 따르는 것을 보니 그는 만찬석에서 예
수의 품에 의지하여 주님 주님을 파는 자가
누구오니이까 묻던 자더라
21 이에 베드로가 그를 보고 예수께 여짜오되 주
님 이 사람은 어떻게 되겠사옵나이까

1) 또는 것들보다

22 예수께서 이르시되 내가 올 때까지 그를 머물
게 하고자 할지라도 네게 무슨 상관이냐 너는
나를 따르라 하시더라
23 이 말씀이 형제들에게 나가서 그 제자는 죽
지 아니하겠다 하였으나 예수의 말씀은 그가
죽지 않겠다 하신 것이 아니라 내가 올 때까
지 그를 머물게 하고자 할지라도 네게 무슨
상관이냐 하신 것이러라
24 이 일들을 증언하고 이 일들을 기록한 제자
가 이 사람이라 우리는 그의 증언이 참된 줄
아노라
25 예수께서 행하신 일이 이 외에도 많으니 만일
낱낱이 기록된다면 이 세상이라도 이 기록된
책을 두기에 부족할 줄 아노라

1. 본문에 나타난 예수님은 어떤 분이십니까?

2. 오늘 하나님께서 나에게 주신 깨달음은 무엇입니까?

3. 말씀을 어떻게 내 삶에 구체적으로 적용해야 합니까?

절별 해설

15-17 요한의 아들 시몬아 네가 이 사람들보다 나를 더 사랑하느냐 문맥상 다른 사람들이 주님을 사랑하는 것보다 더 주님을 사랑하느냐는 질문이다. 이전에 베드로는 다른 제자들보다 더 주님을 따르겠다고 장담했었다(13:37;마 26:33). 그런 베드로에게 그 자신감이 여전하냐고 물으시는 것이다. 그것도 세 번이나 물으시는데, 이에 대한 베드로의 답변도 달라진다. 처음 두 번은 그렇다고 말하지만, 세 번째 질문하시는 주님 앞에 근심하며 조심스럽게 답한다. 아마도 세 번이나 주님을 부인했던 자신의 과오가 생각나서 '사랑하느냐'고 세 번 물으시는 주님의 질문이 더 아프게 다가왔을 것이다. 그 때문에 어느덧 예전의 자신감은 사라지고 조심스러운 답변을 하는 것이다. 인간적인 자신감은 오히려 주님의 일을 망치는 경우가 종종 있다. 나에 대한 신뢰가 무너지고 지극히 겸손해져야 비로소 사명을 감당할 준비가 된 것이다.

내 어린 양을 먹이라, 내 양을 치라, 내 양을 먹이라 여기서 '양'은 베드로가 돌보고 섬겨야 할 주님의 '성도들'을 의미한다. 한 가지 분명한 것은 진정으로 사명을 감당하기 위해 가장 중요한 것이 '주님에 대한 사랑'이라는 점이다. 인간적인 기술이나 요령으로 주님의 일을 하는 것이 아니다. 주님을 사랑하는 자만이 사명도 감당할 수 있다. 그러므로 사명을 감당하다가 사람들 때문에 시험에 빠지는 것은 사실 사람들 때문이 아니라 주님을 향한 사랑이 여전하지 않아서인 경우가 많다.

18-19 베드로가 어떠한 죽음으로 하나님께 영광을 돌릴 것을 가리키심이러라 베드로가 미래에 순교당할 것을 예언하신 말씀이다. 초대교회의 여러 자료들은 한결같이 베드로가 십자가에서 거꾸로 매달려 죽었다고 기록한다. 주님이 죽으신 십자가에 똑바로 매달리는 것이 죄송해서 그렇게 했다고 전해 온다. 주님을 부인했던 베드로가 변하여 순교자가 되고, 주님을 핍박했던 바울이 변하여 복음전도자가 되어 순교한 이 모든 사실은 주님을 믿는 우리의 신앙이 얼마나 진실한 것인가를 보여주는 단적인 사건들이다.

쉬운성경

15 그들이 식사를 다 마쳤을 때, 예수님께서 시몬 베드로에게 말씀하셨습니다. "요한의 아들 시몬아, 네가 이 모든 사람들보다 나를 더 사랑하느냐?" 베드로가 대답했습니다. "예, 주님. 제가 주님을 사랑한다는 것을 주님께서 아십니다." 예수님께서 말씀하셨습니다. "내 양을 먹여라."

16 다시 예수님께서 베드로에게 말씀하셨습니다. "요한의 아들 시몬아, 네가 나를 사랑하느냐?" 베드로가 대답했습니다. "예, 주님. 제가 주님을 사랑하는 줄을 주님께서 아십니다." 예수님께서 말씀하셨습니다. "내 양을 돌보아라."

17 세 번째로 예수님께서 베드로에게 말씀하셨습니다. "요한의 아들 시몬아, 네가 나를 사랑하느냐?" 예수님께서 자기에게 세 번씩이나 "네가 나를 사랑하느냐?"고 물으셨기 때문에 베드로는 거의 울상이 되었습니다. 그리고는 예수님께 대답했습니다. "주님, 주님께서는 모든 것을 아십니다. 제가 주님을 사랑하는 것도 주님께서는 알고 계십니다." 예수님께서 베드로에게 말씀하셨습니다. "내 양을 먹여라.

18 내가 너에게 진리를 말한다. 네가 젊었을 때는 네 혼자 힘으로 옷도 입고 네가 원하는 곳으로 갔지만, 나이가 들게 되면 네가 팔을 벌리겠고 다른 사람이 네게 옷을 입힐 것이며, 다른 사람이 네가 원하지 않는 곳으로 너를 데려갈 것이다."

19 예수님께서 이렇게 말씀하신 것은 베드로가 어떤 죽음으로 하나님께 영광을 돌리게 될지를 보여 주시려는 것이었습니다. 이 말씀을 하시고, 예수님께서는 베드로에게 "나를 따르라!"고 말씀하셨습니다.

20 베드로가 뒤돌아보니, 예수님께서 사랑하시던 제자가 따라오고 있었습니다. 이 사람은 만찬에서 예수님께 몸을 기댄 채 "주님, 주님을 배반할 사람이 누구입니까?"라고 묻던 제자였습니다.

20–22 네게 무슨 상관이냐 너는 나를 따르라 베드로는 자신과 늘 가깝게 지낸 본서의 저자인 요한의 미래도 궁금해 예수님께 여쭙는다. 이에 대해 주님은 그것은 상관하지 말고 자신을 따르라고 말씀하셨다. 각자가 주님을 따르는 것이다. 주님이 주신 사명은 각자에게 있다. 그러므로 남의 일과 내 일을 비교하는 것은 어리석다. 남의 일에 참견할 것이 아니라 내 일을 잘해야 한다. 이 말은 남을 모른 척하라거나 이기적으로 살라는 말씀이 아니다. 기본적으로 자신의 일에 최선을 다하라는 것이다.

21 베드로가 그 제자를 보고는 예수님께 여쭈었습니다. "주님, 이 사람은 어떻게 되겠습니까?"

22 예수님께서 대답하셨습니다. "내가 다시 올 때까지 그가 살아 있기를 원한다고 해도, 그것이 너와 무슨 상관이냐? 너는 나를 따르라!"

23 이 사건 때문에 이 제자가 죽지 않을 것이라는 소문이 형제들 사이에 퍼지게 되었습니다. 그러나 예수님께서는 그가 죽지 않을 것이라고 말씀하신 것이 아니었습니다. 예수님께서는 단지 "내가 다시 올 때까지 그가 살아 있기를 원한다고 해도, 그것이 너와 무슨 상관이냐?"라고 말씀하신 것뿐이었습니다.

24 이런 일들을 증언하고, 그것을 기록한 제자가 바로 이 사람입니다. 우리는 그의 증언이 참되다는 것을 알고 있습니다.

25 이 외에도 예수님께서 행하신 다른 일은 많이 있습니다. 만일 그 일을 일일이 다 기록한다면 온 세상이라도 그것을 기록한 책을 담기에 부족할 것입니다.

저자의 메시지

베드로는 주님에 대한 자신의 충성심이 남다르다고 생각했었다(마 26:33). 그러나 그는 주님을 세 번이나 부인했고, 부활하신 주님은 그런 베드로에게 '네가 다른 사람들보다 나를 더 사랑하느냐'라고 물으셨다. 질문이 세 번이나 계속되는 동안 베드로의 대답은 처음과 같지 않았다. 그는 오직 주님의 처분을 바라며 근심 속에 조심스러운 답변을 한다. 그리고 이제 인간적인 자신감이 사라진 베드로에게 주님은 교회를 돌보는 사명을 주셨다. 주님의 일은 인간적인 의욕이나 자신감으로 되지 않는다. 오히려 나에 대한 신뢰가 무너질 때 비로소 주님의 일을 할 수 있다. 모세는 40세에 애굽의 왕자였던 자신의 힘을 의지해 이스라엘 백성을 구원하려다가 실패했다. 그러나 그의 나이 80세에 미디안 광야에서 과거의 화려함이나 자신감은 간데없는 허름한 목자가 되어 있을 때, 하나님의 부르심을 받았다. 자신에 대한 신뢰가 무너지고 온전히 주님을 의지할 수밖에 없는 상태가 되었을 때, 비로소 주님의 양을 먹이고 돌보는 사명을 감당할 준비가 된 것이다. 그리고 사실은 이 상태가 나에 대한 신뢰를 가졌을 때보다 훨씬 더 강하다는 것을 알아야 한다. 진정으로 '저 정말 자신 없어요. 저 같은 사람이 어떻게 주의 일을 할 수 있겠어요?'라고 생각하는 사람은 사실 누구보다 주님의 일을 잘할 수 있다. 왜냐하면 자신을 신뢰하지 않고 온전히 하나님만 의지하기 때문이다. 당신은 주님의 일을 할 준비가 되어 있는가?

무릎 기도 주님, 제 자신이 아닌 주님만 신뢰하게 하소서. 오직 주님만을 사랑하는 열심으로 주어진 사명을 잘 감당하는 참 제자가 되게 하소서.

NLT

15 After breakfast Jesus asked Simon Peter, "Simon
son of John, do you love me more than these?*"
"Yes, Lord," Peter replied, "you know I love you."
"Then feed my lambs," Jesus told him.
16 Jesus repeated the question: "Simon son of
John, do you love me?" "Yes, Lord," Peter said,
"you know I love you."
"Then take care of my sheep," Jesus said.
17 A third time he asked him, "Simon son of John,
do you love me?" Peter was hurt that Jesus
asked the question a third time. He said, "Lord,
you know everything. You know that I love you."
Jesus said, "Then feed my sheep.
18 "I tell you the truth, when you were young,
you were able to do as you liked; you dressed
yourself and went wherever you wanted to go.
But when you are old, you will stretch out your
hands, and others* will dress you and take you
where you don't want to go."
19 Jesus said this to let him know by what kind
of death he would glorify God. Then Jesus told
him, "Follow me."
20 Peter turned around and saw behind them the
disciple Jesus loved—the one who had leaned
over to Jesus during supper and asked, "Lord,
who will betray you?"
21 Peter asked Jesus, "What about him, Lord?"
22 Jesus replied, "If I want him to remain alive until I
return, what is that to you? As for you, follow me."
23 So the rumor spread among the community of
believers* that this disciple wouldn't die. But
that isn't what Jesus said at all. He only said, "If
I want him to remain alive until I return, what is
that to you?"
24 This disciple is the one who testifies to these
events and has recorded them here. And we
know that his account of these things is accurate.
25 Jesus also did many other things. If they were all
written down, I suppose the whole world could
not contain the books that would be written.

* 21:15 Or *more than these others do?*
* 21:18 Some manuscripts read *and another one.*
* 21:23 Greek *the brothers.*

17 hurt (감정을) 상하게 하다　20 lean over ~ : ~ 위로 상체를 구부리다　23 rumor 소문　spread 퍼지다
community 공동체　24 testify 증언하다　account 진술　accurate 정확한　25 suppose 생각하다

. MEMO .

권별 큐티

「주삶」 GBS

- 1주(46회–50회) _ 요한복음 11:1–6
  하나님이 응답을 지체하시는 이유
- 2주(51회–55회) _ 요한복음 12:1–8
  마리아의 헌신
- 3주(56회–60회) _ 요한복음 13:12–20
  예수님의 세족식
- 4주(61회–65회) _ 요한복음 14:15–21
  성령님에 대한 올바른 이해
- 5주(66회–70회) _ 요한복음 16:1–6
  참 제자 됨의 의미
- 6주(71회–75회) _ 요한복음 17:1–8
  예수님의 기도
- 7주(76회–80회) _ 요한복음 18:28–40
  빌라도에게 재판받으신 예수님
- 8주(81회–85회) _ 요한복음 19:38–42
  요셉과 니고데모의 헌신
- 9주(86회–90회) _ 요한복음 21:15–25
  네가 나를 사랑하느냐

* GBS 해설서는 뒷면에 있습니다

주간 그룹성경공부 • GBS

1주차 (46회~50회)

하나님이 응답을 지체하시는 이유

요한복음 11:1-6 | 새찬송 9장 • 통일 53장

주간 큐티 나눔

1 지난 한 주 동안 큐티하면서 깨달은 말씀을 그룹원들과 함께 나누어 봅시다.

2 깨달은 것을 실천함으로 삶의 변화를 가져온 것이 있다면 서로 나누어 봅시다.

• 오늘의 성경공부 목표

하나님이 더디 응답하시는 일들에 관하여 합당한 관점을 갖도록 합니다.

1 어떤 병자가 있으니 이는 마리아와 그 자매 마르다의 마을 베다니에 사는 나사로라
2 이 마리아는 향유를 주께 붓고 머리털로 주의 발을 닦던 자요 병든 나사로는 그의 오라버니더라
3 이에 그 누이들이 예수께 사람을 보내어 이르되 주여 보시옵소서 사랑하시는 자가 병들었나이다 하니
4 예수께서 들으시고 이르시되 이 병은 죽을 병이 아니라 하나님의 영광을 위함이요 하나님의 아들이 이로 말미암아 영광을 받게 하려 함이라 하시더라
5 예수께서 본래 마르다와 그 동생과 나사로를 사랑하시더니
6 나사로가 병들었다 함을 들으시고 그 계시던 곳에 이틀을 더 유하시고

• **함께 읽어보기**

신앙생활을 하다보면 자신이 원하는 일들이 잘 이루어지지 않는 경우가 있습니다. 기도하며 소망하는 일들이지만 때론 잘 이루어지지 않습니다. 그럴 땐 어떻게 해야 할까요? 오늘 본문은 그 모든 지체하심에 대한 하나님의 이유가 숨어 있음을 가르쳐줍니다. 하나님은 우리를 사랑하시기 때문에 모든 일이 합력하여 선을 이루어 우리의 믿음에 도움이 되도록 행하시는 분입니다.

도입 질문

3 당신이 오랫동안 기도하는 것 중에 아직 이루어지지 않은 일에는 무엇이 있습니까?

함께 나누기

4 본문에 등장하는 가족은 누구이며, 예수님과는 어떤 사이입니까? 1–2절, 참고. 눅 10:38–42

5 그 가족에게 어떤 일이 일어났습니까? 1,3절

6 당신이 예수님께 더 헌신해야 할 부분은 무엇입니까?

7 믿음이 있고 하나님을 잘 섬겨도 고난은 있습니다. 왜 그렇다고 생각합니까?

8 예수님이 나사로의 소식을 듣고 행하신 일은 무엇입니까? **6절**

9 당신은 왜 예수님이 지체하셨다고 생각합니까? **참고. 4절**

10 당신의 삶에서 하나님이 응답을 지체하시는 것을 경험한 적이 있습니까? 그때 당신의 느낌은 어떠했으며, 빠른 응답이 아니었음에도 더디 이루심을 통해 더 유익했던 점들을 나누어 봅시다.

마리아의 헌신

요한복음 12:1–8 | 새찬송 213장 · 통일 348장

주간 큐티 나눔

1 지난 한 주 동안 큐티하면서 깨달은 말씀을 그룹원들과 함께 나누어 봅시다.

2 깨달은 것을 실천함으로 삶의 변화를 가져온 것이 있다면 서로 나누어 봅시다.

• 오늘의 성경공부 목표

진정한 헌신이 무엇인지 마리아의 헌신을 통하여 배웁니다.

1 유월절 엿새 전에 예수께서 베다니에 이
르시니 이곳은 예수께서 죽은 자 가운데
서 살리신 나사로가 있는 곳이라
2 거기서 예수를 위하여 잔치할새 마르다
는 일을 하고 나사로는 예수와 함께 앉은
자 중에 있더라
3 마리아는 지극히 비싼 향유 곧 순전한 나
드 한 근을 가져다가 예수의 발에 붓고 자
기 머리털로 그의 발을 닦으니 향유 냄새
가 집에 가득하더라
4 제자 중 하나로서 예수를 잡아 줄 가룟 유
다가 말하되
5 이 향유를 어찌하여 삼백 데나리온에 팔
아 가난한 자들에게 주지 아니하였느냐
하니
6 이렇게 말함은 가난한 자들을 생각함이
아니요 그는 도둑이라 돈궤를 맡고 거기
넣는 것을 훔쳐 감이러라
7 예수께서 이르시되 그를 가만두어 나의
장례할 날을 위하여 그것을 간직하게 하
라
8 가난한 자들은 항상 너희와 함께 있거니
와 나는 항상 있지 아니하리라 하시니라

• **함께 읽어보기**

헌신이란 예수님을 위해서 나의 시간과 물질, 더 나아가서 나 자신을 드리는 것을 의미합니다. 그러나 헌신하기에 앞서 성경이 말하는 진정한 헌신이 무엇인지 깨닫는 것이 중요합니다. 무조건 열심을 낸다고 해서 모두 헌신은 아니기 때문입니다. 방향이 잘못되면 열심을 내는 만큼 진정한 헌신에서 더욱 멀어질 수도 있습니다. 본문에 나온 마리아의 헌신을 통해 성경이 말하는 진정한 헌신이 무엇인지 확인해 봅시다.

도입 질문

3 예수님께 헌신하는 것에 대해 평소 당신이 가지고 있는 생각을 나누어 봅시다.

함께 나누기

4 마리아가 예수님께 드린 헌신은 어떤 것이었습니까? 3절

5 마리아의 헌신에 대한 가룟 유다의 반응은 어떠했습니까? 4–5절, 참고. 마 26:8

6 당신은 예수님께 헌신하다가 다른 사람들의 오해를 받은 경험이 있습니까?

7 마리아의 헌신을 진정으로 이해한 사람은 누구였습니까? **7절**

8 마리아는 어떻게 곧 있을 예수님의 장례를 준비하는 헌신을 할 수 있었습니까?
참고. 눅 10:38–42

9 당신과 예수님만이 아는 헌신이 있습니까? 오른손이 하는 일을 왼손이 모르게 하고 있습니까? 조용히 일할 때 어려운 점은 무엇이며, 유익한 것은 무엇인지 나누어 봅시다.

주간 그룹성경공부 • GBS

3주차 (56회~60회)

예수님의 세족식

요한복음 13:12-20 | 새찬송 212장 • 통일 347장

주간 큐티 나눔

1 지난 한 주 동안 큐티하면서 깨달은 말씀을 그룹원들과 함께 나누어 봅시다.

2 깨달은 것을 실천함으로 삶의 변화를 가져온 것이 있다면 서로 나누어 봅시다.

• 오늘의 성경공부 목표

예수님이 제자들의 발을 씻겨 주신 의미를 깨닫도록 합니다.

12 그들의 발을 씻으신 후에 옷을 입으시고
다시 앉아 그들에게 이르시되 내가 너희
에게 행한 것을 너희가 아느냐
13 너희가 나를 선생이라 또는 주라 하니 너
희 말이 옳도다 내가 그러하다
14 내가 주와 또는 선생이 되어 너희 발을
씻었으니 너희도 서로 발을 씻어 주는 것
이 옳으니라
15 내가 너희에게 행한 것 같이 너희도 행하
게 하려 하여 본을 보였노라
16 내가 진실로 진실로 너희에게 이르노니
종이 주인보다 크지 못하고 보냄을 받은
자가 보낸 자보다 크지 못하나니
17 너희가 이것을 알고 행하면 복이 있으리라
18 내가 너희 모두를 가리켜 말하는 것이 아
니니라 나는 내가 택한 자들이 누구인지
앎이라 그러나 내 떡을 먹는 자가 내게
발꿈치를 들었다 한 성경을 응하게 하려
는 것이니라
19 지금부터 일이 일어나기 전에 미리 너희
에게 일러 둠은 일이 일어날 때에 내가 그
인 줄 너희가 믿게 하려 함이로라
20 내가 진실로 진실로 너희에게 이르노니
내가 보낸 자를 영접하는 자는 나를 영접
하는 것이요 나를 영접하는 자는 나를 보
내신 이를 영접하는 것이니라

• 함께 읽어보기

최근에 버킷 리스트(Bucket List)가 유행하고 있습니다. 죽기 전에 꼭 해보고 싶은 것을 적고 실행하려는 것입니다. 만일 사람이 자신이 죽는 때를 안다면 아마도 가장 중요한 일부터 처리할 것입니다. 우리는 언제 죽을지 모르기 때문에 오늘도 정작 중요하지 않은 많은 일에 시간을 보내고 있는지 모릅니다. 본문의 예수님은 자신이 세상을 떠날 때가 가까운 줄 아시고 제자들의 발을 씻기셨습니다. 얼마 남지 않은 마지막 시간에 가장 의미 있는 일을 하신 것입니다. 그래서 이 사건은 중요합니다.

도입 질문

3 만약 당신의 인생이 3일 남았다면 당신은 어떻게 인생을 마무리하겠습니까?
어떤 일부터 처리할 것 같습니까?

함께 나누기

4 예수님이 제자들의 발을 씻기신 때는 언제입니까? 참고. 13:1

5 예수님은 왜 제자들의 발을 씻기셨습니까? 14-15절
제자들은 이때 무엇을 하고 있었습니까? 참고. 눅 22:24-27

6 우리가 남을 섬기지 못하는 이유는 무엇입니까? 다양한 이유를 나누어 봅시다.

7 우리가 섬길 때, 무엇을 알고 행하면 복이 있다고 하셨습니까? 16-17절

8 당신이 예수 그리스도의 종이라는 사실이 남을 섬기는데 어떻게 도움이 됩니까?

9 보냄을 받은 자를 영접하는 것은 누구를 영접하는 것과 같은가요? 20절

10 우리가 행하는 예수님의 일들은 예수님을 대리한다는 차원에서 의미가 있습니다. 예수님의 '얼굴'과도 같은 성도가 세상에서 어떤 삶을 살아야 할까요? 예수님의 '대리자'로서, 교회가 쇄신해야 할 모습들은 어떤 것들이 있을까요?

주간 그룹성경공부 • GBS

4주차 (61회~65회)

성령님에 대한 올바른 이해

요한복음 14:15-21 | 새찬송 184장 • 통일 173장

주간 큐티 나눔

1 지난 한 주 동안 큐티하면서 깨달은 말씀을 그룹원들과 함께 나누어 봅시다.

2 깨달은 것을 실천함으로 삶의 변화를 가져온 것이 있다면 서로 나누어 봅시다.

• 오늘의 성경공부 목표

성령님이 오셔서 우리 가운데 행하시는 일을 이해합니다.

15 너희가 나를 사랑하면 나의 계명을 지키리라
16 내가 아버지께 구하겠으니 그가 또 다른 보혜사를 너희에게 주사 영원토록 너희와 함께 있게 하리니
17 그는 진리의 영이라 세상은 능히 그를 받지 못하나니 이는 그를 보지도 못하고 알지도 못함이라 그러나 너희는 그를 아나니 그는 너희와 함께 거하심이요 또 너희 속에 계시겠음이라
18 내가 너희를 고아와 같이 버려두지 아니하고 너희에게로 오리라
19 조금 있으면 세상은 다시 나를 보지 못할 것이로되 너희는 나를 보리니 이는 내가 살아 있고 너희도 살아 있겠음이라
20 그날에는 내가 아버지 안에, 너희가 내 안에, 내가 너희 안에 있는 것을 너희가 알리라
21 나의 계명을 지키는 자라야 나를 사랑하는 자니 나를 사랑하는 자는 내 아버지께 사랑을 받을 것이요 나도 그를 사랑하여 그에게 나를 나타내리라

• **함께 읽어보기**

사람들은 성령 하나님에 대해 적지 않은 오해를 합니다. 그분을 인격적인 존재로 생각하는 것이 아니라, 단순히 어떤 기운이나 느낌으로 이해하는가 하면, 그분의 사역을 외적으로 나타나는 은사나 기적과만 관련시켜 생각하기도 합니다. 그러나 성령님은 보다 인격적인 존재로 근본적으로 성도의 모든 생활과 삶을 주관하시는 하나님이십니다. 오늘 본문의 주님의 가르침을 통해 성령님에 대해서 배우고, 그분에 대해 더 본질적인 시각을 갖도록 합시다.

도입 질문

3 성령님에 대한 평소 당신의 생각을 숨김없이 나누어 봅시다.

함께 나누기

4 성경은 성령님을 어떻게 소개하고 있습니까? **16절**

참고 | 보혜사는 '변호자', '보호자'라는 의미입니다.

5 당신의 생애에서 분명한 성령님의 보호를 느꼈던 순간은 언제였습니까? 왜 그렇게 생각했습니까?

6 예수님이 성령님을 '진리의 성령'이라고 표현하신 이유는 무엇입니까? **참고. 17절;16:13–14**

7 성경을 읽다가 성령님이 주시는 깨달음이 있었던 경우를 이야기해 봅시다.
왜 그것을 성령님이 주신 깨달음이라고 생각했습니까?

8 최근 들어 성령님의 사역을 '말씀 운동'과 결부시키기보다는 '은사주의 운동'과 연결시켜 외적으로 보이는 능력이나 기적에 집중하는 집회나 모임이 늘어나고 있습니다. 이에 대한 당신의 생각은 어떻습니까?

9 성령님의 존재를 알 수 있는 대상은 누구입니까? 17절

10 당신은 성령님이 계시다는 것을 어떻게 확신합니까? 당신의 경험을 이야기해 봅시다.

주간 그룹성경공부 · GBS

5주차 (66회~70회)

참 제자 됨의 의미

요한복음 16:1-6 | 새찬송 341장 · 통일 367장

주간 큐티 나눔

1 지난 한 주 동안 큐티하면서 깨달은 말씀을 그룹원들과 함께 나누어 봅시다.

2 깨달은 것을 실천함으로 삶의 변화를 가져온 것이 있다면 서로 나누어 봅시다.

• 오늘의 성경공부 목표

세상 속에서 예수님의 참 제자가 되는 어려움에 대하여 생각해 봅니다.

1 내가 이것을 너희에게 이름은 너희로 실족하지 않게 하려 함이니
2 사람들이 너희를 출교할 뿐 아니라 때가 이르면 무릇 너희를 죽이는 자가 생각하기를 이것이 하나님을 섬기는 일이라 하리라
3 그들이 이런 일을 할 것은 아버지와 나를 알지 못함이라
4 오직 너희에게 이 말을 한 것은 너희로 그때를 당하면 내가 너희에게 말한 이것을 기억나게 하려 함이요 처음부터 이 말을 하지 아니한 것은 내가 너희와 함께 있었음이라
5 지금 내가 나를 보내신 이에게로 가는데 너희 중에서 나더러 어디로 가는지 묻는 자가 없고
6 도리어 내가 이 말을 하므로 너희 마음에 근심이 가득하였도다

• **함께 읽어보기**

성경은 우리에게 예수님의 제자가 되는 많은 유익을 가르침과 동시에 제자가 되는 어려움도 숨기지 않습니다. 죄악이 가득한 세상에서 예수님의 진정한 제자가 되는 것은 많은 어려움을 감수할 수밖에 없기 때문입니다. 예수님도 이것을 숨김없이 가르치셨습니다. 그러므로 신앙생활을 하는 기대가 이 세상에서의 외적인 행복과 성공추구에만 있다면 그것은 성경의 가르침과 다른 것입니다. 오늘 본문을 통해 제자 됨에 대한 균형적인 가르침을 살펴봅시다.

도입 질문

3 그리스도인으로 이 세상을 살면서 신앙 때문에 겪는 어려움에는 어떤 것들이 있는지 나누어 봅시다.

함께 나누기

4 예수님의 제자들이 세상에서 당할 어려움은 무엇입니까? 2절, 참고. 15:18-21

5 왜 예수님의 제자들은 세상에서 어려움을 당할 수밖에 없습니까? 참고. 15:19

6 당신의 삶에서 순전히 신앙 때문에 당했던 어려움은 무엇입니까? 또한 그것을 어떻게 극복했습니까?

7 예수님이 제자들이 당할 어려움을 미리 말씀하신 이유는 무엇입니까? **4절**

8 예수님은 제자들이 당할 어려움에 대해 경고만 하실 뿐 피하게 해주시겠다고 약속하지는 않으셨습니다. 왜 그러셨다고 생각합니까?

9 예수님의 제자로서 당하는 어려움이 유익한 이유는 무엇입니까? **참고. 벧전 1:6–7**

10 신앙 때문에 어려움을 당하고 나서 더 믿음이 확고해진 경험을 나누어 봅시다. 어떤 면에서 믿음의 진보가 있었습니까?

예수님의 기도

요한복음 17:1-8 | 새찬송 539장 • 통일 483장

주간 큐티 나눔

1 지난 한 주 동안 큐티하면서 깨달은 말씀을 그룹원들과 함께 나누어 봅시다.

2 깨달은 것을 실천함으로 삶의 변화를 가져온 것이 있다면 서로 나누어 봅시다.

• 오늘의 성경공부 목표

죽음을 통해서도 하나님을 영화롭게 하신 예수님의 삶을 배웁니다.

1 **예수께서 이 말씀을 하시고 눈을 들어 하늘을 우러러 이르시되** 아버지여 때가 이르렀사오니 아들을 영화롭게 하사 아들로 아버지를 영화롭게 하게 하옵소서
2 아버지께서 아들에게 주신 모든 사람에게 영생을 주게 하시려고 만민을 다스리는 권세를 아들에게 주셨음이로소이다
3 영생은 곧 유일하신 참 하나님과 그가 보내신 자 예수 그리스도를 아는 것이니이다
4 아버지께서 내게 하라고 주신 일을 내가 이루어 아버지를 이 세상에서 영화롭게 하였사오니
5 아버지여 창세 전에 내가 아버지와 함께 가졌던 영화로써 지금도 아버지와 함께 나를 영화롭게 하옵소서
6 세상 중에서 내게 주신 사람들에게 내가 아버지의 이름을 나타내었나이다 그들은 아버지의 것이었는데 내게 주셨으며 그들은 아버지의 말씀을 지키었나이다
7 지금 그들은 아버지께서 내게 주신 것이 다 아버지로부터 온 것인 줄 알았나이다
8 나는 아버지께서 내게 주신 말씀들을 그들에게 주었사오며 그들은 이것을 받고 내가 아버지께로부터 나온 줄을 참으로 아오며 아버지께서 나를 보내신 줄도 믿었사옵나이다

• **함께 읽어보기**

사람들은 흔히 하나님께서 무언가를 들어주시면 헌신하겠다는 조건적인 기도를 드립니다. 그러나 신앙은 복 주심을 통해서만 헌신하는 것이 아니라 아무것도 채워지지 않아도 하나님을 위하여 사는 삶입니다. 어려움과 고난 속에서도 하나님의 영광을 추구하는 삶이어야 합니다. 예수님은 친히 그런 삶을 사셨습니다. 그분은 죽음을 통해서도 하나님의 뜻을 이루고 아버지를 영화롭게 하기를 구하셨습니다.

도입 질문

3 당신은 힘들고 어려운 상황 속에서도 예수님을 위해 헌신한 경험이 있습니까?

함께 나누기

4 십자가 죽음을 앞에 두신 예수님이 하나님께 드리신 기도는 무엇입니까? **1절**

5 예수님의 기도에서 '아버지를 영화롭게 하게 하옵소서'라는 말씀의 의미는 무엇입니까? **1절**

6 초대교회 때 외부의 압력과 핍박에도 사도들이 하나님께 드렸던 기도는 무엇입니까?
참고. 행 4:29-30

7 당신의 개인적인 상황과 상관없이 예수님의 영광이 드러나기만을 위해 기도해본 적 있습니까? 그 기도를 통해 배운 것이 있다면 나누어 봅시다.

8 예수님은 하나님께 기도하시면서 어떤 호칭을 사용하셨습니까? 1절

9 우리도 예수님처럼 하나님을 아버지라 부릅니다(마 23:9). 당신이 하나님을 아버지라 부를 때 어떤 느낌을 갖는지 이야기해 봅시다.

주간 그룹성경공부 • GBS

7주차 (76회~80회)

빌라도에게 재판받으신 예수님

요한복음 18:28-40 | 새찬송 208장 • 통일 246장

주간 큐티 나눔

1 지난 한 주 동안 큐티하면서 깨달은 말씀을 그룹원들과 함께 나누어 봅시다.

2 깨달은 것을 실천함으로 삶의 변화를 가져온 것이 있다면 서로 나누어 봅시다.

• 오늘의 성경공부 목표

하나님 나라의 성격을 이해하고 예수님을 따르도록 합니다.

28 그들이 예수를 가야바에게서 관정으로 끌고
가니 새벽이라 그들은 더럽힘을 받지 아니
하고 유월절 잔치를 먹고자 하여 관정에 들
어가지 아니하더라
29 그러므로 빌라도가 밖으로 나가서 그들에
게 말하되 너희가 무슨 일로 이 사람을 고
발하느냐
30 대답하여 이르되 이 사람이 행악자가 아니
었더라면 우리가 당신에게 넘기지 아니하
였겠나이다
31 빌라도가 이르되 너희가 그를 데려다가 너
희 법대로 재판하라 유대인들이 이르되 우
리에게는 사람을 죽이는 권한이 없나이다
하니
32 이는 예수께서 자기가 어떠한 죽음으로 죽
을 것을 가리켜 하신 말씀을 응하게 하려
함이러라
33 이에 빌라도가 다시 관정에 들어가 예수를
불러 이르되 네가 유대인의 왕이냐
34 예수께서 대답하시되 이는 네가 스스로 하
는 말이냐 다른 사람들이 나에 대하여 네
게 한 말이냐
35 빌라도가 대답하되 내가 유대인이냐 네 나
라 사람과 대제사장들이 너를 내게 넘겼으
니 네가 무엇을 하였느냐
36 예수께서 대답하시되 내 나라는 이 세상에
속한 것이 아니니라 만일 내 나라가 이 세
상에 속한 것이었더라면 내 종들이 싸워 나
로 유대인들에게 넘겨지지 않게 하였으리라
이제 내 나라는 여기에 속한 것이 아니니라
37 빌라도가 이르되 그러면 네가 왕이 아니냐
예수께서 대답하시되 네 말과 같이 내가 왕
이니라 내가 이를 위하여 태어났으며 이를
위하여 세상에 왔나니 곧 진리에 대하여 증
언하려 함이로라 무릇 진리에 속한 자는 내
음성을 듣느니라 하신대
38 빌라도가 이르되 진리가 무엇이냐 하더라
이 말을 하고 다시 유대인들에게 나가서 이
르되 나는 그에게서 아무 죄도 찾지 못하
였노라
39 유월절이면 내가 너희에게 한 사람을 놓아
주는 전례가 있으니 그러면 너희는 내가 유
대인의 왕을 너희에게 놓아 주기를 원하느
냐 하니
40 그들이 또 소리 질러 이르되 이 사람이 아
니라 바라바라 하니 바라바는 강도였더라

• **함께 읽어보기**

'동상이몽'이란 말이 있습니다. 겉으로는 같이 행동하면서도 속으로는 서로 다른 속내를 가졌다는 의미입니다. 메시아 직과 더 나아가 메시아가 통치하는 하나님 나라를 바라보는 유대인들의 시각과 예수님의 시각은 크게 달랐습니다. 유대인들은 예수님이 메시아로서 자신들을 정치적으로 독립시키고 원수를 심판하고 다스려 주시길 원했지만, 예수님은 우리의 죄를 지시기 위한 십자가의 길을 가셨습니다.

도입 질문

3 당신은 같은 일을 하면서도 다른 의도나 생각을 가진 사람을 만나본 적이 있습니까? 어떤 점이 불편했습니까?

함께 나누기

4 예수님이 잡히셔서 빌라도의 법정에 서셨습니다. 예수님의 죄목은 무엇입니까? 33절

5 이 죄목은 누가 붙인 것이며35절 그들은 왜 이런 죄목을 뒤집어씌웠다고 생각됩니까? 30–32절

6 예수님은 스스로 왕이 되시려 하신 적이 없습니다. 누가 예수님을 왕으로 삼으려 했습니까?
참고. 요 6:15;10:24

7 유대인들이 원했던 메시아는 정치적으로 그들을 해방하고 통치할 현세적 왕이었습니다. 이들이 이러한 자신들의 생각이 어긋나자 예수님을 '유대인의 왕'이란 죄목으로 죽이려 한 것이 참으로 모순적입니다. 우리 신앙생활에서 예수님을 진정한 왕이 아니라 수단으로 이용하려는 경우가 있는지 나누어 봅시다.

8 빌라도의 죄목 심문에 대해 예수님이 하신 말씀은 무엇입니까? 36절

9 예수님의 나라가 이 세상에 속하지 않는다는 의미는 무엇입니까?

10 예수님을 따르는 우리의 신앙은 이 세상 '속에' 살지만 세상에 '속하지 않는' 것이 되어야 합니다. 당신은 이 세상에 속하지 않기 위해 어떤 노력을 하고 있습니까? 당신이 이 세상에 속하지 않았다는 것을 보여줄 증거를 당신의 삶에서 찾아 나누어 보기 바랍니다.

주간 그룹성경공부 · GBS

8주차 (81회~85회)

요셉과 니고데모의 헌신

요한복음 19:38–42 | 새찬송 539장 · 통일 483장

주간 큐티 나눔

1 지난 한 주 동안 큐티하면서 깨달은 말씀을 그룹원들과 함께 나누어 봅시다.

2 깨달은 것을 실천함으로 삶의 변화를 가져온 것이 있다면 서로 나누어 봅시다.

• 오늘의 성경공부 목표

예수님의 장례를 치른 요셉과 니고데모의 헌신을 기억하고 배웁니다.

38 아리마대 사람 요셉은 예수의 제자이나 유대인이 두려워 그것을 숨기더니 이 일 후에 빌라도에게 예수의 시체를 가져가기를 구하매 빌라도가 허락하는지라 이에 가서 예수의 시체를 가져가니라
39 일찍이 예수께 밤에 찾아왔던 니고데모도 몰약과 침향 섞은 것을 백 리트라쯤 가지고 온지라
40 이에 예수의 시체를 가져다가 유대인의 장례 법대로 그 향품과 함께 세마포로 쌌더라
41 예수께서 십자가에 못 박히신 곳에 동산이 있고 동산 안에 아직 사람을 장사한 일이 없는 새 무덤이 있는지라
42 이날은 유대인의 준비일이요 또 무덤이 가까운 고로 예수를 거기 두니라

• **함께 읽어보기**

뿌리 깊은 나무는 비바람과 폭풍 속에서 그 진가를 드러냅니다. 평소에는 다 같은 나무처럼 보이다가도 태풍이 불면 뿌리가 얕은 나무들은 쓰러지고 마는 것입니다. 오늘 본문에는 자신에게 다가올 불이익을 개의치 않고 헌신한 두 사람의 이야기가 기록되어 있습니다. 주님의 장례와 관련하여 어떤 일이 있었는지 살펴봅시다.

도입 질문

3 당신은 공개적으로 사람들 앞에서 예수 그리스도를 인정합니까? 당신이 기독교인임을 드러내기 힘든 자리는 어디였습니까?

함께 나누기

4 예수님이 죽으신 후, 아리마대 요셉이 빌라도에게 요청한 것은 무엇입니까? 38절

5 아리마대 사람 요셉이 왜 이런 요청을 했다고 생각합니까? 이 일로 요셉이 당할 수 있는 불이익에는 어떤 것들이 있었을까요? 38절, 참고. 막 15:43

6 당신이 기독교인임을 드러내면 불이익이 예상되는 자리는 어떤 자리입니까? 혹 불편함이나 불이익을 예상하면서도 당신이 예수님의 제자임을 밝혔던 경험이 있다면 나누어 봅시다.

7 아리마대 요셉과 니고데모가 예수님의 장례를 위해 준비한 것은 각각 무엇입니까?
39,41절, 참고. 마 27:60

8 헌신은 구체적이어야 합니다. 당신이 예수님의 일을 위해 말로만이 아니라 시간과 물질을 드리는 일에는 어떤 것들이 있습니까?

9 예수님은 힘없고 가난한 자들과도 함께하셨지만, 본문에서처럼 사회 지도층에 있는 사람들도 차별 없이 제자로 두셨습니다. 당신이 품기 어려운 사람은 어떤 타입이며, 그럼에도 그들을 품기 위해 어떤 노력을 하고 있습니까?

주간 그룹성경공부 • GBS

9주차 (86회~90회)

네가 나를 사랑하느냐

요한복음 21:15-25 | 새찬송 311장 • 통일 185장

주간 큐티 나눔

1 지난 한 주 동안 큐티하면서 깨달은 말씀을 그룹원들과 함께 나누어 봅시다.

2 깨달은 것을 실천함으로 삶의 변화를 가져온 것이 있다면 서로 나누어 봅시다.

• 오늘의 성경공부 목표

베드로를 회복시키시고 사명을 주시는 예수님을 통해 그리스도를 따르는 자들의 회복과 사명에 대해 생각해 봅니다.

15 그들이 조반 먹은 후에 예수께서 시몬 베드로에게 이르시되 요한의 아들 시몬아 네가 이 사람들보다 나를 더 사랑하느냐 하시니 이르되 주님 그러하나이다 내가 주님을 사랑하는 줄 주님께서 아시나이다 이르시되 내 어린 양을 먹이라 하시고
16 또 두 번째 이르시되 요한의 아들 시몬아 네가 나를 사랑하느냐 하시니 이르되 주님 그러하나이다 내가 주님을 사랑하는 줄 주님께서 아시나이다 이르시되 내 양을 치라 하시고
17 세 번째 이르시되 요한의 아들 시몬아 네가 나를 사랑하느냐 하시니 주께서 세 번째 네가 나를 사랑하느냐 하시므로 베드로가 근심하여 이르되 주님 모든 것을 아시오매 내가 주님을 사랑하는 줄을 주님께서 아시나이다 예수께서 이르시되 내 양을 먹이라
18 내가 진실로 진실로 네게 이르노니 네가 젊어서는 스스로 띠 띠고 원하는 곳으로 다녔거니와 늙어서는 네 팔을 벌리리니 남이 네게 띠 띠우고 원하지 아니하는 곳으로 데려가리라
19 이 말씀을 하심은 베드로가 어떠한 죽음으로 하나님께 영광을 돌릴 것을 가리키심이러라 이 말씀을 하시고 베드로에게 이르시되 나를 따르라 하시니
20 베드로가 돌이켜 예수께서 사랑하시는 그 제자가 따르는 것을 보니 그는 만찬석에서 예수의 품에 의지하여 주님 주님을 파는 자가 누구오니이까 묻던 자더라
21 이에 베드로가 그를 보고 예수께 여짜오되 주님 이 사람은 어떻게 되겠사옵나이까
22 예수께서 이르시되 내가 올 때까지 그를 머물게 하고자 할지라도 네게 무슨 상관이냐 너는 나를 따르라 하시더라
23 이 말씀이 형제들에게 나가서 그 제자는 죽지 아니하겠다 하였으나 예수의 말씀은 그가 죽지 않겠다 하신 것이 아니라 내가 올 때까지 그를 머물게 하고자 할지라도 네게 무슨 상관이냐 하신 것이러라
24 이 일들을 증언하고 이 일들을 기록한 제자가 이 사람이라 우리는 그의 증언이 참된 줄 아노라
25 예수께서 행하신 일이 이 외에도 많으니 만일 낱낱이 기록된다면 이 세상이라도 이 기록된 책을 두기에 부족할 줄 아노라

• **함께 읽어보기**

하나님의 사명을 훌륭하게 완수한 사람들은 일반적으로 그 이전에 좌절이나 실패를 맛본 사람들인 경우가 많습니다. 실패를 통하여 자신의 모습과 신앙의 진면목을 다시금 확인하고 예수님을 의지하여 주어진 사명을 완수한 것입니다. 실패는 그 자체로는 분명 좋은 것이 아니지만, 그것을 통해 더 나은 자신을 발견하고 예수님의 사역을 완수하게 한다는 점에서 좋은 점이 있습니다. 예수님이 실패하고 좌절한 베드로를 찾아 회복시키시고 사명 주심을 통하여 우리 삶을 돌아보는 시간을 갖도록 합니다.

도입 질문

3 당신은 최근에 신앙적인 실패를 경험해 본 적이 있습니까? 결과적으로 그것이 가져온 장점은 무엇이라고 생각합니까?

함께 나누기

4 예수님은 부활하신 후 디베랴 호수로 제자들을 찾아오셨습니다. 특별히 베드로에게 세 번이나 물으신 질문은 무엇입니까? 15–17절

5 예수님이 왜 세 번이나 같은 질문을 하셨다고 생각합니까? 눅 22:34 참고

6 예수님은 베드로를 질책하지 않으셨습니다. 그 대신 예수님에 대한 사랑을 재확인하십니다. 예수님은 베드로를 책망하는 대신 다시 회복시켜 예수님의 제자로 세우시려는 것입니다. 신앙적으로 실패하거나 낙심했던 경험들을 나누어 보고 예수님이 그런 당신을 어떻게 회복시키셨는지도 나누어 봅시다.

7 베드로의 사랑을 확인하신 예수님이 말씀하신 것은 무엇입니까? 15–17절

8 예수님이 왜 사명을 맡기시기 전에 사랑을 확인하셨다고 생각합니까?

9 자신의 미래에 대한 말씀을 듣고18–19절 베드로는 요한의 미래에 관심을 갖습니다. 그런 베드로에게 예수님이 주신 말씀은 무엇입니까? 22절

10 우리가 받은 사명은 각자가 다 차이가 있습니다. 따라서 비교하거나 지나치게 남의 일에 관여하는 것은 옳지 않습니다. 사명 감당을 위해 당신이 가장 중요하게 생각하는 것이 있다면 무엇입니까?

권별 큐티

「주삶」 GBS 해설서

- 1주(46회–50회) _ 요한복음 11:1–6
  하나님이 응답을 지체하시는 이유
- 2주(51회–55회) _ 요한복음 12:1–8
  마리아의 헌신
- 3주(56회–60회) _ 요한복음 13:12–20
  예수님의 세족식
- 4주(61회–65회) _ 요한복음 14:15–21
  성령님에 대한 올바른 이해
- 5주(66회–70회) _ 요한복음 16:1–6
  참 제자 됨의 의미
- 6주(71회–75회) _ 요한복음 17:1–8
  예수님의 기도
- 7주(76회–80회) _ 요한복음 18:28–40
  빌라도에게 재판받으신 예수님
- 8주(81회–85회) _ 요한복음 19:38–42
  요셉과 니고데모의 헌신
- 9주(86회–90회) _ 요한복음 21:15–25
  네가 나를 사랑하느냐

3 가이드》 구성원들로 하여금 소망하고 기도하는 것 중에서 아직 이루어지지 않은 일들을 돌아가면서 이야기해 보게 하십시오. 가족의 구원, 자녀 문제, 직장 문제, 교회 문제 등 다양한 이야기가 있을 것입니다.

4 답》 나사로의 가족, 예수님과 제자들을 자주 섬기며 특별한 사랑을 나누었음(12:1-3;눅 10:38-42)

해설》 성경은 유대인들처럼 예수님을 반대하는 사람들도 언급하지만, 예수님의 사역에 매우 협조적이며 헌신적이었던 사람들도 기록합니다. 그들이 예수님을 섬겼듯이 우리도 주의 일을 그렇게 섬겨야 합니다.

5 답》 나사로가 병이 들었음

해설》 마르다와 마리아가 예수님께 이 사실을 사람을 통해 하룻길이나 걸려 알렸던 것을 보면, 가벼운 병이 아니라 위중한 병이었음을 짐작할 수 있습니다. 나사로는 예수님의 사랑을 받았지만 뜻하지 않은 어려움에 처했습니다. 하나님이 사랑하시는 성도들에게 어떤 어려움이 생길 때 이는 하나님의 영광을 위한 것임을 기억할 필요가 있습니다.

6 가이드》 나사로의 가족처럼 예수님께 더 헌신해야 할 부분이 어디인지 각자의 은사와 형편에 따라 나누어 보는 문제입니다. 구체적으로 나눌수록 좋습니다.

7 가이드》 구성원 각자가 생각하는 이유를 이야기해 보게 합니다. 성경은 성도에게 고난이 없다고 가르치지 않습니다. 특별히 죄가 없어도 죄로 오염된 세상에 살면서 다른 사람들의 죄 때문에 고난이 오는 경우도 있고, 또 하나님의 뜻대로 순종하다 보면 세상에서 어려움을 겪는 경우도 있습니다. 어쨌든 중요한 것은 하나님은 고난을 통해서 일하신다는 것입니다. 결국은 합력하여 믿는 자의 삶에 선을 이루실 것입니다.

8 답》 즉시 가지 않으시고 계신 곳에서 이틀을 더 지체하셨음

해설》 예수님이 누구이신지 더욱 분명하게 증명하시고자 함이었습니다.

9 가이드》 사실 예수님이 연락을 받으셨을 때 나사로는 이미 죽었을 것입니다(참고. 11:6 절별 해설). 예수님은 사람들에게 자신에 대한 더 확실한 믿음을 주시기 위해서 지체하셨습니다. 이미 부패하기 시작한 송장을 살리심으로 예수님이 부활의 주님이심을 모든 사람들에게 확실히 드러내셨습니다.

10 가이드》 도입 질문과 유사한 질문 같지만, 여기서는 지체되었지만 하나님께서 결국 응답해주신 내용을 나눕니다. 그 과정에서 느꼈던 것과 배운 점들, 그리고 하나님이 지체하심으로 더 유익했던 부분들을 나누어 보십시오.

3 가이드》 헌신의 정의를 내려 보고 구성원 각자가 가지고 있는 생각들을 나누어 보십시오. 구체적인 실례를 나누면 더 좋을 것입니다.

4 답》 값비싼 나드 향유를 예수님께 부어 드리고 자신의 머리털로 예수님의 발을 닦았음

해설》 그녀의 헌신은 아낌없는 헌신이었으며 정성을 다한 헌신이었습니다(참고. 12:3 절별 해설). 이렇듯 헌신은 최선을 다하여 예수님을 섬기는 것을 의미합니다.

5 답》 가룟 유다는 이것을 낭비라고 생각했음

해설》 그는 오히려 그것을 팔아 가난한 자들에게 나누어 주어야 한다고 생각했습니다. 일견 옳은 생각 같으나 마리아의 헌신의 의미를 제대로 이해하지 못한 말이었습니다. 다른 복음서에는 다른 제자들 역시 마리아의 헌신에 대해 잘 이해하지 못함이 나타나 있습니다(마 26:8).

6 가이드》 때때로 사람들이 잘 몰라주는 것이 헌신입니다. 목사님도 몰라주고 가까운 가족들도 이해하지 못할 수가 있습니다. 나의 헌신에 뭔가 다른 의도가 있는 것 같다며 색안경을 끼고 보는 사람들도 있습니다. 그러나 예수님 앞에서 올바르다면 그런 일에 낙심하지 말아야 합니다. 각자의 경험을 나누어 보십시오.

7 답》 예수님

해설》 사람들은 누구도 마리아의 진정한 헌신을 이해하지 못했고 예수님의 제자들조차도 이해하지 못했습니다. 오직 예수님만이 마리아의 헌신을 이해하셨습니다.

8 답》 평소 예수님의 말씀에 세밀히 귀 기울였던 마리아는(참고. 눅 10:38–42) 예수님이 죽으실 것을 알고 있었음(참고. 12:7 절별 해설)

해설》 유대인은 장례법으로 시체의 부패와 냄새를 없애기 위해 시신에 향유를 발랐습니다. 그래서 향유를 부어 예수님의 장례를 준비한 것이었습니다. 아마도 마리아는 나사로를 살리시는 예수님을 보며, 예수님의 말씀을 더욱 확신했을 것입니다. 헌신을 위해서는 평소 예수님의 말씀에 귀 기울이는 습관을 가지는 것이 매우 중요합니다.

9 가이드》 예수님과 나만이 아는 헌신의 내용을 모임 가운데 밝힐 필요는 없습니다. 그러나 오른손이 하는 일을 왼손이 모르게 하는 헌신을 할 때 무엇이 어려웠는지 각자가 느꼈던 점을 돌아가면서 이야기해 보십시오. 또 예수님과 나만이 아는 헌신을 했을 때 어떤 점이 유익했는지도 나눕니다. 예를 들면, 기도생활이나 말씀을 읽는 것이 이전보다 더 힘이 있고 예수님과 더 가까이 있는 체험을 하게 되는 것 등이 있습니다.

*서로의 기도 제목을 나누면서 뒤에 있는 기도 노트를 활용하십시오(p.185~189)

3 가이드》 이 질문을 통하여 자신에게 주어진 일 가운데 가장 중요한 일들이 무엇인지를 구별할 수 있을 것입니다.

4 답》 유월절 전 십자가에 못 박히시기 전날, 유월절 식사 자리

해설》 예수님은 제자들과 마지막 시간을 가지시면서 세족식을 하십니다. 여러 의미를 찾을 수 있겠지만 제자들에게 마지막으로 보이신 모습이라는 점에서 큰 의미를 갖습니다.

5 답》 제자들이 서로 발을 씻기게 하시기 위해(섬기게) 본을 보이심, 제자들은 이때 '누가 크냐'로 논쟁하고 있었음

해설》 예수님의 세족식은 서로를 섬기라는 의미가 담겨 있습니다. 제자들은 서로 높아지려고 하고 있었습니다. 예수님 당시에 팔레스타인에서 더러운 발을 씻기는 일은 종들이나 하는 일이었습니다. 예수님은 그런 겸손한 마음으로 서로를 섬길 것을 당부하신 것입니다.

6 가이드》 제자들은 서로 높아지려는 마음에서 서로를 섬기지 못했습니다. 교만은 섬김을 방해합니다. 이외에도 여러 가지 섬기지 못하는 이유가 있을 수 있습니다. 상대방이 섬김 받을 자격이 없다고 생각되거나 내 마음에 여유가 없어서 등 다양한 이유를 나누어 봅시다.

7 답》 종이 주인보다 크지 못하고 보냄을 받은 자가 보낸 자보다 크지 못함

해설》 예수님은 우리의 주와 선생이시지만 제자들의 발을 씻기셨습니다. 그러므로 그분의 종 되고 보냄을 받은 우리는 섬기는 자로서 예수님의 명령을 받들어야 하는 것이 당연합니다. 이런 마음으로 섬기면 복된 것입니다.

8 가이드》 다른 사람을 섬기는 일은 어려운 일입니다. 그러나 나 자신이 예수님의 종이라는 사실을 기억하고 예수님도 우리를 섬겨 주신 것을 기억한다면 우리도 남을 섬길 수 있을 것입니다.

9 답》 예수님을 영접하는 것과 같고 예수님을 영접하는 것은 곧 하나님을 영접하는 것임

해설》 보냄을 받은 우리는 예수님의 대사로서 예수님과 함께하며 예수님을 대표한다는 사실을 기억해야 합니다. 내가 하는 일이 곧 예수님의 일이라는 사실을 기억한다면 삶의 작은 일에도 최선을 다하게 됩니다.

10 가이드》 우리가 곧 예수님이라는 사실을 명심해야 합니다. 우리의 행동에 따라 예수님이 영광을 받으시거나 욕을 먹습니다. 교회가 예수님의 명예를 저버리고 있는 모습들을 정리해 보고 회개하는 시간을 갖도록 합니다.

3 가이드》 허심탄회하게 성령님에 대한 각자의 생각이나 느낌을 나누어 보십시오. 각자의 경험과 형편에 따라 여러 가지 대답이 나올 것입니다. 아직 연약한 성도는 정리된 생각이 없을 수도 있습니다. 그러나 나누면서 다른 사람의 생각을 평가하지는 말아야 합니다.

4 답》 우리와 영원토록 함께 계실 분, 예수님을 이으실 '또 다른 보혜사'

해설》 성령님은 언제 어디서나 우리와 함께하시며 우리의 처지와 형편을 알고 계실 뿐만 아니라 보호자가 되십니다. 성령님은 우리를 쉼 없이 인도하시고 보호하시는 분입니다.

5 가이드》 성령님의 보호를 느꼈던 순간을 기억해 보는 문제입니다. 성령님의 보호를 확실하게 느끼지 못하고 넘어간 사건도 있었겠지만 분명히 느꼈을 때도 있을 것입니다. 그것은 성령님이 우리 속에서 증거하시기 때문입니다. 언제 그런 느낌을 가졌는지 돌아가면서 이야기해 보고, 성령님의 사역을 우리 삶 속에서 생각해 보십시오.

6 답》 성령님이 우리를 진리 가운데로 인도하시고, 모든 것을 가르치시며, 진리이신 예수님이 말씀하신 내용들을 생각나게 해주시는 분이기 때문임

해설》 성령님은 진리가 되시는 예수님을 드러내시며 진리이신 예수님이 말씀하신 내용들을 생각나게 해주시는 분입니다. 한마디로 성령님의 사역은 말씀과 함께하시는 사역입니다. 우리가 말씀을 깨닫는 것은 성령님이 사역하신 결과입니다.

7 가이드》 말씀을 읽다가 성령님이 주시는 깨달음을 얻는 경우가 많습니다(참고. 고전 2:6-12). 성령님은 말씀을 통해 하나님의 생각을 계시하시고, 우리의 갈 길을 인도하시며, 구원의 감격을 누리게 하십니다. 큐티를 하다가 '이것은 내 깨달음이 아니라 성령님이 주시는 깨달음이구나' 하고 느꼈던 경험들을 나누어 보십시오.

8 가이드》 성령을 지나치게 은사주의와 결부시키는 운동은 역사 속에서 계속되어온 일입니다. 물론 성령님의 역사가 그런 측면이 있는 것은 사실입니다. 그러나 말씀을 통해 우리를 진리 가운데로 인도하시는 것이 보다 본질적인 성령님의 사역입니다. 예수님은 이것을 분명히 가르치셨습니다. 치유 또는 은사 집회에 가야만 성령님의 역사를 체험하는 것이 아닙니다. 조용히 말씀을 읽고 그 말씀을 삶 속에서 행할 때 성령님의 역사를 체험한다는 사실을 확신하고, 신비한 일을 경험하기 위해 여기저기를 기웃거리는 신앙인이 되지 않도록 조심해야 합니다.

9 답》 성령으로 태어나 성령님의 존재를 아는 성도들

해설》 세상은 성령님의 존재를 알지 못하지만 성도는 압니다. 그것은 성령님이 우리 안에 계시고 우리와 함께 거하시기 때문입니다.

10 가이드》 성령님의 존재를 어떻게 확신하는지에 관한 문제입니다. 성경 말씀을 통해 확신하고 있는 이야기들을 나누어 보십시오. 또한 사건이나 느낌을 포함한 다양한 방법을 통하여 자신이 느끼는 성령님을 표현해 보십시오. 그룹원들의 사소한 답변도 의미 있게 받아들여야 합니다.

*서로의 기도 제목을 나누면서 뒤에 있는 기도 노트를 활용하십시오(p.185~189)

3 가이드》 세상을 살아가면서 누구나 겪는 어려움을 이야기하기보다는 예수님을 믿는 신앙 때문에 겪는 어려움에 초점을 맞추어 이야기해 봅시다. 가정, 직장, 사회, 친구 관계 등에서 찾아보면 좋을 것입니다.

4 답》 제자들은 회당에서 쫓겨나고(출교) 심지어 죽임을 당할 것임(2절)

해설》 당시 출교는 경제적·사회적 매장을 의미했습니다. 매우 심각한 조치였던 것입니다. 결국 예수님의 말씀은 제자들이 자신을 믿는 것 때문에 심각한 어려움에 처할 것이라는 말씀입니다. 오늘날에도 예수님을 진정으로 잘 믿기 위해서는 역시 많은 어려움이 있는 것이 사실입니다.

5 답》 우리가 세상에 속하지 않고 예수님께 속했기 때문임

해설》 예수 믿는 삶은 어쩔 수 없이 여러 가지로 세상과 갈등을 일으킬 수밖에 없습니다. 그것은 세상이 좋아하는 어둠을 우리는 따르지 않기 때문입니다. 물론 예수를 믿으면 세상에서 무조건 문제를 일으킨다는 뜻은 아닙니다. 하지만 우리가 선하고 바르게 살면 그것과 세상의 부조리가 충돌하기 때문에 거기에서 어려움이 발생하는 것입니다. 그 때문에 믿음의 삶은 세상에서 어느 정도 갈등이 있을 수밖에 없습니다. 각자에게 이런 갈등이 있는지 이야기를 나누어 보십시오.

6 가이드》 각자에게 있었던 체험을 나눕니다. 어떻게 믿음의 시련을 극복했는지도 나누어 보십시오. 아마도 말씀, 기도, 예배, 성도 간의 친교 등 여러 가지를 통해 극복했을 것입니다. 구체적으로 나누다 보면 앞으로의 어려움을 이기는 데도 도움이 될 것입니다.

7 답》 실제로 어려움을 당하는 때가 오면 경고하신 말씀을 기억나게 하기 위함

해설》 이를 통해 제자들이 실족하지 않고 그들의 믿음이 흔들리지 않게 하시기 위해서입니다(1절). 어려움의 때가 와도 예수님이 미리 다 예고하신 말씀이기 때문에 제자들은 당황하지 않게 될 것입니다.

8 가이드》 그것은 세상에서 제자들이 어쩔 수 없이 겪어야 하는 어려움이기 때문입니다. 물론 예수님은 제자들로 하여금 그러한 어려움을 겪지 않도록 하실 충분한 능력이 있으십니다. 그럼에도 그 어려움을 허용하시는 것은 그것을 통해 또 다른 유익이 주어질 것을 아시기 때문입니다.

9 가이드》 여러 가지로 답할 수 있습니다. 그룹원들이 자유롭게 자기 체험을 나누도록 격려합니다. 베드로전서는 예수님을 믿다가 만나는 어려움은 우리에게 더 확실한 믿음을 가져다준다고 기록하고 있습니다.

10 가이드》 욥의 경우를 보면 그는 고난을 통해 하나님에 대해 더욱 구체적으로 알게 되었다고 고백합니다(욥 42:5). 신앙을 지키고 예수님의 말씀을 지키다가 어려움을 겪고 난 후 어떤 믿음의 진보가 있었는지 나누는 문제입니다.

3 가이드》 개인적인 상황은 어려웠지만 예수님께 헌신했던 경험을 나누는 질문입니다. 혹 그런 경험이 없거나 나누기가 어렵다면 주변 지체들에게 들었던 간증도 생각해 보십시오.

4 답》 예수님은 자신을 영화롭게 해주시면 아버지를 영화롭게 하겠다고 기도하셨음

해설》 예수님은 십자가의 죽음을 통해 인류를 구원하여 아버지의 구속계획을 다 이루고, 자신의 죽음을 통해 아버지를 영화롭게 하기를 기도하셨습니다.

5 답》 생명을 바쳐서 십자가를 지심으로 하나님의 뜻을 이루고 하나님을 영화롭게 하시겠다는 기도

해설》 인류를 구원하시기 위해 자신은 죽음의 고통을 지셔야 했지만, 그것을 통해서 기꺼이 하나님 아버지를 영화롭게 해 달라는 기도였습니다. 그래서 주님은 십자가 위에서 '다 이루었다'고 말씀하셨던 것입니다.

6 가이드》 사도들을 통해 기적이 나타나고 예수 그리스도가 증거되자 유대 종교지도자들은 사도들을 위협했습니다. 그러나 그들의 위협에도 사도들은 여전히 하나님의 말씀을 담대히 전할 수 있기를 기도했습니다. 그것은 자신들의 안위보다 하나님의 영광이 드러나기를 구하는 기도였습니다. 이는 예수님의 기도와 같은 맥락의 기도였습니다.

7 가이드》 예수님이나 사도들과 같은 기도를 해본 적이 있는지를 묻는 질문입니다. 그룹원 각자가 헌신을 결심했을 때 실제로 하나님이 어떻게 갚아주셨는지를 나누어 보십시오. 실제로 하나님이 더 좋은 것으로 갚아주셨음을 확인하게 될 것입니다.

8 답》 '아버지'

해설》 예수님은 하나님을 늘 아버지라고 부르셨습니다. 하나님은 매우 가까운 분이지만, 그분을 아버지라고 부르려면 삶을 통한 합당한 관계가 형성되어야 합니다.

9 가이드》 다양한 대답이 가능하므로 풍성히 나누어 보십시오. 하나님을 아버지라 부를 때 우리는 매우 친밀한 느낌을 갖습니다. 또한 하나님의 자녀로서 더욱 잘 살아야겠다는 책임감도 아울러 갖게 됩니다.

*서로의 기도 제목을 나누면서 뒤에 있는 기도 노트를 활용하십시오(p.185~189)

3 가이드》 같은 목표를 가지고 일을 하지만 전혀 다른 의도로 일할 수 있습니다. 특히 개인적 욕심이나 명예욕 때문에 남을 섬긴다든지 구제한다든지 하는 것을 보면 우리 마음이 불편함을 느낍니다. 순수한 의도가 아닌 나를 위한 욕심이나 또 다른 의도를 가지는 것은 주님이 기뻐하시는 일이 아닙니다.

4 답》 유대인의 왕

해설》 유대인들은 예수님께서 참 메시아로 유대인의 왕이 되어 주시길 원했습니다. 그들의 욕심을 채워 주는 왕 말입니다. 그러나 예수님은 그들이 원하는 길을 가시지 않으셨습니다. 모순적이게도 이들은 예수님께 '유대인의 왕'이라는 정치적 죄목을 씌웁니다. 십자가에 못 박아 죽이기 위해서입니다.

5 답》 유대 사람들과 대제사장들, 행악자로 몰아 죽이려는 목적

해설》 예수님을 유대인의 왕으로 몰아야 로마 치하에서 정치적 반역죄를 물어 죽일 수 있기 때문에 이런 죄목을 붙였습니다.

6 답》 유대인들

해설》 예수님은 스스로 왕이 되시려 하신 적이 없습니다. 오히려 저들의 의도를 아시고 늘 피하셨습니다.

7 가이드》 하나님을 신앙의 목적으로 섬기지 않고 내 욕심을 이루기 위한 부차적 수단으로 사용하려는 경향이 우리에게 있습니다. 예수님을 순수하게 섬기고 따르는 것보다 우선하는 것이 있다면 그것은 모두 잘못된 것입니다.

8 답》 "내 나라는 이 세상에 속한 것이 아니니라 만일 내 나라가 이 세상에 속한 것이었더라면 내 종들이 싸워 나로 유대인들에게 넘겨지지 않게 하였으리라" 하고 대답하심

해설》 예수님은 하나님의 아들이십니다. 만약 이 세상에 속한 나라를 원하셨다면 예수님을 따르는 제자들이나 군중들 혹은 천사들을 동원해서라도 저들을 굴복시켰을 것입니다.

9 답》 예수님이 이 세상의 방식으로 나라를 세워 통치하고 군림하시기 위해 오시지 않았다는 의미

해설》 예수님은 이 땅에 이 세상 사람들이 생각하는 왕이 되시기 위해 오신 것이 아니라 우리 죄를 대신하여 죽으시려고 오신 왕이셨습니다.

10 가이드》 성도는 세상을 거스르는 삶을 살아야 합니다. 내 삶에서 세속적인 삶을 거스르고 예수님을 따르는 것들은 모두 우리가 이 세상에 속하지 않았다는 증거가 될 것입니다.

3 가이드》 대개 자신을 잘 아는 사람들의 모임이나 직장 또는 사회에서 모이는 모임에서는 기독교인임을 드러내지 않는 경우가 많습니다. 그것을 드러냈을 때 무언가 자신의 행동이 제한받을까 봐 그러는 경우가 대부분입니다. 그러나 반대로 생각해 보십시오. 기회가 있을 때 기독교인임을 드러냄으로써 자신의 행동에 대해 더 책임 있는 자세를 가지게 될 것입니다.

4 답》 예수님의 시신을 가져가기를 구했음

해설》 이는 예수님의 시신을 수습해 장례를 치르겠다는 의미였습니다.

5 답》 유대의 산헤드린 공회원으로서 죄 없으신 예수님의 죽음을 더 적극적으로 제지하지 못한 책임을 통감했을 것임. 유대 공의회의 구성원으로서 예수님의 장례를 치른다는 것은 생명의 위협을 받을 수 있는 위험한 일임 (참고. 눅 23:51)

해설》 아리마대 요셉은 마지막으로 예수님의 시신을 자신이 수습함으로써 예수님에 대한 자신의 충성과 사랑을 표현하고자 했던 것 같습니다. 그러나 예수님은 로마 총독과 유대 지도자들에 의해 정치적·종교적 이유로 처형당한 죄인이었기에 요셉의 행동은 자칫 큰 대가를 치를 수도 있는 문제였습니다. 그의 헌신은 불이익을 개의치 않는 헌신이었습니다.

6 가이드》 각자의 처지와 형편에 따라 다양한 답이 나올 수 있도록 돌아가면서 답해 보십시오. 매우 세상적인 사람들과의 자리라든지, 기독교를 싫어하는 사람 앞에서 자신이 예수님의 제자임을 밝히는 것은 쉽지 않을 것입니다. 거래처나 사업 파트너 등의 이익을 중심으로 만나는 사람에게도 밝히기 어려울 수 있습니다. 왜냐하면 그것을 밝히는 순간 모든 것을 더 정직하게 처리해야 하기 때문입니다. 그럼에도 예수님의 제자임을 밝혔던 순간들과 왜 그렇게 했는지 이야기해 보십시오.

7 답》 아리마대 요셉은 자신의 새 무덤을, 니고데모는 백 리트라(약 33킬로그램)의 몰약과 침향 섞은 향료를 준비했음

해설》 그들은 모두 예수님에 대한 사랑을 넘치도록 표현했습니다. 물질은 하나님이 주신 선물입니다. 잘 사용하면 예수님을 섬기는 일에 매우 요긴하게 쓰일 수 있습니다.

8 가이드》 특별히 자신의 헌신을 드러내고 싶지 않은 사람도 있을 것입니다. 그러나 서로의 유익을 위해서 성경공부 모임에서만 이야기되는 것으로 전제하고 돌아가면서 나누어 보십시오.

9 가이드》 그리스도인은 모든 사람과 하나가 될 수 있어야 합니다. 그러나 여러 가지 성격적·기질적 이유 때문에 마음에 들지 않는 사람이 있을 수 있습니다. 각자가 어려움을 느끼는 타입의 사람에 대해 이야기해 보고, 그럼에도 그들과 화합하기 위해 어떤 노력을 하고 있는지도 나누어 보십시오.

*서로의 기도 제목을 나누면서 뒤에 있는 기도 노트를 활용하십시오(p.185~189)

3 가이드》 최근에 경험한 다양한 실패를 나누고 그것이 가져온 결과적 장점을 나누도록 합니다. 그것을 통해 실패가 결코 나쁜 것만은 아니라는 사실을 깨닫게 될 것입니다.

4 답》 요한의 아들 시몬아 네가 나를 사랑하느냐

해설》 특히 첫 번째 질문은 '네가 이 사람들보다'라고 물으심으로 다른 제자들에 비해 예수님을 더 사랑하느냐고 물으십니다. 베드로는 다른 제자들이 예수님을 버려도 자신은 결코 버리지 않겠다고 장담하고서 예수님을 부인했습니다(마 26:33). 그래서 이 질문은 더 뼈아프게 들렸을 것입니다.

5 가이드》 답은 여러 가지가 있을 수 있습니다. 사랑을 완전히 확인하시기 위해 세 번 물으셨을 수도 있고 또 다른 의도가 있었는지도 모릅니다. 베드로는 예수님이 잡히시던 밤에 세 번이나 예수님을 모른다고 부인했습니다. 추측컨대, 그래서 세 번 물으신 것인지는 알 수 없으나 예수님은 베드로의 실수를 기억나게 하고 다시금 그를 회복시키시기 위해 "네가 나를 사랑하느냐"라고 세 번 물으신 것 같습니다.

6 가이드》 누구나 인생을 살면서 낙심한 체험이 있을 것입니다. 예수님은 그때 어떻게 당신을 회복시키셨나요? 특별히 정죄감이나 죄책감이 아닌 격려와 사랑을 받았던 경험들을 나누어 보면 좋겠습니다. 정죄나 책망보다 격려와 사랑이 우리를 진정으로 회복시키기 때문입니다.

7 답》 내 양을 먹이라, 내 양을 치라

해설》 '먹이라'는 것은 말 그대로 양을 먹이는 것이고 '치라'는 것은 돌봄을 의미합니다. 같은 의미로 받아서 양을 먹이고 돌보는 사역을 강조한 것으로 보면 됩니다. 예수님의 말씀은 예수님이 맡겨 주신 사역을 감당하라는 의미입니다.

8 가이드》 사랑만이 사명을 완수하게 만듭니다. 진정한 사랑이 없는 노력이나 열심은 쉽게 사그라질 수가 있습니다.

9 답》 너는 나를 따르라

해설》 예수님의 말씀은 자신의 사명을 감당하는 데에만 신경 쓰라는 말씀입니다. 사명 감당을 방해하는 것 중의 하나가 남과의 비교입니다. 내가 더 주를 위해 헌신하는데 그렇지 못한 다른 사람이 더 나은 대접을 받고 있다는 생각이 들면 사명 감당이 힘들어집니다. 우리는 온전히 내가 받은 사명에만 마음을 두어야 합니다.

10 가이드》 당신에게 주어진 사명을 감당하는데 있어서, 당신이 중요하게 우선순위를 두는 것들을 나누어 봅시다. 예를 들어, '남과 절대 비교하지 않는다', '주의 일을 세상 일보다 먼저 처리한다', '대가를 바라지 않는다' 등 다양한 대답이 가능합니다.

*서로의 기도 제목을 나누면서 뒤에 있는 기도 노트를 활용하십시오(p.185~189)

기도 노트

- 하나님께서 기도에 응답하셨으면 'Yes', 거절하셨으면 'No', 보류 중이시면 'Wait'에 체크해 보세요! 시간이 흐른 뒤, 하나님의 세심한 인도하심을 느낄 수 있습니다.

날짜 Date	기도 대상 Who	기도 제목 Title	응답 여부		
			Yes	No	Wait

날짜 Date	기도 대상 Who	기도 제목 Title	응답 여부		
			Yes	No	Wait

날짜 Date	기도 대상 Who	기도 제목 Title	응답 여부		
			Yes	No	Wait

날짜 Date	기도 대상 Who	기도 제목 Title	응답 여부 Yes	 No	 Wait

날짜 Date	기도 대상 Who	기도 제목 Title	응답 여부 Yes	 No	 Wait

권별주삶

아가페

주삶

요한복음 하

2016년 9월 30일 1판 1쇄 발행
2018년 6월 30일 1판 2쇄 발행

지은이 오대환

펴낸이 정형철
펴낸곳 ㈜아가페출판사
등록 제21-754호
등록일 1995년 4월 12일
편집장 이수진
편집 강수진, 홍주미
디자인 박지영, 온혜진

주소 (06698) 서울시 서초구 효령로8길 5 (방배동)
전화 584-4835(본사)
팩스 586-3078(본사)
홈페이지 www.iagape.co.kr

ISBN 978-89-537-1936-1 04230
ISBN 978-89-537-1934-7 (세트) 04230

이 도서의 국립중앙도서관 출판시도서목록(CIP)은
서지정보유통지원시스템 홈페이지(http://seoji.nl.go.kr)와
국가자료공동목록시스템(http://nl.go.kr/kolisnet)에서 이용하실 수 있습니다.
(CIP제어번호: CIP2016021519)

아가페 출판사